教育部人文社会科学研究青年基金项目"《元韵谱》与明清语音研究"（10YJC740091）结项成果

国家社科基金重大项目"东亚珍藏明清汉语文献发掘与研究"（12&ZD178)、中国博士后科学基金资助项目"明清河北音韵文献音系研究"（2014M551829）阶段性成果

《元韵谱》与明清语音研究

汪银峰 ◎ 著

中国社会科学出版社

图书在版编目(CIP)数据

《元韵谱》与明清语音研究 / 汪银峰著 . —北京：中国社会科学
出版社，2016.1

ISBN 978 – 7 – 5161 – 7349 – 7

Ⅰ.①元… Ⅱ.①汪… Ⅲ.①韵书 – 中国 – 明清时代②汉语 –
语音 – 研究 – 明清时代 Ⅳ.①H114

中国版本图书馆 CIP 数据核字（2015）第 313134 号

出 版 人	赵剑英
责任编辑	曲弘梅
责任校对	王　影
责任印制	戴　宽

出　　版	中国社会科学出版社
社　　址	北京鼓楼西大街甲 158 号
邮　　编	100720
网　　址	http：//www.csspw.cn
发 行 部	010 – 84083685
门 市 部	010 – 84029450
经　　销	新华书店及其他书店

印　　刷	北京君升印刷有限公司
装　　订	廊坊市广阳区广增装订厂
版　　次	2016 年 1 月第 1 版
印　　次	2016 年 1 月第 1 次印刷

开　　本	710×1000　1/16
印　　张	17.75
插　　页	2
字　　数	306 千字
定　　价	68.00 元

序　一

明清两代是汉语韵书发展的黄金时期，不仅韵书的数量多，而且编纂的形式也多样化，作者的旨趣各异，堪称汉语韵书史上的"百家争鸣"。近三十年来，学界同仁对明清诸多韵书韵图都进行了不同程度的梳理和研究，在汉语语音的历时研究方面取得了令人瞩目的成就。但由于条件所限，仍有很多音韵文献尚待开发及整理，如成书于明万历三十九年的《元韵谱》，由河北内丘乔中和撰，是一部韵书韵图相配合的等韵化韵书，该书能够突破传统韵书的束缚，吸收了金元以来韵书编纂的新模式，将等韵理论应用于韵书的编撰之中。每佸横列声类，纵有五声，使韵书更加条理化、系统化；每佸又分成刚律、刚吕、柔律、柔吕四等，直接体现了近代四呼的语音格局，从而使韵书的编撰更加臻密，没有反切仍然能够准确地反映每个字的正确读音。编著者的立意高远也成就了《元韵谱》在明清汉语语音、汉语韵书史研究方面的重要价值。但目前我们对《元韵谱》的研究仍显零散而单薄，至今仍未有专著面世。所幸，汪银峰先生《〈元韵谱〉与明清语音研究》一书的出版恰逢其时，这是目前学术界第一部也是现今唯一一部研究《元韵谱》的专著。

汪银峰先生是一位非常优秀的青年学者，曾在重点高校获得博士学位并进入博士后科研流动站，中国音韵学研究会理事。他对《元韵谱》这部韵书的关注已有数年之久，研究成果颇丰，期间又获得了教育部人文社科基金青年项目的资助，使他对《元韵谱》的研究更加细致与深入，《〈元韵谱〉与明清语音研究》便是该项目的结项成果。该书优处不胜枚举，现择其大要，述诸端如下：

一、研究范围广。该书对《元韵谱》的作者、成书、体例、版本、音系及传承，进行详细的介绍和系统的梳理，充分挖掘了《元韵谱》在汉语语音史和汉语韵书史上的重要价值。

二、研究视角新。古代的音韵文献，不是现今的方言调查报告，它是编纂者为构建理想化音系而设计的产品。因此，为了更客观地识读音韵文献，必须重新审视编纂者与音韵文献之间的关系，剖析编纂者的音学思想和设计理念，以及编纂者音学思想对音韵文献产生的影响。该书以音韵思想史为视角，考察了作者乔中和的音学思想，以此为视角也可观察明清时人在语言文字方面的认知和思考。由于编纂者受易学思想的影响，《元韵谱》融入了很多象数概念，甚至在一定程度上影响了音系的构建，汪银峰先生详细论证了乔中和的象数易学思想与《元韵谱》音系构建之间的密切关系，这对我们识读音韵文献是一次大胆而有意义的尝试，值得称道与推崇。

三、研究方法活。音韵文献的产生与时代关系密切。汪银峰先生对《元韵谱》的专书研究，并没有把关注点仅仅放在《元韵谱》本身，而是将其纳入到明清语音研究的大背景下，结合明清时期有代表性的音韵文献，如《洪武正韵》、《韵略易通》、《等韵图经》、《韵林原训》、《韵谱本义》、《西儒耳目资》、《音韵阐微》、《五方元音》等等，通过语音系统的全面比较，综合考察《元韵谱》在明清语音研究的重要价值和地位。

此外，汉语语音史包括汉语通语史和汉语方音史，以往我们比较关注通语史的研究，但由于汉语音韵文献材料的复杂性，都具有不同程度的方言特征。因此，汉语方音史的考察更值得关注。作者综合考察了《元韵谱》的音系性质，认为其反映了 17 世纪初河北内丘话的语音情况，在此基础上，结合清代内丘方志及现代方言研究成果，梳理了内丘方音的古今演变，为河北方言的历时研究提供了重要参考，这亦是本书的一大亮点。

拜读了汪银峰先生的大著《〈元韵谱〉与明清语音研究》，我认为作者对《元韵谱》进行了深入的分析和研究，同时还结合明清时期有代表性的音韵文献《洪武正韵》、《韵略易通》、《等韵图经》、《韵林原训》、《韵谱本义》、《西儒耳目资》、《音韵阐微》、《五方元音》的语音系统进行全面比较，以综合考察《元韵谱》在明清语音研究的重要价值和地位。书中不乏新的观点和见解；阐述的理论前提科学，收集的资料充实，研究方法科学适当，概念明确，逻辑严密；引证规范，所有引用的资料、观点来源清楚；该书资料的搜集与处理可靠；对了解《元韵谱》在汉语语音史和汉语韵书史上的重要价值有一定的启发作用，对填补《元韵谱》研究的空白，具有重要的学术价值和社会意义。因此，我非常愿意为该书作序。

马重奇　谨识

2015 年 8 月 23 日于福州仓山书香门第

序　二

当今已经有学者判定，汉语音韵学正面临着重大的学术"转型"，这是就中国一些学者汉语音韵学研究理论与方法的基本取向而言的。他们不满意汉语音韵学的高本汉"范式"的"稳态"性，于是另外寻找出路，突出到"围城"之外，这是完全可以理解的，也应该是无可厚非的。

但如何"转型"？一些学者也试图开出解决汉语音韵学"稳态"问题的"药方"，比如"层次分析"、"叠置交错"、"词汇扩散"、"衍生音韵学"、"语言演化"、"语音优选"、"语音地图"等，令人眼花缭乱。用这些"药方""治病"疗效如何？是不是就令人满意了？我认为，还都处于试验阶段，试验的结果如何，是否就是"尽善尽美"？一时还难以定论，操之过急肯定会让人觉得浮躁难耐。

这使我联想到了医学界的中西医之争，更想起傅斯年的《所谓"国医"》（1934 年 3 月 5 日《大公报》；《独立评论》第 5 号，1934 年 8 月 26 日）一文。傅斯年批评中医"五行、六气"是胡说；经验良方是"头脑不清楚"，"丢国家民族的丑了"，对付中医，应取得逐步"废止"之政策，至少加一个"重税"而限制，和现代许多学者的观点如出一辙。

汉语音韵学是否存在着中西之争？从表面上看肯定是存在的。"西派"对传统的汉语音韵学是否也要斥之为"五行、六气"是胡说，经验良方是"头脑不清楚"，"丢国家民族的丑了"？是否也要逐步"废止"或加一个"重税"而限制？虽然没有达到傅斯年排斥的程度，但是，也已经近乎于"金刚怒目"式的不满，而欲罢不能的地步了。但这里也有一个需要搞清楚的问题，即高本汉"范式"是西来的，还是中国固有的？你能分清楚吗？"梵汉对音"是西来的，还是中国固有的，你能分得清吗？很显然，各种文明之间的"互动"和相互作用，你中有我，我中有你，是很难说得清的。

其实，无论哪个学科，所进行的强行区分"中西"做法真的是不明智的，这样只会生发不必要的学术矛盾与冲突。如同医学，中医西医有区别但并无本质的区别，都是在"医治"字面上做文章一样。傅斯年承认："我只提醒一句，其实医学在现在并无国界，虽德国、法国、英国、美国的风气各有小小不同，在基础上全无半点分别，这不是论诗宗、评画派一流的事。"汉语音韵学进化的过程，足以证明，各个学术流派都是以研究汉语语音为基础，没有国界和"域界"之别，只不过是理论与方法的来源不同而已。

现在来看汪银峰副教授《〈元韵谱〉与明清语音研究》一书，设置了"乔中和易学思想与《元韵谱》音系构建"一节，评定乔中和易学思想对《元韵谱》音韵思想的渗透作用，是实事求是的，由此而延及明代象数易学的发展对诸多音韵学著作的影响，都可以圈定在汉语音韵学范畴内进行研究，理论与方法的来源与当下"层次分析"、"叠置交错"、"词汇扩散"明显不同，解释方式也相异。存在着的东西有时往往是合理的，因为其存在必有其存在的理由。中国明代易学的存在和易学音韵学的存在交相依存，必有其深刻的历史根源。

中国的汉语音韵学，有人称之为"汉语文献语音学"，是就中国音韵学文献之间的"传承"和"变异"关系而言的。汪银峰副教授新作《〈元韵谱〉与明清语音研究》与博士论文《明末以来内丘、尧山语音的演变研究》研究的角度不一样，我的理解是，后者更倾向于方音史的纵向"变化"研究，线条是清楚的，而前者，则集中在横纵向的文献与语音"交叉关系"研究。比如《元韵谱》与《五音集韵》关系，就有了《元韵谱》对《五音集韵》的归并、承袭与突破线索，这是最为直接的；还有一些介于直接和间接之间，间接或干脆就是"没有"的关系，也不可忽视，比如《元韵谱》与《洪武正韵》、《元韵谱》与《韵略易通》、《元韵谱》与《韵林原训》、《韵谱本义》、《元韵谱》与《西儒耳目资》、《元韵谱》与《重订司马温公等韵图经》、《元韵谱》与《音韵阐微》、《元韵谱》与《五方元音》等。无论是文献的，还是音系的，视野范围更为宏大，纵横捭阖，潇洒自如。

我以为，这和汪银峰副教授十年间的心态变化成正比。攻读博士学位，写《明末以来内丘、尧山语音的演变研究》，求稳是第一要务，四平八稳，不会有"倾覆"的危险，这是中国博士学位论文写作的一个"潜规则"。你我他都一样，只可"意会"不可"言传"。汪银峰副教授的"稳"，不仅仅带来了学术"标签"的直接效应，而且也造就了他研究的个性特征，即结论的稳妥，容易引起同行的共鸣。而《〈元韵谱〉与明清语音研究》，求新变成了第一要务。"求新"就要与众不同，想象力更为丰富。触角所到之处，荆棘丛生，挑战随之而来的就是越加激烈。你讲那么多的介于直接和间接之间，间接或干脆就是"没有"的关系，是否就可以让人接受？证据是否都充分？都是会被人质疑的。比如《元韵谱》与《洪武正韵》，你进行比较，所谓直接关系，是指《元韵谱》引用了一些《洪武正韵》的音切，如：花韵见母：佳，《正韵》音。（十卷）；寅韵彻母：辰，此下旧在审母，盖吴音也。今依《正韵》注之此。（十五卷）。但这些音切放在整个音系中，就显得无足轻重。如此，这些直接证据，成为了虚假"音切"的摆设。《元韵谱》与《韵略易通》关系也是一样。乔中和在《元韵谱自序》中所说的"兰廷秀氏删之为早梅二十字，似乎是然，而缺略者如故，且注入声之有无正相误"，有赞同的成分在里边，说明他认真阅读过《韵略易通》，但不能证明《元韵谱》是《韵略易通》的"翻版"，因为他也在批评"早梅诗"表现声母的"缺略"之弊。说《元韵谱》与《西儒耳目资》有关系，就更显得苍白无力，因为没有一点直接证据可以说明两者关系密切。冒如此"风险"讲关系，确实是要有胆识的。

　　汪银峰副教授此次确实鼓起了"为赋新词强说愁"的勇气，同时也在寻求直接证据上下了很大的工夫。比如《元韵谱》与《韵略易通》关系，又引用了《元韵谱·清浊释》的说明："昔人于一音分四籁，曰清，曰次清，曰浊，曰次浊。试以口呼之，如东为清，通为次清，是已。至同为浊，农为次浊，可乎？盖通之清不及东，而农之浊甚于同也。今以一音分三籁，曰清，曰清浊半，曰浊。而东字之下虚一音以启同，农字之上虚一音以续通。其说曰：天有缺，地有倾，人中处焉，而会其全。《易》有之天终于九，地终于十，天清而地浊。人之能，亦天地之能耳。试合七音十九籁而数之，六清六半清非九耶？七浊六半浊非十耶？凡皆三籁之故也。四焉则至上去而夺清，至入声而拟平矣。此非我臆也，兰廷秀之早梅、杨升庵之《原训》，亦已先得，同然矣。"这个说明，就非常有力，所谓"此非我臆也，兰廷秀之早梅、杨升庵之《原训》，亦已先得，同然矣"，就不是虚妄之辞。你不承认也得承认，汪银峰说的是有文献根据的。《元韵谱》固然与《西儒耳目资》没有表面上的文献传承关系，但在音系上的"同一性"，不能不引起人们的关注。比如全浊声母已清化，喻母归入影母，知庄章三组声母合流，保留微母和疑母，以及韵母上闭口韵的消变、入声改配阴声韵等等。这些都不是偶然的，为何两者具有如此的"同一性"？汪银峰解释很有启发意义："曾摄一三等、梗摄二等入声字的读音情况则较为复杂，《西儒耳目资》表现为文读层，《元韵谱》表现为白读层。文读层来源于以南京话为基础的明代官话音，白读层则来源于基础方言的口语音。"交叉重合，造成了"同一性"，这种关系，不言自明，你说两者之间关系是近了还是远了呢？

　　汪银峰副教授写作《〈元韵谱〉与明清语音研究》"求新"，很自然带来了人们对《元韵谱》学术价值的新认识。比如语音文献价值，汪银峰说："揭示《元韵谱》与《五音集韵》、《五方元音》之间的传承关系。"这就弥补了过去学者研究《元韵谱》文献的缺憾。再如汉语语音史价值，汪银峰说："将其纳入明清语音研究的大背景下，结合其他同时期有代表性的语音材料，如《洪武正韵》、《韵略易通》、《等韵图经》、《韵林原训》、《韵谱本义》、《音韵阐微》、《五方元音》等等，综合考察《元韵谱》在明清语音研究的价值和地位。"语音思想史价值，汪银峰说："《元韵谱》所构建的音学体系中，与易学思想关系密切，甚至是以易学思想作为它的理论支点。"这是过去学者所注意不够的，也突破了以往学者认识《元韵谱》思想的视野范围。我认为，这就从根本上改变了人们狭隘地看待《元韵谱》的意识，提升了它作为明清音韵学代表性的韵书著作的学术地位及现代价值。从这个意义上讲，《元韵谱》是那个时代当之无愧的韵学文献名篇。

《〈元韵谱〉与明清语音研究》已经完稿，似乎所要讨论的问题可以"知止"了。相传墨子曾说："知止，则日进无疆；反者，道之动。知足不辱，知止不殆。"老子《道德经》也说："故知足不辱，知止不殆，可以长久。"隋朝大儒王通《止学》就极力推崇"适可而止"的"知止"之学。《易·系辞上》说："书不尽言，言不尽意。"我在吉林大学古籍所的授业之师金景芳教授也曾谦虚地自称"知止老人"。引申言之，有关《元韵谱》问题，需要讨论的还有很多，该书不可能"包打天下"，实际上，也没有必要去"面面俱到"絮烦说教，也需要"知止"。但"知止"不是"停止"，而是为进一步思考打下基础。汪银峰副教授除了回答一些他能够解释的问题之外，还提出了一些值得人们深思的问题，比如乔中和将五声与五行相协，并专列《五声释》进行阐述："五行之在干支也，无弗具。声之有五，亦犹音之有五也。盖一纵一横之妙，弗容缺也。声处于天，音生于地，韵成于人，何以谓虚乃声，窍乃音，气乃韵？天地以五行化万物，物各具一五行，何独于声而四之？音之五也：宫为土，徵为火，商为金，羽为水，角为木。其在声也，上平宫，下平徵，上声商，去声羽，入声角。"这是不是可以简单地理解为"附会"或"玄虚"？如果不理解为"附会"或"玄虚"，那么，与之相关的诸如阴阳、五行、干支、卦象、时令、历法、律吕等内容是不是具有自身独特解释语音的话语理论体系？直到现在，汉语音韵学界还没有予以澄清，是不是令人遗憾？

汪银峰副教授涉及《元韵谱》入声字"文白异读"，并和《合并字学集韵》、《五方元音》、《黄钟通韵》、《音韵逢源》、《正音切韵指掌》等文献中的宕江摄、曾摄一等、曾摄三等庄组字、梗摄二等、通摄合三、深臻摄开三庄组字进行比较。但这些"文白异读"是不是固定不变的，有没有相互转化的可能？此外，这些文献所反映的"叠置"形式是不是当时"文白异读"的真实情况？它们的音韵学意义到底体现在哪里？仍然需要进一步研究才能有一个初步的结论。

如此看来，《元韵谱》与明清相关文献语音研究还是"任重而道远"，远未达到理想的境地。但无论怎么说，汪银峰副教授已经有了一个良好的开始，并且取得了很大的成绩，这是足以让汉语音韵学界额手称贺的。

汪银峰副教授勤学慎思，研究的学术领域已经延展到了海外汉语音韵学，"中外互动"，必然引发思维方式上的"给劲儿"。这肯定会给《元韵谱》与明清相关文献语音的后续研究"发力"的。我们期待着！是为序！

李无未

2015 年 9 月 19 日于厦门五缘湾"知微居"

目　录

第一章　绪论 ……………………………………………… (1)

第一节　《元韵谱》概况 ………………………………… (1)

一、乔中和生平拾零 ……………………………… (1)

二、《元韵谱》的性质及命名 …………………………… (5)

三、《元韵谱》的编纂成书 ……………………………… (7)

第二节　《元韵谱》的研究现状 ………………………… (9)

第三节　《元韵谱》的研究价值 ………………………… (14)

一、文献整理方面 ………………………………… (15)

二、辞书编撰方面 ………………………………… (15)

三、语音研究方面 ………………………………… (16)

四、音韵思想史方面 ……………………………… (17)

第二章　《元韵谱》的编撰及版本 ……………………… (19)

第一节　《元韵谱》的编撰体例 ………………………… (19)

一、《元韵谱》韵图的编撰体例 ………………………… (19)

二、《元韵谱》韵书的编撰体例 ………………………… (23)

第二节　《元韵谱》的版本流传 ………………………… (28)

一、明刻本系统 …………………………………… (29)

二、清刻本系统 …………………………………… (31)

第三章　乔中和音学思想与《元韵谱》音系构建 ……… (34)

第一节　乔中和的音学思想 ……………………………… (34)

一、关于反切的起源 ……………………………… (35)

二、关于古声调的认识 …………………………… (35)

三、主张废除等韵门法 …………………………………… (36)

四、突破传统框架、注重时音 …………………………… (37)

五、将语音与乐律、地支相结合 ………………………… (38)

第二节　乔中和易学思想与《元韵谱》音系构建 ………… (40)

一、乔中和在易学研究领域的建树 ……………………… (40)

二、《元韵谱》音系构建与明代的象数易学 …………… (43)

三、明代象数易学的发展及影响 ………………………… (53)

第四章　《元韵谱》与《五音集韵》 …………………………… (57)

第一节　《元韵谱》对《五音集韵》的归并、承袭与突破 … (59)

一、《元韵谱》对《五音集韵》韵部和声母的归并 ……… (60)

二、《元韵谱》对《五音集韵》韵字及注释的承袭 ……… (63)

三、《元韵谱》对《五音集韵》的突破与创新 ………… (66)

第二节　《五音集韵》在元明时期的流布及影响 ………… (68)

第五章　《元韵谱》语音系统及音系性质 …………………… (71)

第一节　《元韵谱》的声母系统 ………………………… (71)

一、《元韵谱》声母系统概况 …………………………… (71)

二、关于声母系统的几个问题 …………………………… (75)

第二节　《元韵谱》的韵母系统 ………………………… (88)

一、《元韵谱》韵母系统概况 …………………………… (88)

二、各组韵部的讨论 ……………………………………… (90)

三、《元韵谱》的韵母表 ………………………………… (107)

四、关于韵母系统的几个问题 …………………………… (107)

第三节　《元韵谱》的声调系统 ………………………… (118)

一、《元韵谱》声调系统概况 …………………………… (118)

二、全浊上声字的演变 …………………………………… (119)

三、《元韵谱》入声性质的判定 ………………………… (121)

第四节　《元韵谱》的音系性质 ………………………… (124)

一、从编纂主旨推测《元韵谱》的音系性质 …………… (125)

二、从语音系统考察《元韵谱》的音系性质 …………… (128)

第六章　《元韵谱》入声字的文白层次 ……………………（133）

第一节　《元韵谱》入声字的读音及层次 ……………（134）

一、宕江摄入声字的读音 …………………………（135）

二、曾摄入声字的读音 ……………………………（138）

三、梗摄二等入声字的读音 ………………………（139）

四、通摄合三入声字的读音 ………………………（140）

五、深臻摄开三入声字的读音 ……………………（141）

第二节　《元韵谱》入声字与明清音韵文献之比较 …（142）

第七章　《元韵谱》与明清语音 ……………………………（146）

第一节　《元韵谱》与《洪武正韵》 ………………（146）

一、《洪武正韵》概况 ……………………………（146）

二、《元韵谱》与《洪武正韵》音系之比较 ………（148）

第二节　《元韵谱》与《韵略易通》 ………………（152）

一、《韵略易通》概况 ……………………………（152）

二、《元韵谱》与《韵略易通》音系之比较 ………（154）

第三节　《元韵谱》与《韵林原训》、《韵谱本义》 …（159）

一、《元韵谱》与《韵林原训》 …………………（159）

二、《元韵谱》与《韵谱本义》 …………………（160）

第四节　《元韵谱》与《西儒耳目资》 ………………（161）

一、《西儒耳目资》概况 …………………………（161）

二、《元韵谱》与《西儒耳目资》音系之比较 ……（162）

第五节　《元韵谱》与《重订司马温公等韵图经》 …（167）

一、《重订司马温公等韵图经》概况 ……………（167）

二、《元韵谱》与《等韵图经》音系之比较 ………（168）

第六节　《元韵谱》与《音韵阐微》 ………………（173）

一、《音韵阐微》概况 ……………………………（173）

二、《元韵谱》与《音韵阐微》音系之比较 ………（173）

第七节　《元韵谱》与《五方元音》 ………………（179）

一、《五方元音》概况 ……………………………（179）

　　二、《元韵谱》与《五方元音》韵图结构之比较 ………… (183)

　　三、《元韵谱》与《五方元音》音系之比较 ……………… (191)

第八章　《元韵谱》与内丘方音的古今演变 ……………… (195)

　第一节　河北内丘概况 ……………………………………… (196)

　　一、河北内丘的发展沿革 ………………………………… (196)

　　二、内丘话研究概况 ……………………………………… (197)

　第二节　内丘方音的古今演变 ……………………………… (199)

　　一、声母系统的演变 ……………………………………… (200)

　　二、韵母系统的演变 ……………………………………… (215)

　　三、声调系统的演变 ……………………………………… (234)

第九章　《元韵谱》音节表 ………………………………… (238)

参考文献 ……………………………………………………… (249)

附录1　《元韵谱》书影 …………………………………… (259)

附录2　奔恬 ………………………………………………… (260)

附录3　乔中和自序 ………………………………………… (261)

附录4　崔数仞序 …………………………………………… (263)

后记 …………………………………………………………… (265)

第一章

绪　论

第一节　《元韵谱》概况

一、乔中和生平拾零

《元韵谱》，乔中和撰。书前有自序，成书于明万历三十九年（1611）。乔中和，字还一，河北内丘人，生卒年不详。《内邱县志卷二·选贡》："万历年戊戌，乔中和，仕垣曲知县，升太原府通判，以间任归田，著述详《文纪》，事实详《乡贤》，敕封详前。"《内邱县志卷二·封赠》："清顺治年，乔中和以子钵贵，敕赠儒林郎东城副兵马指挥。"《内邱县志卷二·人纪·乡贤》："乔中和，字还一，资性过人，累官知县通判，兼任数篆，吏畏民怀，自解组归里后，日以著述为事，伏腊无间者二十余年，崇祯间巡按颜其门曰德荣稽古，复为见疏，题请诏旌理学名臣，每遇公事辄亢爽条陈，人服其直。壬午年纂修邑志。"

《河北通志稿·旧志源流卷二》："崇祯《内邱县志》，八卷，明高翔汉等修，乔中和纂。高翔汉，陕西宝鸡举人，崇祯十一年知县事。乔中和，邑人，万历戊戌贡生，官山西太原府通判。高翔汉主修未成，继任徐中彦终其事，崇祯十五年成书，前有徐中彦自序。"

《垣曲县志卷五·职官》："知县，乔中和，直隶内邱选贡，万历四十一年任，升汾州府通判，详《宦绩》。梁纲，河南嵩县举人，万历四十四年升，详《宦绩》。"

梁纲为乔中和的继任者，由此判断乔中和任垣曲县令的时间为万历四十一年至四十四年。

《垣曲县志卷七·宦绩》:"乔中和,北直(隶)内邱选贡,万历四十一年任县令,教民敦伦,纪务实行,讲明道学,多有心得,不为影响之误。升汾州通判。"

《畿辅通志》:"中和,字还一,读书能参奥旨(《内邱县志》),官太原通判。崇祯十三年,给事中范士髦荐垣曲鲁世任、临城乔已百及中和于朝,称为德行醇儒,堪继薛瑄、陈献章之后,乞召试平台,备顾问,不报(《明史》)。辟书塾二馆,远近之来学者沍寒溽暑,编摩不辍。晚年易学,独出心解为《易说》一编(《内邱县志》)。"《畿辅通志》所载大多承袭《内邱县志》,仅增加范士髦荐举之事,摘录于《明史·列传第一百八十一》。1995年长城(香港)文化出版公司《罕见韵书丛编》中《元韵谱》影印本附崇祯十三年八月二十七日范士髦疏,该史料不见于其他版本,现抄录如下:

> 工科给事中臣范士髦谨题为荐举所知理学之臣。仰资圣德日新之助事,臣切惟道之不明也。三代而后儒统若为渐疲,迨周程张朱辈出,振起绝绪,倡明正学,孔孟之传始焕然炳朗于世。臣读《性理》一书,未尝不掩卷三叹而致羡于有宋理学之盛也。洪惟我二祖列宗崇儒重道,培植洪深,如薛文清、陈文恭、王文成、胡文敬诸臣先后踵继,指不可胜屈。若掩宋贤而过之,猗与休哉?比年来文章綦兢,士习日偷,翻以理学为大诟病于天下,臣每伤之。赖我皇上神圣文武洞见末流,力还先进,重德行则《小学》、《孝经》有颁,正经术则二氏百家有禁,崇儒重道,祝昔有加矣。在朝在野当必有德厚行高如文清、文恭等,云从响应,以付圣明宏化者。臣愚愧孤陋,弗能及知,董就目前所见闻,求其学古尚行,不愧皇上之作养,颇符湮贤之修曝者,得三人焉,敬昧死陈之:一为原任山西太原府通判,今致仕内丘县乔中和,系拔贡,谢事家居,学易二十余年,有如一日,尽穷理数之微。开东西两塾,以居四方学者,与人言划理指事,使听者豁

然顿开，所著有《说易》诸书，居然明理之标；一见任河南郑州知州鲁世任，系举人，读书志在明道，独得程朱之沠，其立身不苟自言笑，以至取与咸归于义，所著有《问途赘》诸录，盖醇乎儒者之彦；一临城廪膳生员乔已百，总角读书即厌薄词章，留心圣学，考经向道，无闻昼夜。因从中和讲易，豁然有得契，濂洛之心传，至入庠十余年，凡大小考绝不肯一字于逊人，目之为怪，皆不少恤渊然粹美之品。以上三臣，乔中和、鲁世任，臣始见其《语录》、《说易》，继闻其行谊悉符，乔已百，臣始闻其行谊甚古，继得与之交拜，受其讲读，久而益信。臣闻山不让壤，海不择流，伏乞皇上□覆载之量，□日月之明，将三臣召对平台面试可否？倘有可保，即置侍左右，以备顾问，其于讲学论思，未必无一得之助，繇此而皇上重学之心著于天下，则景起者必多，于以昭宣圣化有余裕矣。伏惟圣明垂昭施行，不胜虔祷恳祈待命之至。

由此可见乔中和在当时的影响之大，被称为"德行醇儒"，且曾被荐举为儒学名臣。

关于乔中和任垣曲知县，史志记载一致，但此后所任官职则有差异，《内邱县志》、《畿辅通志》为"太原府通判"，《垣曲县志》为"汾阳府通判"。顺治年间刊刻的《大易通变》注："汉小黄令天水焦赣著，太原倅内丘乔中和补，四明参军男钵较梓。"可见，《垣曲县志》记载不准确，应为太原府通判。

乔中和之子乔钵于《说易》卷首"小纪"载：

　　家君子之未筮仕也，著《元韵》，以十二佸尽声，以五声定韵，简易自然，明白通晓，以是闺阁儿女无不知韵。累言数万，游晋止得刻其谱目，治诗《葩经旁意》一卷与《韵谱》同刻。己未归里，今丁丑十九年矣。但读《易》独立之言曰：读《易》可了天下事。但读易（疑为衍文，笔者按）其在己巳、庚午拟图议象之余，注《阴符》，复著《伊尹传》十卷。辛未、壬申则有《大九数》、《说畴》二书，参酌吉凶，究穷元纪。癸酉、甲戌诸友景深讲经艺后，辄引易畴之义以说《学》、《庸》、《语》、《孟》，是作《图书衍》三万言，皆易之绪。于易则尚未有专说，自癸酉始专说易，或于杯酒梦寐间得其解，一挥而遂成不刊者，或于风雨晦明间得其意，而摩之不能肖，数易焉弗定，历岁月之久矣，偶以别想他况而划然者，积稿如山，纫纸如衲，四五年来祁寒暑雨悲喜乱离，盖未尝一日释于兹也，予小子敢忘父之劳哉，谨志岁时颠末于书成日，但不能速梓诸集以公海内为闵皇耳。

据以上材料可知，乔中和的仕途生涯很短暂，万历四十一年任垣曲县令，万历四十四年升任太原府通判，万历"己未归里"，即万历四十七年致仕。崇祯壬午年曾纂修《内邱县志》，清顺治年间，因其子钵，敕赠儒林郎东城副兵马指挥。致仕后以私塾、著述为业，成果丰硕，在当时影响较大，堪称"德行醇儒"、"儒学名臣"。根据《内邱县志》、《河北通志稿》及各地图书馆的藏书，我们将乔中和的著述情况列举如下，从而对乔中和的学术经历有一个比较全面的认识。

《元韵谱》，五十四卷，清康熙三十年梅墅石渠阁刻本。[①]

《元韵谱》，一卷，明万历三十九年辛亥刻本，明崇祯《跻新堂集》刻本。[②]

《说易》，十二卷，明崇祯《跻新堂集》刻本，光绪五年《西郭草堂合刊》刻本。[③]

《图书衍》，一卷，明崇祯《跻新堂集》刻本，光绪五年《西郭

① 现藏于国家图书馆、北京大学图书馆、湖南省图书馆。

② 1995 年香港长城文化出版公司《罕见韵书丛编》影印万历三十九年刻本。《跻新堂集》刻本，现藏于国家图书馆。

③ 《西郭草堂合刊》刻本，现藏于北京大学图书馆、首都图书馆、中国科学院图书馆。

草堂合刊》刻本。

《大九数》，一卷，明崇祯《跻新堂集》刻本，光绪五年《西郭草堂合刊》刻本。

《葩经旁意》，一卷，明崇祯《跻新堂集》刻本，光绪五年《西郭草堂合刊》刻本。

《说畴》，一卷，明崇祯《跻新堂集》刻本，光绪五年《西郭草堂合刊》刻本。

《古大学注》，一卷，光绪五年《西郭草堂合刊》刻本。

《大易通变》，六卷，光绪五年《西郭草堂合刊》刻本。

《阴符经注》，一卷，光绪五年《西郭草堂合刊》刻本。

《从祀乡贤录》，一卷，光绪五年《西郭草堂合刊》刻本。

《乔还一先生余稿括抄》，四卷，光绪五年《西郭草堂合刊》刻本。

《内邱县志》，四卷。

《乔还一外集》，二卷。

二、《元韵谱》的性质及命名

李新魁、麦耘的《韵学古籍述要》将韵学古籍分为八类，即古韵类、今韵类、等韵类、近代音类、字音类、对音类、论著类和综合类。乔中和《元韵谱》的著作性质属于哪一类？李新魁的《汉语等韵学》（1983），李新魁、麦耘的《韵学古籍述要》（1993）认为《元韵谱》是反映明清口语标准音的韵图，龙庄伟的《〈五方元音〉与〈元韵谱〉》（1996）则笼统地称《元韵谱》是一部音韵学著作。我们认为《元韵谱》是一部等韵化的韵书，不应简单地归入等韵图一类。《元韵谱》既有韵图，又有韵书，两者互为表里。其中韵书是主体，韵图是韵书的框架和纲领，韵书是在韵图基础上扩充的同音字表及对每个字的释义。这种将等韵理论纳入到韵书编纂的方式，始于金元时期。"金元时期，语音学（等韵学，或曰切韵学）有长足的进步，字母、七音、清浊、开合、等第诸概念引入韵书，韵书的编纂变得条理清晰，严整精密，科学性大为增强。《五音集韵》《古今韵会举要》就是韵书与语音学相结合的最好例证。"①乔中和编撰《元韵谱》，突破传统韵书的框架，继承了金元时期韵学编纂的模式，将等韵理论应用于韵书的编撰之中。每佸横列声类，纵有五声，使韵书更加条理化、系统化；每佸又分成刚律、刚吕、柔律、柔吕四等，直接体现了近代四呼的语音格局，从而使韵书的编撰更加臻密，没有反切仍然能够准确地反映每个字的正确读音。乔中和将这种韵书编撰形式推广，促进了这种编撰方式的成熟化，标志着汉语韵书的编撰又向前迈进了一步。清代许多韵书也采用了这种编撰形式，如樊腾凤的《五方元音》，李光地、王兰生的《音韵阐微》等，可以说乔中和的《元韵谱》起到了承前启后的作用。

　　前辈学者之所以将《元韵谱》归入韵图，可能与该书的流传和刊刻有关。通过《自序》可知，该书成书于万历三十九年，但据《蒋先庚序》记载，直到康熙三十年该书才刊刻面世。"然书之行藏有数，显晦有时，始作于万历庚戌，传于令嗣文衣，至顺治壬寅文衣游白门，余得是书而快读之，珍秘三十余年，不欲为人见，至今康熙庚午春柏年陈子、赤州朱子咸游于先生之门，讽诵是书，不啻宝玉，遂勉力同梓，至今辛未冬始获成书。"实际上，《元韵谱》韵图部分早在万历年间已刊刻，并流传于世。乔中和的《说易》乔钵"小纪"载："家君子之未筮仕也，著《元韵》，以十二佸尽声，以五声定韵。简易自然，明白通晓，以是闺阁儿女无不知韵。累言数万，游晋止得刻其谱目，治诗《葩经旁意》一卷与《韵谱》同刻。己未归里，今丁丑十九年矣。""游晋"指乔中和任山西垣曲知县和太原府通判之时，即万历四十一年至万历四十七年。《元韵谱》韵图部分刊刻后，又收入《跻新堂集》和《西郭草堂合刊》，较为常见，因此前辈学者比较关注其韵图部分，而忽视了韵书韵图相配合的全本，故将其归入韵图之列。《元韵谱》著作性质的归属，关系到该书在语音史和汉语

---

① 甯忌浮：《汉语韵书史》（明代卷），上海人民出版社2009年版，第1页。

韵书史上的价值、影响及历史地位，是我们不可忽视的重要问题。

《元韵谱》何以得名？乔中和《元韵谱·释目·十二佸释》载："宫十二，佸亦十二，增之为十三不得，减之为十一不得，非天地之元音尔耶！胡名佸？以一声而摄众声，以三百六十声而从一声，取会计之义，且一元之数会十二，恰有十二韵，而无遗无复，故名之。""元"，即"一元"，是邵雍唯心主义的哲学范畴。"元、会、运、世是宋代邵雍《皇极经世》中的一套唯心主义哲学体系，用来说明宇宙生成的阶段性。'元'是宇宙演化的一个周期。《皇极经世·观物内篇》说：'元之元之，元之会十二，元之运三百六十，元之世四千三百二十。'"①乔中和利用邵雍的这套理论给著作命名，用元、会、运、世等唯心主义哲学体系来附会语音，以此来体现天地定数，从而为《元韵谱》蒙上了一层神秘的面纱。"韵"代表韵书，"谱"代表韵图。乔中和《自序》："谱既成，集五声字各一卷而名韵，则五声同籁不紊也。"韵书和韵图相配合，互为表里，这是明清时期韵学著作编撰的一个重要特点，也是当时比较流行的编撰方法。"韵图展现全书的声类、韵类、调类及其拼合关系，图上一个字就代表韵书中一个小韵（纽）。这种图是韵书的音系框架、纲领。韵书则广泛收罗同音字，详细地加反切、释字义，等于在框架内填充了材料。"②"元"为编撰的主旨，"韵"、"谱"则体现了编撰的方式，三字各有深意。

三、《元韵谱》的编纂成书

关于《元韵谱》的编纂成书过程，乔中和自序、崔数仞序有详细的交代和说明，现据此进行梳理。

万历戊申（1608）乔中和与友人崔数仞论及韵学，对宋元明时期的韵学著作进行了梳理和评判。乔中和序称："昔邵子以十声十二音分日月星辰水火土石相唱和，用力精苦矣，而未免牵合；温公《指掌

---

① 耿振生：《明清等韵学通论》，语文出版社 1992 年版，第 101 页。
② 同上书，第 14 页。

图》取自神珙三十六母，昔人谓夺造化之巧矣，亦不无复且略；兰廷秀氏删之为早梅诗二十字，似乎是然，而缺略者如故，且注入声之有无正相误。余自垂髫读诸家韵，觉未备天地之完音，而蓄疑久矣。"崔数仞序称："元安西刘士明因其成书，更加编纂，次为十六通摄，共成二十四图，名《切韵指南》。其间分门立类，既无条贯，而造例作歌，丑态种种，读之令人口污，真司马氏之罪人矣。余少慕声韵之学，而未睹所谓《指掌图》者，既于缁流处见《指南》二十四摄，或谓即司马氏之遗，余遂力为诵习，辄觉其支离复乱而不能竟其业，云是诚刘氏之谬妄乎，亦始法之不善乎？"涉及邵雍的《声音唱和图》、司马光的《切韵指掌图》、刘鉴的《切韵指南》和兰茂的《韵略易通》等韵学著作，两人认为以上诸家韵书或"牵合"，或"复且略"，或"无条贯"，或"支离复乱"，总之都不尽如人意，"未备天地之完音"。

此次韵学讨论，两人在诸多问题上达成了共识，"友人玄洲崔氏论声当为五，与鄙意欣欣契焉"（乔序），"得子之说，而其故可推，其失可证矣"（崔序）。此后乔中和开始着手韵书的编撰，"遂稿创于是岁之春三月，迄六月而粗定，越辛亥之暮冬而乃克成誊本"。（乔序）崔数仞自讨论后也思考这一问题，"余亦感其论议，潜心思维者数越月，计欲于五声之字各分为十二，而名例未定，且苦诸响繁杂，难于区画已"。（崔序）在编撰过程中，乔中和曾将稿本送给崔数仞进行讨论，崔序载："还一以所纂《五声韵稿》一册示余，则十二数颇合，且定体立规，兼分之以刚柔律吕。余捧读之，而后喜可知也。"在《元韵谱》编纂及成书过程中，崔数仞的作用不可忽视，发挥了重要作用，甚至可以说是编纂者之一。崔序云："余既携其稿以归，复加绅绎，且数数面相讨论，互为铨定，凡几易寒暑，始克成编，而约其大旨，则增四声为五声也，合众韵为十二也，分十二为刚柔律吕也，列刚柔律吕以七音也，析七音清浊之响而各立以字母也，且正入声于本声之下而咸归于十二韵也。其间整纲辨目，若类繁严，而假彼叶此，道则无滞，盖其体方用圆，理固诚如是耳。"乔序云："凡十二易上下千余日，其梦醒也于斯，其哀喜也于斯，始而苦，既而甘，终而忘，不知其然而然，果是耶非耶？韵魔之相依耶？尝遡而忆之，或时而畏讥，或时而虑竭。玄洲诱焉策焉，弥搜弥远，转透而转安，其功多，其识力洪也。……是谱也，极知僭妄，聊以吾二人之心暴诸世，然自有知音者且旦暮遇也。"可见，《元韵谱》编纂者应是乔中和和崔数仞两人。《元韵谱》自万历三十六年（1608）创稿，于万历三十八年（1610）成书，历时三年多。

第二节　《元韵谱》的研究现状

《四库全书总目提要》对《元韵谱》有简要的介绍及评述，现抄录如下：

> 《元韵谱》，五十四卷，浙江巡抚采进本，明乔中和撰。中和有《说易》，已著录。是书以上平为阳，下平为阴，上声为阴，去声为阳，入声则阴极而阳生。删三十六母为十有九，四重之为七十六，去蒙音四，得七十有二。而七十二母之中又析之为柔律、柔吕、刚律、刚吕。又据律法十二官分十有二佸，以佸统母，以母统各韵之字。凡始"英"终"谷"五十有四韵，条分缕析，似乎穷极要眇，而实则纯用俗音。沈、陆以来之旧法，荡然俱尽。如以"东"、"冬"并入"英韵"，"岑"、"林"并入"寅韵"之类，虽《洪武正韵》之乖谬，尚未至是也。

《四库全书总目提要》对《元韵谱》的音系框架进行了概述：五声、十九母、四呼、十二佸、五十四韵。但总体评价并不高，认为"似乎穷极要眇，而实则纯用俗音"，没有继承"沈、陆以来之旧法"，且有诸多乖谬，如"东""冬"并入"英韵"、"岑""林"并入"寅韵"。实际上，这些所谓"缺陷"，正体现了乔中和在编撰《元韵谱》时突破了传统韵书的束缚，以实际语音为基础，重新建构音系，对明清语音的研究具有重要的价值。

据笔者目前收集的研究材料所示，20世纪20年代赵荫棠先生就已经关注《元韵谱》，并将该书纳入"明清等韵之北音系统"进行简要的介绍。赵荫棠《等韵源流》认为："明清等韵可以分为两个系统：一是存浊系统，简称曰南派；一是化浊入清系统，简称曰北派。……所谓化浊入清者，就是把旧日三十六母之最浊位，如，群，定，並，床，从，匣……等母，俱化入清位。这个系统，就是现在国音的前身；溯其本源，当以《中原音韵》为最早。"① 赵荫棠详细分析了《元韵谱》的声韵系统，认为《元韵谱》将十六摄并为十二佸，虽有附会声数的地方，但极有北方色彩。对于《元韵谱》的七十六母，赵荫棠则认为："所以有七十六母者，不过将纯粹的声素之下附以开齐合撮之元音或介音耳。……我们若细审察起来，则'怀''光''孔''外'与'训''倦''群''元'，'寒''庚''慨''咢'与'晓''见''奇''疑'之音值，实有分别。这种分别，作者业已明白，观七十二母释中之语便可以知道。"② 因此认为《元韵谱》的声母系统应有二十五个。同时，赵荫棠也指出乔氏因附会阴阳宫律术数，存在许多未妥之处。"例如十一字佸'柔律'中所排之入声'卒''猝''忽''骨'……等字无论如此也不能读为（ε）或（ɤ）音。是盖附会宫律所致。尤可怪者，有粗音而无细音者，彼即以粗音当细音，有古音而无今音者，彼即以古音填今音之位。因此之故，我们只能把这书当成讲音理之书，而不能作为考察当时实际语音之龟镜。"③

1940年日本学者永岛荣一郎在前人研究成果的基础上，介绍了中国近代北方话音韵史的研究资料。永岛先生以常见的《元韵谱》韵图刻本为依据，对其音系进行了简要的介绍。④ 声母方面，永岛先

---

① 赵荫棠：《等韵源流》，商务印书馆1957年版，第208页。

② 同上书，第221页。

③ 同上书，第222页。

④ ［日］永岛荣一郎：《元代以来北方汉语系统音韵史研究资料介绍》，李无未、董冰华译，未刊稿。

生不同意赵荫棠的观点，认为仅仅依据开、齐、合、撮四呼的格局，把声母分为二十五母似乎不充分，在现代方言中仍有未腭化的现象，永岛先生认为可信度不高，应该慎重考虑，因此更倾向二十一母说。韵母方面，永岛先生把《元韵谱》十二佸按照四呼的格局构拟音值，并用“×”来标示《元韵谱》韵母系统中不合理的地方，如褒佸[uɑu]、[yɑu]等。实际上，《元韵谱》韵母系统中与现实语音不符的情况较多，永岛先生只是根据四呼格局指出了其中的一部分，并未对每个韵部进行详细的考证和分析。声调方面，认为《元韵谱》共有五个调类，即阴平、阳平、上声、去声和入声，且入声被安排在七博佸以后的各佸中。

台湾学者林平和博士论文《明代等韵学之研究》（1975）对明代二十七种等韵学著作进行了详细的比较和分析，其中将《元韵谱》列入“声母化浊入清系统韵图”。该书对《元韵谱》作者、流传、内容和体例、音系进行了简要的描写和分析。声母方面，分析了十九母的中古来源，并与《广韵》四十一声类、兰茂《韵略易通》、杨万有的《字说》、徐孝《等韵图经》的声母系统进行了比较，概括说明了《元韵谱》声母系统的特色及演变；韵母方面，分析了十二佸的中古来源，并与兰茂《韵略易通》二十韵部、杨万有《字说》十五图、徐孝《等韵图经》十三摄进行了比较，概括说明了《元韵谱》韵母系统的特色及演变。

李新魁《汉语等韵学》（1983）、《汉语音韵学》（1986）认为《元韵谱》是表现明清口语标准音的等韵图，并简要介绍了《元韵谱》的体例及语音系统。李新魁认为《元韵谱》十二佸反映了当时共同口语的实际语音，并对十二佸的构成进行了分析，“骈佸包括一般韵图的通、梗、曾摄，掫包含流摄，奔收臻、深摄的字，般相当于山、咸摄，褒则录效摄的字，帮囊括宕、江二摄，博收果摄的字，北相当于止摄，百相当于蟹摄，八则与假摄相当，孛收录假摄中麻韵变

为车遮韵的字，卜则相当于遇摄"①。声母系统，李新魁认为应将非
[f] 母从滂母独立出来，所以声母应有二十个，比吕坤《交泰韵》十
九母多一个疑（ŋ）母。对于《元韵谱》的体例，李新魁概括如下：
"乔氏既把声母按呼分成四类，所以在韵图中将每个佸分为四部分，
分列四类字，合、撮口呼同在一图，开、齐口呼同在一图，每佸兼两
图。每一部分之中，横列声母代表字，纵列阴平、阳平、上声、去
声、入声不同调的字。入声字只配阴声韵，有入声字相配之佸，也以
入声字为佸名，如博、卜等。"② 此外，对《元韵谱》的不足也进行
了说明，如用阴阳、律吕、刚柔等概念来牵合语音，以此来体现天地
定数，以及在韵类设置上出现牵强附会，不符合实际语音的情况。

　　耿振生的《明清等韵学通论》（1992）将《元韵谱》作为"官话
方言区等韵音系"进行简要的评述："这部书的声韵体系不受传统等
韵的束缚，依时音来编定；但是由于作者想把语音系统附会于象数律
吕等，有些地方又歪曲了实际语言的本相。"③ 在语音系统上，耿振
生认为《元韵谱》的声母实际上有二十一个，肯定了非母和微母的
独立地位，并高度评价了《元韵谱》十二韵部分部法，"十二韵部的
分部法是本书的创举，它恰好能概括出近代北方话的韵母系统，后来
成为清代北方韵图韵书中流行的分部模式"④。《元韵谱》对清代韵图
韵书的分部及音系都产生了一定的影响，在汉语韵书发展史上应占有
一席之位。

　　甯忌浮《汉语韵书史》（明代卷）（2009）对明代六十八种韵书
（包括三种朝鲜韵书）的传承及发展进行了详细的梳理和考证，共分
六个部分：《洪武正韵》系韵书、"诗韵"韵书、"古今韵"韵书、时
音韵书、曲韵韵书、律韵韵书。该书将乔中和《元韵谱》纳入"时
音韵书"，从《元韵谱》的韵部、四呼、声类、韵类、调类、韵字及

①　李新魁：《汉语等韵学》，中华书局 1983 年版，第 290 页。
②　同上书，第 291 页。
③　耿振生：《明清等韵学通论》，语文出版社 1992 年版，第 179—180 页。
④　同上书，第 180 页。

注释等六个方面，对其音系建构及传承进行了详细的介绍。尤其在韵类讨论中，结合《元韵谱》上平声十二个韵部末尾的按语逐韵分析每个韵部的来源及韵字的分布，进而构拟《元韵谱》十二韵部所包含的韵类，共五十个，其中舒声韵三十四个，入声韵十六个。最后从语音史的角度，概括了《元韵谱》的语音特点：第一，浊音清化；第二，闭口韵消失；第三，古入声韵合并为六个入声韵部，－p、－t、－k尾混同，入声韵是真实的存在；第四，有微母；第五，二等开口牙喉音字与三、四等字合并。此外，甯忌浮先生指出："等韵学家编写韵书，往往用他的理论和他所设计的体系规范语音，他的韵书结构严整划一，但与语言事实却有出入。乔中和说'不泥之古，而裁之我'，是真话。'不惟之我，而准诸法'也是真话，但是，法在我心中！他不但不泥之古，也不泥之今。为维护自己的学说，等韵学家无视语言事实的现象在韵书史上并不罕见，但像乔中和把'镳''苗'都改为轻唇音，可就太离谱了。"① 正如甯先生所言，研究音韵文献，这是一个不可忽视的重要问题。音韵文献编撰的目的不仅仅是记录汉语的语音，更多的则是通过韵书韵图的设计来展现编纂者个人的思想。因此，为了更好地释读音韵文献，必须将编纂者定位为设计者，而不是语音的记录者，在分析音系的同时，还要深入挖掘编纂者的音学思想和设计理念，以及编纂者的音学思想对音系产生的影响。

张新在前人研究的基础上，对《元韵谱》的语音系统或某一语音现象展开了讨论，如《论〈元韵谱〉声母系统的两个问题——平分阴阳和保留入声调》（2007）、《〈元韵谱〉韵部研究》（2008）、《论古知庄章三组声母在〈元韵谱〉里的读音分合》（2008）、《〈元韵谱〉入声字文白异读探析》（2010）。

笔者近年来一直比较关注明清汉语语音的研究，对《元韵谱》一些语音现象也进行了讨论，提出了自己的观点和看法，如《〈元韵谱〉微母来源考》（2007）、《〈元韵谱〉声母系统的若干问题》

---

① 甯忌浮：《汉语韵书史》（明代卷），上海人民出版社2009年版，第275页。

（2008）、《试论〈元韵谱〉的声调系统》（2008）、《〈元韵谱〉版本考》（2009）、《从〈元韵谱〉、〈五方元音〉韵图结构看两者之间的关系》（2010）、《〈元韵谱〉音学思想与明末易学哲学思潮》（2012）、《〈元韵谱〉与〈五音集韵〉》（2013）、《〈元韵谱〉入声字的文白层次》（2014）、《〈元韵谱〉与〈西儒耳目资〉、〈等韵图经〉音系比较研究》（2014）等等，将《元韵谱》与《五方元音》进行了全面的比较，并以此为基础，探讨了明末以来内丘、尧山语音的演变。

综上所述，目前学术界关于《元韵谱》的研究已取得了一些成果，但大多为简介性的、概括性的，属于粗线条的介绍，至今没有系统研究的专著面世。发表的单篇论文虽涉及《元韵谱》音系中的一些问题，但仍缺乏系统性，并未进行全面、深入、系统的梳理和研究，对《元韵谱》的研究也没有结合明清时期大背景进行综合考察，对于《元韵谱》在明清语音研究中的价值和地位有待深入的讨论。因此，有必要对《元韵谱》进行全面、系统的梳理，从而使学术界能够充分认识《元韵谱》的重要价值，引起大家的关注，为以后的研究奠定基础。

第三节　《元韵谱》的研究价值

台湾学者林平和《明代等韵学之研究》综合比较了明代二十七种等韵学著作，概括了明代等韵学之特质："此时之等韵学作者，或不满于宋元等韵学之图式束缚、门法之烦琐，及反切之弊端，故提倡等韵之革命，废除门法，变等为呼，改良反切，采用拼音，并特重时音，归并韵摄，削减字母，此种推陈革新之精神，殆非前代所能及者也。"[①] 乔中和《元韵谱》作为明末一部等韵化韵书，顺应了明代等

---

① 林平和：《明代等韵学之研究》，博士学位论文，台湾政治大学，1975 年，第21 页。

韵学发展的趋势，突破窠臼，"推陈革新"，对明清语音的研究具有重要的价值，主要体现在以下四个方面：

一、文献整理方面

《元韵谱》作为明代一部重要的语言学文献，前辈学者进行了简要的介绍，但尚未进行全面系统的梳理，具有重要的文献价值。本书对《元韵谱》作者乔中和的生平、著述及影响，《元韵谱》的成书过程，《元韵谱》的体例及版本流传等，进行详细的介绍和系统的梳理，使学术界对《元韵谱》有一个初步的了解，为以后的深入研究奠定基础。"韵书是代代相传的。后世韵书常常是在前代韵书的基础上编纂而成，或者是增修，或者是简缩，或者是改并，或者是重编。"① 在韵书发展史上，韵书间的传承是研究韵书非常重要的一个方面，也是研究任何一部韵书不可忽视的。通过比较和分析，揭示《元韵谱》与《五音集韵》、《五方元音》之间的传承关系。

二、辞书编撰方面

辞书，古代称"字书"，是专门解释文字形音义的著作。刘叶秋《中国字典史略》认为："中国古代的字书可以分为三大类：第一类是《说文解字》派讲文字形义的字典；第二类是《尔雅》派讲训诂的词典；第三类是《广韵》派讲音韵兼及文字训诂的韵书。后出的多种多样的字书，都是由这三大系统发展演变而来。"② 可见，韵书作为按韵编排的字典，也是辞书的一种，因此韵书的编纂也是辞书编纂的重要内容。乔中和编撰的《元韵谱》，突破了传统韵书的框架，继承了金元时期韵书编撰的模式，将等韵理论应用于韵书的编撰之中。每佸横列声类，纵有五声，使韵书更加条理化、系统化；每佸又分成刚律、刚吕、柔律、柔吕四等，直接体现了近代四呼的语音格

---

① 甯忌浮：《古今韵会举要及相关韵书》，中华书局 1997 年版，第 38 页。
② 刘叶秋：《中国字典史略》，中华书局 1983 年版，第 1—2 页。

局，从而使韵书的编撰更加臻密，没有反切仍然能够准确地反映每个字的正确读音。韵书形式的等韵化，早在金代韩道昭的《五音集韵》、元代熊忠的《古今韵会举要》就已出现，乔中和将这种韵书编撰形式推广，促进了"等韵化的韵书"编撰方式的成熟化，标志着汉语韵书的编撰又向前迈进了一步。清代许多韵书也采用了这种编撰形式，可以说乔中和的《元韵谱》起到了承前启后的作用。

《元韵谱》编撰的另一个特色是韵书和韵图相配合。《元韵谱》韵书和韵图的编纂都很有特色，通过其编撰结构和体例的分析，概括其编撰的特点。这种编纂方式比较先进，两者互为表里，相辅相成。韵图作为韵书的框架，展现整个音系的声韵调系统，语音框架一目了然，通过韵图就能归纳出音系的结构，人们在韵图上很容易查到每一个字的读音，方便快捷。同时韵书作为韵图框架的填充，给读者展示了更大的信息量，由于《元韵谱》将等韵理论和方法应用于韵书编撰，这样每个韵内部韵字的排列有了明确规则，不是随意安排，方便读者查找。这种编纂模式也是明清时期比较流行的编撰方式，如章黼的《韵学集成》，龙为霖的《本韵一得》，樊腾凤的《五方元音》，李光地、王兰生的《音韵阐微》等等。因此，通过考察《元韵谱》的编纂模式及特点，可以了解明清时人对于辞书编纂的认知和思考。

三、语音研究方面

近二十年来，近代语音特别是明清语音的研究已获得了很大的进展，前辈学者已取得了丰硕的成果，如对《洪武正韵》、《韵略易通》、《韵略汇通》、《五方元音》、《音韵阐微》诸韵书韵图的深入研究。乔中和的《元韵谱》以实际语音为基础，生动展现了当时的语言面貌，对于明清语音的研究具有重要研究价值。本书以中古音为参照系，系统整理《元韵谱》的声韵调系统，并进行音位化构拟，探讨《元韵谱》反映的语音现象，如疑母和微母的存否，零声母的演变，日母的演变，舌面音腭化，十二韵部分类法的形成，韵部的分合演变，入声的性质等等，为明清语音的研究提供重要参考。在此基础上，通过历史比较法，将时空原则结合起来，将《元韵谱》音系与现代方言音系进行全面比较，综合考察其音系的性质。《元韵谱》作为明清时音韵书之一，必须将其纳入明清语音研究的大背景下，结合其他同时期有代表性的音韵文献材料，如《洪武正韵》、《韵略易通》、《等韵图经》、《韵林原训》、《韵谱本义》、《西儒耳目资》、《音韵阐微》、《五方元音》等等，通过语音系统的全面比较，综合考察《元韵谱》在明清语音研究的重要价值和地位。《元韵谱》的音系基础是明末的内丘话，反映了17世纪初期河北内丘的语音情况，为我们研究内丘方音的发展演变、河北方音史提供了宝贵的材料。因此，我们以《元韵谱》音系为基础，结合清代内丘方志资料及现代方言研究成果，考察内丘方音的古今演变。

此外，《元韵谱》音系对后世也产生一定的影响，如耿振生的《明清等韵学通论》（1992）所说："《元韵谱》十二韵部的分部法是本书的创举，它恰好能够概括近代北方话的韵母系统，后来成为清代北方韵书、韵图中流行的分部模式。"① 在十二韵部分部上，《元韵谱》是首开先河的，其首创之功是应该肯定的。《元韵谱》之后，清代一系列韵书韵图都采用十二分部法，其分部法成为后世韵书韵母系统的楷模，其在汉语韵书史上的地位也是不容忽视的。

四、音韵思想史方面

古代韵书韵图的编撰者，不是语音的记录者，其编撰的目的则是通过韵书韵图的设计来展现编纂者个人的思想。因此，为了更好地释读韵书韵图，必须将编纂者定位为韵书韵图的设计者，挖掘编纂者的音学思想和设计理念，以及编纂者的音学思想对韵书韵图设计、音系描写产生的影响，并将其置于更为广阔的社会背景下，深入分析其音学思想的来源及产生的时代背景，如此才能更全面准确地剖析音韵文献的价值。这种现象在明清韵书韵图中表现得尤为突出。"依据个人

---

① 耿振生：《明清等韵学通论》，语文出版社1992年版，第180页。

的观察，明清等韵家设计韵图、切语，除考量拼切字音之实用功能外，经常兼具着深层的哲学意涵——追溯声音本源、穷尽古今音变，因而在韵图形制与切语设计中，同时寄寓着编撰者个人独特的音学思想。此种将音韵学与象数学相互融通的做法，在明清韵图设计中并不罕见，特别是哲学思想愈能自成一家的编撰者，韵图中杂糅象数思想的现象愈是鲜明。"① 乔中和作为明清之际的德行醇儒，对易学颇有心得，《元韵谱》所构建的音学体系中，与易学思想关系密切，甚至是以易学思想作为它的理论支点。本书从音韵思想史的角度，深入考察《元韵谱》音学思想与易学的关系，并分析其产生的时代背景，以及易学思想对明清韵书韵图编纂所产生的重要影响。

---

① 王松木：《知源尽变——论方以智〈切韵声原〉及其音学思想》，未刊稿。

第二章

《元韵谱》的编撰及版本

第一节 《元韵谱》的编撰体例

明清时期韵书的编撰形式多样化，其中一部分继承了金元韵书的编撰形式转向等韵化，吸收等韵图的编排原理和方式，把韵书编撰和等韵图有机地结合起来，可以说是汉语韵书发展史上的一次重要改进。耿振生指出："韵图和韵书相配合是明清时期比较流行的一种编撰方式。不少作者同时编撰一部等韵图和一种韵书，两者音系相同，互为表里，相辅而行。韵图展现全书的声类、韵类、调类及其拼合关系，图上一个字就代表韵书中一个小韵（纽）。这种图是韵书的音系框架、纲领。韵书则广泛收罗同音字，详细地加反切、释字义，等于在框架内填充了材料。"① 乔中和《元韵谱》在编撰方式上也采用了这一新模式，其中书名中的"韵"即指韵书，"谱"即指韵图，合在一起体现了编撰的模式，两者互为表里，相互配合。下面分别介绍韵书和韵图的编撰体例。

一、《元韵谱》韵图的编撰体例

《元韵谱》韵图按韵部分图，共分十二佸。《说文》："佸，会也。"《广韵·末韵》："佸，会计曰佸。""佸"有"会计"之义。乔中和《十二佸释》载："夫宫，君音也。寻源觅本而标以宫，譬一人当极万方归命，诸韵之山溪不足限也。宫十二，佸亦十二，增之为十

---

① 耿振生：《明清等韵学通论》，语文出版社 1992 年版，第 14 页。

三不得，减之为十一不得，非天地之元音尔耶！胡名佸？以一声而摄众声，以三百六十声而从一声，取'会计'之义，且一元之数会十二，恰有十二韵，而无遗无复，故名之。"可见，乔中和将其命名为"佸"是有深意的，取其"会计"之义。十二佸，即十二韵部，乔中和可谓是十二韵部分部法的开创者，对后世影响深远。每一佸兼两图，其中柔律、柔吕为一图，刚律、刚吕为一图，共二十四图。在十二佸中，前六佸不列入声，韵部的名称用每佸帮母的第一个字来代表，即"骈、探、奔、般、褒、帮"；后六佸列入声，韵部的名称用每佸帮母的第一个入声字来代表，即"博、北、百、八、孛、卜"，以此来体现入声与阴声韵之间的密切关系。《元韵谱》对于入声韵的处理，改变了传统《广韵》系韵书"入配阳"的格局，将入声韵置于阴声韵之下，反映了中古以来入声韵的发展和演变。《切韵指掌图》、《四声等子》、《切韵指南》将入声韵既与阴声韵相配，又与阳声韵相配，即所谓"阴阳兼配"。甯忌浮先生认为它们不是共时的语音现象，入配阳是固袭旧韵旧图，入配阴是现实语音在韵图上的反映。[1] 而《七音略》、《蒙古字韵》则将入声韵置于阴声韵之下，反映了实际语音的演变，同时也揭示了入声韵演变的趋势和方向。

　　每佸纵分为四响，乔中和分别称之为柔律、柔吕、刚律、刚吕。何谓四响？《元韵谱·四响释》载："韵书至七音清浊綦详矣，余复于清浊中分四响，曰柔律，曰柔吕，曰刚律，曰刚吕。先立位以待声，声无弗备，其字之多寡有无，弗计也。"《元韵谱》"式例"中，"四响"下面均有两行小字：

柔律	开合	柔吕	合合	刚律	开开	刚吕	合开
	呼之		呼之		呼之		呼之

　　这两行小字就是对柔律、柔吕、刚律、刚吕"四响"的解释。《七十二母释》载："兹于见字外，别立光倦庚三母，而四响各用，如光奔为昆，倦奔为君，庚奔为根，见奔为巾。"声母相同，介音有

―――――――――――

① 甯忌浮：《切韵指南入声韵兼配阴阳试析》，《语言研究》1991 年增刊。

异，故用见光倦庚而"四响各用"。因此，"合之开呼"、"合之合呼"即是合口、撮口，"开之开呼"、"开之合呼"即是开口、齐齿。正如赵荫棠先生、李新魁先生所言已隐含四呼之意，"然作者并四等为二等以刚、柔、律、吕含四呼之意，亦深合乎时代者也"①。"将粗、细与二等化合在一起，便把声母分为四类，隐括四呼的不同。"② 乔中和用声介合母来体现声母系统，同时也说明了近代汉语四呼格局的形成，只是没有采用合口、撮口、开口、齐齿四呼的名称罢了。

每图横列十九声母，从右向左分别为唇音、舌音、齿音、喉音、牙音。除了按发音部位排序外，在同一发音部位内部也有一定的排序标准，即按照"清、清浊半、浊"的顺序排列。这涉及全浊声母清化的问题。由于语音系统的演变，元明清时期全浊音都已经清化，"因而有很多人弄不清楚'清浊'究竟是怎么回事，他们试从不同的方向寻找答案，几乎没人能做出恰如其分的解释。……由于古声母的清浊与近代阴阳声调有关，官话区不少等韵作者把声调的阴阳误解为清浊"③。全浊清化给诸多等韵作者带来了困惑。《元韵谱》的作者乔中和也提出了这种困惑，并单列《清浊释》进行阐释：

> 昔人于一音分四籁，曰清，曰次清，曰浊，曰次浊。试以口呼之，如东为清，通为次清，是已。至同为浊，农为次浊，可乎？盖通之清不及东，而农之浊甚于同也。今以一音分三籁，曰清，曰清浊半，曰浊。

乔中和解决问题的方法是令人赞赏的，他没有维护传统的浊音格局，能够从实际语音出发，取消全浊声母，反映了乔中和的时音意识。从韵图"式例"可知，乔中和还将宫、商、角、徵、羽比附于

① 赵荫棠：《等韵源流》，商务印书馆 1957 年版，第 222 页。

② 李新魁：《论"等"的起源和发展》，载《李新魁自选集》，大象出版社 1993 年版，第 225 页。

③ 耿振生：《明清等韵学通论》，语文出版社 1992 年版，第 87—88 页。

声类，下面将"式例"中《元韵谱》声母与五音、发音部位、清浊等相配关系罗列如下表：（为便于比较，后增列"中古对应声母"。）

声母	五音	清浊	发音部位	中古对应声母
帮		清		帮
滂	宫	清浊半	唇	滂
门		浊		明
端		清		端
退	徵	清浊半	舌	透
农		浊		泥
雷	半徵商	浊	半舌	来
钻		清		精
存	商	清浊半	下齿	从
损		浊		心
中		清		章
揣	次商	清浊半	上齿	昌
谁		浊		书
戎	半商徵	浊	半齿	日
翁		清		影
怀	羽	清浊半	喉	晓
光		清		见
孔	角	清浊半	牙	溪
外		浊		疑

乔中和为了区别柔律、柔吕、刚律、刚吕四呼，按不同的呼分成"小母"，同一声母又分为四母，得七十六母，去蒙音四而得七十二母。《七十二母释》："于旧三十六位删之为十九，四焉而为七十六，去蒙音四得七十有二，数出自然，非强也。"每图四呼中，又分五行，标示声调，共五个调类：上平、下平、上声、去声和入声。上平、下平，即阴平、阳平。乔中和将五声附会于五行，并专列《五声释》进行阐述：

　　五行之在干支也，无弗具。声之有五，亦犹音之有五也。盖

一纵一横之妙，弗容缺也。声处于天，音生于地，韵成于人，何
以谓虚乃声，窍乃音，气乃韵？天地以五行化万物，物各具一五
行，何独于声而四之？音之五也：宫为土，徵为火，商为金，羽
为水，角为木。其在声也，上平宫，下平徵，上声商，去声羽，
入声角。

这种风气在明清时期非常盛行，"明清很多学者在编制韵图时，
附会上许多玄虚的理论，诸如阴阳、五行、干支、卦象、时令、历
法、律吕等内容，其中心思想，就是把语音说成是先验的神秘体
系"①。实际上，等韵作者将语音附会于这些内容，无非是给自己的
理论框架增加砝码而已。韵图中有音无字的用"○"标出，前六佸
入声不列字，用"●"标示。《元韵谱》韵图共收字 2234 字。

二、《元韵谱》韵书的编撰体例

《元韵谱》韵书的编撰体例与韵图不同，是按照声调分韵，其中
上平、下平、上、去各十二韵，入声六韵，共五十四韵。关于每个韵
的名称，《元韵谱》韵图后列有"韵目"一项，抄录如下：

寄部
英盈影映●　　忧尤有宥●
殷寅隐印●　　烟盐琰艳●
要遥杳爝●　　央阳养漾●
归部
诃何吙贺郝　　灰回贿诲或
尳怀扮坏划　　花华踝化滑
些邪写谢屑　　呼胡虎互縠

---

① 耿振生：《明清等韵学通论》，语文出版社 1992 年版，第 97 页。

关于韵部的名称，乔中和没有沿用传统《广韵》系韵书的韵目，而是另起炉灶，用牙喉音字作为韵部的名称。"寄部"二十四韵采用影母字，"归部"三十韵除了"些邪写谢屑"为心母字外，其他采用晓母字。韵部名称的更改，反映了作者突破传统韵书框架的意识。《元韵谱》五十四韵为何分为"寄部"和"归部"呢？乔中和为解释"寄部"和"归部"，在卷首专门写了一则《寄归释》：

> 平入之相合也，声各有归。何云寄？就等韵而言也。凡寄无定，此可寄，彼亦可寄，择其便者而寄焉。如寄旅然，虽甚便，终非本所，故云寄。归则生于斯，返于斯，故土旧风，性安而情适，问其终处，即是始处也。业归矣，则寄自虚，非虚也，各有本声，宁无字不欲其攘非类以相冒。嗟之平全而入缺，入全而平缺。又入止六佸，当平上去之半，此其数可以理迎，不可以笔吐。

乔中和认为入声原来"寄"在英、优、殷、烟、要、央等阳声韵里，现在应该"归"到诃、灰、虺、花、些、呼等阴声韵中，故将不列入声的二十四韵称为"寄部"，列入声的后三十韵称为"归部"。入声归阴声韵，则是"生于斯，返于斯，故土旧风，性安而情适"。可见，"韵目"除了标明每个韵的名称外，还承载着其他的功能。下面将《元韵谱》五十四韵与十二佸、五声、寄归部之间的搭配关系列表如下：

韵部声调		上平	下平	上声	去声	入声
寄部	一骈	英	盈	影	映	
	二探	优	尤	有	宥	
	三奔	殷	寅	隐	印	
	四般	烟	盐	琰	艳	
	五褒	要	遥	杳	燿	
	六帮	央	阳	养	漾	

（续表）

韵部声调		上平	下平	上声	去声	入声
归部	七博	诃	何	歌	贺	郝
	八北	灰	回	贿	海	或
	九百	尵	怀	扮	坏	划
	十八	花	华	踝	化	滑
	十一孪	些	邪	写	谢	屑
	十二卜	呼	胡	虎	互	縠

五十四韵中，又分为柔律、柔吕、刚律、刚吕四呼，每呼横列十九母，顺序为帮滂门端退农雷钻存损中揣谁戎翁怀光孔外（以柔律为例），与韵图声母一致。每个声母下再列韵字，有音无字者保留空位，"虚无用以待有用"。

《元韵谱》韵书上平声各韵部后均列有按语，主要说明每个韵部的中古来源、韵字的安排及设计的理念。这些按语对于我们分析《元韵谱》音系具有重要的参考价值，下面将每个韵部的按语抄录如下：

英韵：是韵也集东冬钟庚耕登清青蒸九韵之阴声，合柔刚律吕四响共得七十二音，其五十一音有字，二十一音无字，有字无字并存其母，庶检阅之，余循序而呼之，不待反切而本音已过半矣。谨按：东，柔律也；冬钟，柔吕也；庚耕登，刚律也；清青蒸，刚吕也。虽不无稍有出入，而大端若此。故凡音响之分合，不泥之古，而裁之我，不惟之我，而准诸法。法者何？始宫而终角，上律而下吕，前柔而后刚也。又凡双声旁声并收之，独不载叶音者，以字皆有叶，挂此漏彼，虽详而反略，不如已也，后仿此。

忧韵：是韵也集幽尤侯三韵之阴声。按：幽，柔吕也；尤，刚吕也；侯，刚律也。而柔律之字灭没矣，然其音弗容缺也。

殷韵：是韵也集真谆臻文殷魂痕侵八韵之阴声。按：魂，柔律也；文谆，柔吕也；臻痕，刚律也；真殷侵，刚吕也。

烟韵：是韵也集元寒桓山删先仙覃谈盐添咸衔严凡一十五韵之阴声。按：桓，柔律也；元凡，柔吕也；寒山删覃谈，刚律也；先仙盐添咸衔严，刚吕也。

要韵：是韵也集宵萧肴豪四韵之阴声。按：肴，柔律也；萧，柔吕也；豪，刚律也；宵，刚吕也。自萧宵合而柔刚之判迷矣。按：《指掌图》"镳"字入声为"𩐈"，"𩐈"在宕摄为"方"字之入声。方，少宫也，镳与同入，亦合作少宫音，旧读如标，非误耶？知此而凡三排之字，皆合作柔吕也，何疑哉？

央韵：是韵也集江阳唐三韵之音（阴）声。按：邦合作吕音，昔读如帮；江合作柔吕音，昔读如薑，误也，今一正之。而羽之汪肨央、次商之窗牕疮昌，亦无不正矣。

诃韵：是韵也集歌戈二韵之阴声。按：沈韵分歌戈最精，后合之而元音混矣，兹从沈而补以吕音。虽无字可读，而声全庶不相夺，且或叶用他韵字，各寻其位而声乃正，不至以柔乱刚，以律紊吕也。甚矣，空声之不可去也，虚以待用，与实声通。

灰韵：是韵也集支脂之微齐灰六韵之阴声。

𪭐韵：是韵也集佳皆咍三韵之阴声。按："姼"字合作刚吕，昔读如"巘"，误也。

花韵：是韵也集麻韵之阴声。

些韵：是韵也摘麻韵中遮韵之阴声。按：《正韵》分遮、麻，盖亦势之不容已耶！

呼韵：是韵也集鱼虞模三韵之阴声。按：模，柔律也；虞，柔吕也；鱼，刚律、刚吕也。沈之分最精，于此乃见。

《元韵谱》韵书中每个小韵没有反切注音，这是由编纂方式决定的。金元时期，等韵学理论被应用于韵书的编纂中，字母、开合、等第等概念使韵书的标音功能更为直观，更为准确，反切已不再是标音的主要依据，如甯忌浮所言："研究《五音集韵》及其以后诸韵书的语音结构，反切不再是主要依据。语音学是韵书的理论基础。"① 因此反切的存在与否，对研究韵书的语音结构并无影响。《元韵谱》小韵虽无反切注音，但收录每个韵字的其他读音。"英韵"韵末按语载："凡双声、旁声并收之，独不载叶音者，以字皆有叶，挂此漏彼，虽详而反略，不如已也。"又音的标音方式主要有三种：

第一，用"又音"注音。

优韵三母"涑"：河东水名，又音速。

殷韵非母"羒"：白羝羊，又音焚。

写韵影母"蛊"：腹痛，又媚也。又音古。

盐韵奇母"黔"：同上，秦谓民黔首，又音琴。

第二，如仅为调类差异，一般用"又某声"来标注。以上两种注音方式较为常见。

殷韵喻母"媪"：女字，又上声。

优韵奇母"卿"：公卿。又去声，卿云。

寅韵微母"斖"：班鼠，又去声。

遥韵恩母"峣"：山名，又去声。

第三，用反切注音，这种方式较少。

寅韵闰母"犉"：黄牛黑唇，又闰监切。

盐韵群母"卷"：曲也，又九免、九院切。

《元韵谱》注音方面最突出的特点是标注"本音"和"别音"。所谓"本音"是指这个字的最初读音；"别音"是指除了本音、通用音之外的其他读音。"本音"、"别音"，对我们考究韵字读音的源流及发展具有重要的参考价值。如：

鷏，本音田。（卷三知母）

贤，多才也，别音。（卷十五晓母）

酣，今通呼。又音寒，本音甘。（卷四寒母）

噫，气出貌，别音。（卷三十九影母）

---

① 甯忌浮：《汉语韵书史》（明代卷），上海人民出版社 2009 年版，第 1 页。

　　《元韵谱》韵书中对于一些常用字，如聪、中、公、空、风、冬、恭等字，均不释义。其他韵字的释义也比较简单。如：

　　东，日在木中。（英韵端母）

　　通，达也。（英韵退母）

　　登，升也。（英韵德母）

　　以"东"字释义为例，《广韵》"东"字释文为224字，《集韵》为23字，而《元韵谱》只有4字。《元韵谱》注重的是"音"，而并非"义"，乔中和的目的并不是要使《元韵谱》成为一部旁征博引、释义广泛的字典，而是编撰一部"备天地之完音"的著作，因此作者将重点放在音系框架的建构上。甯忌浮先生《汉语韵书史》（明代卷）对韵书注释的演变也进行了论述："早期韵书注释很简单，常用字一般不注。唐宋以诗赋设科，韵书为全社会所关注，语言文字学家的精力向韵书倾斜、集中。《唐韵》以后，韵书在收字和注释上超常发展，大型、超大型韵书不断涌现，收字越来越多，注释也越来越多，形成韵书强、字书弱的不平衡局面。……直到明末，《字汇》出世，才打破这种持续数百年的不平衡。"① 韵书注释由繁趋简，也符合韵书的编纂主旨。

第二节　《元韵谱》的版本流传

　　《元韵谱》成书于明万历时期，至今已有四百年，但目前所见的刻本并不多。据龙庄伟先生考察，《元韵谱》有两种不同的版本：一种刻于明万历年间，只有韵图；另一种刻于清康熙年间，除韵图外，还有韵书。对这两种版本的情况，龙庄伟并未进行详细说明。清康熙蒋先庚的《元韵谱序》载："然书之行藏有数，显晦有时，始作于万历庚戌，传于令嗣文衣，至顺治壬寅文衣游白门，余得是书而快读之，珍秘三十余年，不欲为人见，至今康熙庚午春柏年陈子、赤州朱

---

　　① 甯忌浮：《汉语韵书史》（明代卷），上海人民出版社2009年版，第5页。

子咸游于先生之门，讽诵是书，不啻宝玉，遂勉力同梓，至今辛未冬始获成书。"汤康民的《增补字汇序》："予更合还一乔先生《元韵》，附以周郁魏子的《指掌》；复经蒋子震青（先庚）辨疑，辑成一书。虽然，窃有余惧焉：还一《元韵》藏于赵，岂山《字汇》藏于吴。多则百十年，少则五六十年，未有发箧而梓之行者。予独续貂以成其书，非过举哉？"根据以上论述，康熙之前该书似乎并未刊刻过，这就使《元韵谱》的版本流传变得扑朔迷离。我们要对《元韵谱》进行研究，首先要弄清楚这部书的版本刊刻及存世情况。据我们考察《元韵谱》共有四种版本，根据刊刻的时间称为：万历本、崇祯本、康熙本、光绪本。根据这四种版本的构成，可以分为两大版本系统：一种是只有韵图，没有韵书，包括万历本、崇祯本、光绪本，由于最早刊刻于明代，故统称为明刻本系统；另一种是既有韵图，又有韵书，如康熙本，称之为清刻本系统。下面根据文献材料，对这两个版本系统的刊刻及流传情况进行介绍，从而使大家对《元韵谱》的版本源流有一个清楚的认识。

一、明刻本系统

明刻本系统只有韵图，没有韵书。据《蒋序》中称《元韵谱》在康熙之前似乎并未刊刻过，实际上该书在万历辛亥（1611）和崇祯戊寅（1638）均有刊刻。乔中和的《说易》载崇祯十年其子乔钵小纪："家君子之未筮仕也，著《元韵》，以十二佸尽声，以五声定韵。简易自然，明白通晓，以是闺阁儿女无不知韵。累言数万，游晋止得刻其谱目，治诗《葩经旁意》一卷与《韵谱》同刻。己未归里，今丁丑十九年矣。"己未，即万历四十七年（1619）。"游晋"指乔中和任山西垣曲知县和太原府通判之时，即万历四十一年至万历四十七年。通过乔钵小纪可知，《元韵谱》在万历年间曾经刊刻，但"止得刻其谱目"，即韵图部分。赵荫棠于 20 世纪 20 年代就曾指出《元韵谱》全书未刻之前，其谱目已先行于世。"近见《西郭草堂合刊》，内含《元韵谱》一卷，《图书衍》五卷，《古大学》一卷，《葩经旁

意》一卷,《说畴》一卷,《说易》十二卷,《大易通变》六卷,《大
九数》一卷,附《阴符经注》,又附《从祀录》、《余稿括抄》四卷,
前有光绪己卯十月田尔砚(乔氏之同邑)序,中云:系乔氏之八世
孙忠贞合刊。书前小记,系乔氏之子钵崇祯十年九月作,中云:'家
君之未筮仕也,著《元韵》,以十二佸尽声,以五声定韵,简易自
然,明白通晓,以是闺阁儿女无不知韵,累言数万,游晋止得刻其谱
目。'由是可知,全书未刻前,谱目先行于世。"①《元韵谱》为私人
编撰,由于受到经济条件的限制,明代仅刊刻韵图部分。直到康熙年
间,《元韵谱》全书(包括韵图和韵书)才一并刊刻,但韵图部分已
早有刊本传世。明刻本系统包括万历本、崇祯本、光绪本。

1. 万历本

1995 年香港长城文化出版公司出版《罕见韵书丛编》,收录了
《元韵谱》,并标明"据明万历三十九年辛亥刊本影印,原书半叶高
二十一厘米,宽十五厘米"字样。万历本结构如下:

①序文五篇:乔中和序(存三个印章:垣曲令、我家逢山、乔中
和印)、崔数仞序(无印章)、鲁廷彦序、马逢造序、王时英序。

②附崇祯十三年范士髦疏。

③释目。包括五声释、四响释、七音释、三籁释、十二佸释、七
十二母释、切释、阴阳释、柔刚释、律吕释、十二佸应律图、清浊
释、寄归释、转叶释、蒙音释、总释,共十六项。

④十二佸应律圆图和韵图式例。

⑤韵图。分为十二佸。

⑥韵目。在韵图之后,标明寄部和归部。

关于万历本的刊刻时间有两点质疑:一是马逢造序末尾署"壬子
乡进士垣曲门生马逢造谨顿首拜书",王时英序末尾署"山西壬子科
中式第壹名举人门生王时英谨顿首拜书"。壬子,即万历四十年
(1612)。二是乔中和序后有三方印章,分别为"垣曲令"、"我家逢

---

① 参见林平和《明代等韵学之研究》,博士学位论文,台湾政治大学,1975 年。

山"、"乔中和印"。据我们考证，乔中和任垣曲令的时间是万历四十一年至万历四十四年。那么万历三十九年时乔中和还未上任垣曲，何来"垣曲令"印章呢？以上两点质疑足以证明万历本并非刊刻于万历三十九年。结合崇祯十年乔钵小纪，"累言数万，游晋止得刻其谱目"。可断定万历本应刊刻于万历四十一年至万历四十四年之间。

2. 崇祯本

收录于《跻新堂集》，现藏于北京图书馆，题"明崇祯中刊本"。《跻新堂集》收录了乔中和六部著作：《说易》十二卷、《大九数》一卷、《图书衍》一卷、《说畴》一卷、《范经旁意》一卷、《元韵谱》一卷。其中《说易》内有崇祯十年乔钵小纪，可推断《跻新堂集》应刊刻于崇祯十一年（1638）。其体例与万历本一致，只是序文顺序不同，序文五篇依次为：鲁廷彦序、王时英序、马逢造序、乔中和序、崔数仞序。

3. 光绪本

收录于《西郭草堂合刊》，现藏于北京大学图书馆、首都图书馆、中国科学院图书馆。《元韵谱》中的"韵"字写成"音"。《西郭草堂合刊》题"光绪五年刊本（1879）"，收录了除崇祯本乔氏六部著作之外，还有《古大学注》一卷、《大易通变》六卷，且附著作三部：《阴符经注》一卷、《从祀乡贤录》一卷、《乔还一先生余稿括抄》四卷。扉页云：顺德府内邱跻新草堂藏版。可见《西郭草堂合刊》是在《跻新堂集》的基础上刊刻的，并且两者所收录《元韵谱》的体例和结构完全一致。

以上三种版本都是只有韵图，没有韵书。《元韵谱》的体例和内容基本一致，只是万历本与后两种版本的序文顺序不同而已，这是在刊刻过程中排版所致。

二、清刻本系统

清刻本系统实际上只有清康熙年间刊刻的梅墅石渠阁本，现藏于北京图书馆分馆。这种版本既有韵图，又有韵书，这是和其他的三种版本相区别的。1997 年齐鲁书社出版的《四库全书存目丛书》和 2002 年上海古籍出版社出版的《续修四库全书》都收录了这种版本。《续修四库全书》将《元韵谱》（以下简称《续修本》）收录于经部小学类第 256 册，题：据北京图书馆分馆藏清康熙梅墅石渠阁刊本影印，原书版框高 201 毫米，宽 270 毫米。其结构如下：

①序文四篇：崔数仞序（存两方印章：崔数仞印、玄洲氏）、黄云师序、蒋先庚序、乔中和序（无印章）

②释目。包括五声释、四响释、七音释、三籁释、十二佸释、七十二母释、切释、阴阳释、柔刚释、律吕释、十二佸应律图、清浊释、寄归释、转叶释、蒙音释、总释。共十六项，内容与明刻本系统完全一致。

③目录。标明韵书五十四韵。

④十二佸应律圆图和韵图式例。

⑤韵图部分。后列有韵目，标明寄部和归部。

⑥韵书部分。共分为五十四韵。

齐鲁书社出版的《四库全书存目丛书》把《元韵谱》收录于经部小学类二一四卷（以下简称《存目本》），题："北京图书馆分馆藏清康熙三十年梅墅石渠阁刻本。"《存目本》与《续修本》都是根据北京图书馆分馆所藏影印的，两者体例与结构完全一致。但详细比较《存目本》和《续修本》，两者在韵书正文残缺上存在一些差异，兹列举如下：

1. 卷十六：《续修本》将审母部分字、日母、影母（共两页）和产母部分字、沙母、仍母、恩母、寒母部分字（共两页）顺序颠倒。《存目本》为正确顺序。

2. 卷二十九：《续修本》只有半页，缺疑母。《存目本》缺见母部分字、奇母、疑母，共一页。

3. 卷四十四：《存目本》缺明母部分字、定母、剔母部分字，共两页。《续修本》完整。

4. 卷五十二：《存目本》缺影母、晓母部分字，共一页。《续修本》完整。

5. 卷五十四：《存目本》缺影母、晓母、见母、奇母、疑母，共两页。《续修本》完整。

以上两个影印本在韵书残缺上存在不同，但这两种版本都是根据北京图书馆分馆的版本影印的，所以这些差异可能是在影印过程中造成的。另外卷三十二，《续修本》、《存目本》都缺伦母部分字、遵母、从母、雪母、追母、穿母、顺母、闰母、喻母部分字，共一页，为影印原书残缺。《续修本》和《存目本》是目前比较完整的、也是比较容易找到的版本。

综上所述，明清两种版本系统存在的差异有以下几点：一是明刻本只有韵图，而清刻本既有韵图，又有韵书。二是序文不同。明刻本有五篇序文，清刻本只有四篇，且只有乔中和与崔数仞两篇序文相同。三是印章。明刻本中乔中和序后有三个印章，崔序后无印章；而清刻本乔序后无印章，崔序后有两个印章。据此可以认为这两个版本系统没有直接的传承关系。当然我们不能否认这两个版本系统也有众多相同之处，两者都存有韵图和释目，释目各项的顺序都完全一致，韵图中的小韵也基本一致，只是个别字使用简化字或异体字而已。

第三章

乔中和音学思想与《元韵谱》音系构建

第一节　乔中和的音学思想

　　明代是汉语韵书发展史上的第二个高峰，据甯忌浮先生《汉语韵书史》（明代卷）统计，有书名可查的就有116种，其中存世的70种，堪称空前绝后。明代韵书不仅数量多，其编撰的形式也丰富多彩，呈现多元化的特征，但其编撰的目的不仅仅是记录汉语的语音，更多的则是通过韵书韵图的设计来展现编纂者个人的思想，我们要将编纂者定位为韵书韵图的设计者，而不是语音的记录者。正如台湾高雄师范大学王松木先生所言："韵图是等韵家为建构理想化音系所设计的图式，并非单纯只用来客观、静态地描写某种现实语音。因此，韵图之编制，常随着等韵家所追求之目的不同、所预设功能有别，而有不同的设计考量，其中不免或多或少掺入个人主观意念，从而展现出不同的编纂风格。因此，韵图研究不应只依从客观主义的路径，将韵图停留在表层的结构形式上，天真地认为韵图形式可以客观地与现实语音产生直接对应，应当转而取法后现代历史哲学的批判性论点，正视韵图的'诗学本质'，剖析韵图的设计理念以及隐含的音学思想，如此方能进一步深化等韵学研究。"① 因此，考察编纂者的音学思想和设计理念，以及编纂者音学思想对韵书韵图设计、音系描写产生的影响，对音韵文献文本的准确性解读和全面地分析具有重要的

---

① 王松木：《〈皇极经世·声音唱和图〉的设计理念与音韵系统——兼论象数易学对韩国谚文创制的影响》，未刊稿。

作用。

乔中和《自序》云："人具唇舌齿喉牙，自当以呼吸缓急会天地之元音，岂泥故辙哉?"可见，乔中和突破传统束缚的意识较强，欲追求"天地之元音"。此外，乔中和编撰《元韵谱》时参考了明代诸家韵书，如《洪武正韵》、《韵略易通》、《韵林原训》、《韵谱本义》等等。因此，乔中和的音学思想和设计理念也反映了明代中后期人们在语言文字方面的认知和取向。其音学思想主要体现在序言及卷首的韵目中，现分述如下。

一、关于反切的起源

关于反切的起源，明清时期主要分为两派：一是源于西方说，如王应电《声韵会通》："古无切韵之法，反切出自西方。"二是源于本土说，如顾炎武的《音学五书·音论下》："按反切之语，自汉以上即已有之。宋沈括谓古语已有二声合为一字者，如不可为叵，何不为盍，如是为尔，而已为耳，之乎为诸。郑樵谓慢声为二，急声为一，慢声为者焉，急声为旃，慢声为者与，急声为诸，慢声为而已，急声为耳，慢声为之矣，急声为只，是也。愚尝考之经传，盖不止此。如《诗》'墙有茨'传：'茨，蒺藜也。'蒺藜，正切'茨'字。'八月断壶'，今人谓之胡卢。《北魏·后妃传》作'瓠芦'。瓠芦，正切'壶'字。"乔中和则兼收并蓄，《元韵谱·切释》载："西方二合之音，切字之原也，如反可为叵之类是也。即谚语亦有之，如窟栊为孔之类是也。上字定音，下字定韵，四响不乱，清浊不摇。"既认为切字源于西方，又认为汉语谚语中已存在此类现象。实际上，合音与反切有本质的区别，合音是一种无意识或者是偶然现象，而反切是对汉语音节有意识的分析，两者不可同日而语。

二、关于古声调的认识

关于古声调的问题，历来分歧较大。宋代吴棫提出"四声互用"说，明代陈第认为古无四声，《毛诗古音考》："四声之说，起于后世，古人之诗，取其可歌可咏，岂屑屑毫厘，若经生为耶？且去入二音，亦轻重之间耳。"乔中和与陈第为同时代人，对古声调也有自己的观点。《元韵谱·五声释》："考之古有韵而无声，声之分自胡僧神珙，故三百篇不但二平之互用也，而上去亦无别，乃知古今人论字但曰平仄呜呼尽矣。唐诗无分平而有分仄，宋元间词曲合平仄而混出，亦各有解悟处，非苟而已也。"可见，乔中和的观点与陈第较为接近，认为上古没有四声，四声的分辨出现较晚，始于神珙的《四声五音九弄反纽图》。

三、主张废除等韵门法

等韵门法的设立，实际上是为了说明韵书反切与韵图归等列字之间的矛盾而制定的法则和条例，如《四声等子》卷首列有"辨音和切字例"、"辨类隔切字例"、"辨广通侷狭例"、"辨内外转例"、"辨窠切门"、"辨振救门"、"辨正音凭切寄韵门法例"、"辨双声切字例"、"辨迭韵切字例"等九项门法。此后，等韵门法越来越繁，刘鉴的《切韵指南》附《门法玉钥匙》十三项门法，明代真空和尚的《直指玉钥匙门法》又补充了七项。等韵门法的设立，解决了韵书反切与韵图归等列字之间的矛盾，具有一定的积极作用。如明袁子让的《五先堂字学元元》自序载："子生十岁，即常以书中切脚二字反复求之，亦悟为上审牙舌唇齿喉，下审平上去入，率意试之，十中其五。然初不知等之有母也，亦未知押之有韵也。十五岁乃得诗韵，尽叶其声，始知下有分韵。继得古《四声等子》，尽概其切，始知上有分母，依法试之，十中其七。及游曾植翁老师之门，窃其謦欬，乃得解门法钥匙，尽错综变化之神。是时于切脚，始十试而十中。"清张耕的《切字肆考》序载："切韵而得门法，可以钩玄，可以索隐，无古无今，无难无易，举莫逃于反切之下。"

乔中和对等韵门法的态度则完全不同，《元韵谱·切释》载："声自在齿颊间，等韵门法愈多而愈晦，三百年来讹切谬音满人间世。嗟嗟夫，孰与洗而正之？"他认为等韵门法不仅无益，而且是造成

"讹切谬音"的罪魁祸首，主要废除门法。的确，自明代真空和尚补充七项门法之后，等韵门法多达二十项之多。如此多的门法使学习者望而却步，反而削弱了韵图的使用价值。明清时期对等韵门法持有非议的较为普遍，正如林平和概括明代等韵学之特质时，曾指出："此时之等韵学作者，或不满于宋元等韵学之图式束缚、门法之烦琐，及反切之弊端，故提倡等韵之革命，废除门法。"① 如马自援《马氏等音》："纵立若干门法，徒滋缠绕，终属何益？所以吕独抱、吴敬甫等皆废门法。"潘耒《类音·音论》："爰有类隔、交互、振救诸门法，纷然淆乱而困人，以披寻所贵乎？字母者以切字也，类隔、交互则出切不得其真，误人实甚，是不可以不正也。"明清时期主张废除门法，实际上与等韵学的发展有着密切的关系。李新魁指出："明清时人也大量制作韵图，但其撰作原则已经发生重大变化，不以拘守韵书中的反切为要务，二是参用实际语音来编制韵图，变原来的四等、两呼为四呼（或五呼、六呼不等）。"② 也就是说由于等韵学的发展，原来韵书反切与韵图归等列字之间的诸多矛盾已不存在，等韵门法也没有太大的使用价值了，故明清学人大多主张废除烦琐的等韵门法。

四、突破传统框架、注重时音

乔中和在编纂《元韵谱》时突破了传统韵书的束缚，比较注重时音。如《元韵谱·清浊释》载："昔人于一音分四籁，曰清，曰次清，曰浊，曰次浊。试以口呼之，如东为清，通为次清，是已；至同为浊，农为次浊，可乎？盖通之清不及东，而农之浊甚于同也。今以一音分三籁，曰清，曰清浊半，曰浊。而东字之下虚一音以启同，农字之上虚一音以续通。……此非我臆也，兰廷秀之早梅诗，杨升庵之《原训》，亦已先得，同然矣。"由于全浊声母的清化，使人们对传统

---

① 林平和：《明代等韵学之研究》，博士学位论文，台湾政治大学，1975 年，第21 页。

② 李新魁：《汉语等韵学》，中华书局 1983 年版，第130 页。

声母的四分法提出了质疑。乔中和并没有维护传统的声母分类格局，而能够从实际语音出发，取消全浊声母，反映了乔中和注重时音的意识。

传统韵书以两呼四等为框架，明清时期依据实际语音，变等为呼。《元韵谱·四响释》："余复于清浊中分四响，曰柔律，曰柔吕，曰刚律，曰刚吕。"四响，即四呼，柔律为合口呼，柔吕为撮口呼，刚律为开口呼，刚吕为齐齿呼。《元韵谱》十二佸中每佸皆如此，固定四呼格局，体例一致，清晰明了，这种做法比较科学。实际上，四呼形成的年代较早，明初《韵略易通》将鱼、模分韵，标志着介音[y]的形成，四呼正式形成。但是四呼概念的明确则是在明末，"明确地从介音角度把韵母区别为四类的，大概以桑绍良《青郊杂著》(1581)为最早，该书没有用'开、齐、合、撮'的名称，而有其实际内容，用的名称叫'四科'，把开口呼叫做'轻科'，把齐齿呼叫做'极轻科'，把合口呼叫做'重科'，把撮口呼叫做'次重科'"①。之后，徐孝《等韵图经》把四呼称为"开口上等"、"开口下等"、"合口上等"、"合口下等"；袁子让《字学元元》称为"上开"、"下开"、"上合"、"下合"；乔中和的《元韵谱》则称"刚律"、"刚吕"、"柔律"、"柔吕"。名称各异，但实质相同。明清时期变等为呼，反映了汉语语音的发展。

五、将语音与乐律、地支相结合

乐律本来与语音没有关系，但明清时人认为语音与乐律是相通的，如《本韵一得》："夫声律之道，与乐律通。"所以，诸多等韵学家在阐释语音时多与乐律结合起来，乔中和的《元韵谱》可谓是其中比较突出的代表。黄云师的《元韵谱序》："乐有七音，韵有七音，律娶其妻而字归其母，故韵之道通于乐，其元声一也。"《元韵谱·律吕释》："权、衡、量、度咸从律起，况韵耶！昔治韵家但论五音

---

① 耿振生：《明清等韵学通论》，语文出版社 1992 年版，第 62 页。

止矣，不有六律，其孰从而正诸？余妄于本佸中得一唱一和之响而名律名吕，又于十二佸中得疑阴疑阳之情而立图立解，虽偶定于此，心听取衷于来哲。"乔中和认为语音与乐律相通，《元韵谱》卷首"释目"之《十二佸应律图》载："律娶妻而吕生子，诸韵之相通有以也。治韵家音不觅宫，而叶不寻律，故《指掌》二十图，司马氏胶于沈；《转注古音略》，升庵子踵乎吴。溯流而上，千载茫茫，音韵既荒，古乐之绝响，胡惑诸人惟一心，心无今古，知音君子必有定裁。"并将十二佸与五音、律吕、地支相结合来阐述语音的特征，现抄录如下：

> 胼，黄钟、子、羽，其声下，其气微和，其情潜虚含邃；
> 掭，大吕、丑、宫，其声缓，其气凝和，其情绵远优容；
> 奔，太簇、寅、角，其声平，其气中和，其情温纯雅丽；
> 般，夹钟、卯、角，其声清，其气融和，其情矫健沉雄；
> 褒，姑洗、辰、宫，其声亮，其气清和，其情轻盈爽秀；
> 帮，仲吕、巳、徵，其声洪，其气冲和，其情旷朗穹窿；
> 博，蕤宾、午、徵，其声扬，其气舒和，其情迟回畅迈；
> 北，林钟、未、宫，其声远，其气宣和，其情庄静和平；
> 百，夷则、申、商，其声疾，其气违和，其情凄清逸宕；
> 八，南吕、酉、商，其声刚，其气乖和，其情怆怳萧森；
> 孛，无射、戌、宫，其声惨，其气委和，其情幽深郁慷；
> 卜，应钟、亥、羽，其声顺，其气涵和，其情纡曲严凝。
> 右十二律声气既殊，音响自异，其脉理根诸性而随方合节乎！

为更直观展现十二佸与律吕、地支的关系，《元韵谱》卷首"韵目"载《十二佸应律圆图》，见万历本和康熙本图示。

明清时期将语音与乐律、干支结合较为普遍，如清代都四德的《黄钟通韵》用十二律之首的"黄钟"来命名。该书既讨论乐律，又讨论语音，将两者结合起来。"惟有我朝清文，音只有阴阳开合十二

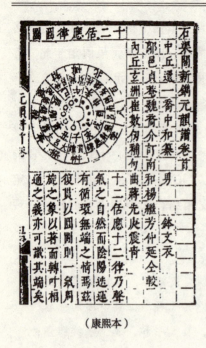

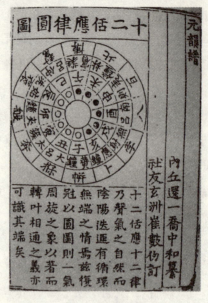

（康熙本）　　　　　　　　　（万历本）

声，字只有轻重上下四等，统之则为五音，分之则为六律，门类简明，声字齐备，可以包括上平、下平三十韵，贯通一东二冬各次第，是以绘图十二章，随声取字，以为通韵。"（《黄钟通韵序》）明清等韵学家在语音与乐律结合的形式上则千差万别，有的用十二律吕来分析声母，如葛中选的《泰律篇》；有的则用来分析韵部，如龙为霖的《本韵一得》、都四德的《黄钟通韵》等等。

　　以上五个方面，体现了乔中和的音学思想，也反映了明清时期人们在语言文字方面的认知和取向。此外，乔中和的音学思想主要体现在易学方面，下面拟用专题形式阐释乔中和的易学思想及对《元韵谱》音系建构的运用和影响。

第二节　乔中和易学思想与《元韵谱》音系构建

一、乔中和在易学研究领域的建树

　　据《河北通志稿·艺文志三》记载，乔中和的著述颇丰，尤其在易学领域卓有建树。《畿辅通志》载："晚年易学，独出心解，为《说易》一编。"崇祯十三年范士髦疏："今致仕内丘县乔中和，系拔贡，谢事家居，学易二十余年，有如一日，尽穷理数之微。……所著有《说易》诸书，居然明理之标。"《说易》一书堪称乔中和易学著作的代表。除《说易》外，与易学有关的著作还有《图书衍》、《大九数》、《说畴》、《阴符经注》、《大易通变》。

　　《说易》，四卷，收录于《跻新堂集》，现藏于北京图书馆，题"明崇祯中刊本"。内有崇祯十年乔钵小纪："予小子敢忘父之劳哉，谨志岁时颠末与书成日。"据此推断《说易》成书于崇祯十年。何为"说易"？《自叙》载："《易》自羲文周孔后，说者多自成一家，试问太极两仪为一为二？河图洛书奚表奚里？先天后天将异将同？大都莫胡附和而已矣。传久或讹，遂沿讹而为之说。呜呼！枝分派别，源本愈乖，俯仰今昔能无三叹和老矣。天下事无能为矣，勤秃笔，摅鄙见，是邪否邪，未必果易之旨也，亦以备一家之说云尔，故不曰易说，而曰说易。夫易，无容说也。"乔钵小纪也详细记载了《说易》成书："己未归里，今丁丑十九年矣。但读《易》独立之言曰：读《易》可了天下事。但读《易》（疑为衍文，笔者按）其在己巳、庚午拟图议象之余，注《阴符》，复著《伊尹传》十卷。辛未、壬申则有《大九数》、《说畴》二书，参酌吉凶，究穷元纪。癸酉、甲戌诸友景深讲经艺后，辄引易畴之义以说《学》、《庸》、《语》、《孟》，是作《图书衍》三万言，皆易之绪。于易则尚未有专说，自癸酉始专说易，或于杯酒梦寐间得其解，一挥而遂成不刊者，或于风雨晦明间得其意，而摩之不能肖，数易焉弗定，历岁月之久矣，偶以别想他况而划然者，积稿如山，纫纸如衲，四五年来祁寒暑雨悲喜乱离，盖未尝一日释于兹也，予小子敢忘父之劳哉，谨志岁时颠末于书成日，但不能速梓诸集以公海内为闵皇耳。"《四库全书总目提要》载："是书前列《图说》，次《卦象》，次《象传》，次《爻象》，次《文言》，次《系辞》，次《说卦》，次《序卦》，次《杂卦》，次《附录》。其分卷前后与古今本皆不合，颇近臆断。第二卷先列卦象，以孔子之

《易》移于文、周之前，尤乖次序。"该书卷首"图说"列有诸多易图，如《古太极图》、《周子太极图》、《子太极图》、《两仪四象八卦图》、《太极两仪四象八卦总图》、《先天后天易位图》、《先天变后天图》、《太极河图图》、《太极洛书图》、《河图位数图》、《洛书位数图》、《河图循环反复图》、《洛书循环反复图》、《河图九宫七色图》、《洛书五兆九畴图》、《先天位次图》、《后天位次图》、《河图先天后天洛书变化总图》。"附录"又列《古纳甲图》、《汉书历志纳甲图》、《今纳甲图》、《纳甲合数图》、《附洛书十干图》、《浑天六位图》、《三奇》、《四卦配十二月》、《八卦应二十四气》等图。

《说畴》，一卷，收录于光绪五年（1879）《西郭草堂合刊》本，现藏于北京大学图书馆、首都图书馆、中国科学院图书馆。该合刊本扉页云：顺德府内邱跻新草堂藏版。可见《西郭草堂合刊》是在原跻新草堂本基础上刊刻的。《四库全书总目提要》载："是编凡分五目：一曰正误，皆踵宋元诸儒错简之说，颠倒经文之序。二曰释次，明五行之序，其云五星惟金水三十度，殊不可解。按：金水附日而行，日行一度而又有迟疾顺逆之差，此云三十度是统以月计之矣。三曰广形，推衍五行之类，其云百饵为金，姜汁为金之类，分配牵强，毫无确据。四曰辨是，以十为洛书、九为河图，申刘牧之说，亦空言聚讼。五曰卜繇，以雨霁蒙驿克错综相乘为二十有五，分属五方，每方得五九四十五畴，各系以词，如《易林》之体。"

《图书衍》虽是关于《四书》的讲义，但也融合了乔中和的易学思想。《四库全书总目提要》提道："名之为《图书衍》者，凡《四书》所言皆以五行八卦配合之也。如说《大学》'明德'为火，'亲民'为水，'至善'为土之类，皆穿凿无理，不足与辨。"

《大易通变》，六卷，是乔中和易学著作的另一成果，收录于光绪五年（1879）《西郭草堂合刊》本，根据《大易通变》的序文，可推断该书应初刊于顺治十一年之后。《四库全书总目提要》载："是书一名《焦氏易林补》，取焦赣《易林》，删其词之重复者，以己意补缀其阙，凡一千余首。"焦赣，字延寿，汉代易学象数派的代表人物。

《汉书·儒林传》："京房受《易》梁人焦延寿，延寿云尝从孟喜问《易》。"在汉代易学史上，影响较大的就是以孟喜和京房为代表的易学象数派。

二、《元韵谱》音系构建与明代的象数易学

易学作为中国传统文化的重要组成部分，随着社会的发展，内容也不断得到丰富，它对传统文化的发展产生了巨大作用。《四库全书总目提要》提道："易道广大，无所不包，旁及天文、地理、乐律、兵法、韵学、算术，以逮方外之炉火，皆可援易以为说，而好易者又援以为易，故易说至繁。"古代众多著名的哲学家、思想家及科学家都是依据《易经》所提供的思想资料，构建自己的学派体系和学科体系。

乔中和《元韵谱·总释》载：

> 一官立而众音生，故佸首以象太极也。太极静而生阴，动而生阳，阴柔阳刚，故柔刚所以象两仪。阴中有阳，阳中有阴，故柔具一律吕，刚具一律吕，所以象四象。三籁以象三才，又以象三旬，而合三十声以象月之日。一籁也，而一律一吕得十声焉，以象干，佸十二以象支，声音各五象五行之具阴阳，声以象朔不足也，故入缺，音以象气有余也，故二变，生变宫附徵、变徵附商。审音度势，譬之闰中气不过朔也。天九地十，而变化之数，穷十九籁以象章，母七十有二以象候，五之得三百六十声以象岁，而一佸毕矣。循十二佸以象纪，一纪之数得四千三百二十，是为正声。一声也而平仄相错，则为五律吕，相代则为十，十二佸相环则为一百二十，是为变声。实声之数，一佸得四万三千二百，合三佸得十二万九千六百，而一元毕。历十二佸得四元以象四季，而天地之气竭矣。

以上论述可以说是乔中和的设计理念，同时也展现了《元韵谱》

的音系框架。其中运用了易学中的诸多概念，如太极、两仪、四象、三才、五行、干支、阴阳、刚柔、律吕等等，将语音与易学巧妙地结合起来。此外，乔中和自序云："昔邵子以十声十二音分日月星辰水火土石相唱和，用力精苦矣，而未免牵合。"崔数仞序云："既读《经世书》，因论天声地音之旨，别悟字有五声，如天之有五行，地之有五方，人之有五常也。"可见，邵雍《皇极经世》对《元韵谱》的编纂产生了重要影响。邵雍，北宋理学家，易学家。《宋史·儒林·朱震传》载："陈抟以先天图传种放，放传穆修，穆修传李之才，之才传邵雍。"邵雍易学传于陈抟，属于北宋易学的象数派。同时邵雍对汉易象数派的学说也多有继承，"他继承和发展了汉易中的卦气说，但抛弃了汉代经师以卦气和象数解释《周易》卦爻辞的烦琐的经学形式，成为宋明时期象数学派的代表"①。汉易中的卦气说，就是以孟喜和京房为代表的易学象数派。乔中和对蔡元定《律吕新书》也非常推崇，"按《律吕新书》宫三分损一而下生徵，徵三分益一而上生商，商三分损一而下生羽，羽三分益一而上生角，角三分余一而不生，此音之止于五也，其脉络一，造化之自然，不容以毫发紊等"。蔡元定《律吕新书》虽是一部乐书，但在方法上则继承了汉易象数派将律吕与阴阳五行相结合的传统。蔡元定所著的《经世指要》，就是对邵雍象数之学的阐发。从著述来看，蔡元定的易学也属于象数派。《西山蔡氏学案》载："孔孟教人，言理不言数，邵蔡二子欲发诸子之所未发，而使理与数灿然于天地之间，其功亦不细矣。"综上所述，《元韵谱》所构建的音学体系与易学思想关系密切，甚至是以易学思想作为它的理论支点。

1. 十九母与"河图、洛书说"

《元韵谱》的声母系统，从表面上看有七十二个声母。《元韵谱·释目·七十二母释》："于旧三十六位删之为十九，四焉而为七十六，去蒙音四得七十有二，数出自然，非强也。"难道真有七十二

---

① 朱伯崑：《易学哲学史》第二卷，昆仑出版社 2009 年版，第 129 页。

声母之多吗？事实并非如此。乔中和解释道："兹于见字外，别立光倦庚三母，而四响各用，如光奔为昆，倦奔为君，庚奔为根，见奔为巾。"四响，即四呼。每一竖行实际上是同一声母，区别在于介音，以此来区别开、齐、合、撮四呼，这是"声介合母"，在明清韵书韵图中利用声介合母来分析语音已经非常普遍。如果不考虑介音的区别，《元韵谱》共有十九列，即声母十九个。但"非"与同列的"滂"、"皮"，"微"与同列的"门"、"明"不可能属于同一声母，因此，《元韵谱》实有声母二十一个。乔中和为何无视"非"、"微"的存在，而要人为凑成十九之数呢？乔中和并没有说明。如果结合乔中和的易学思想，特别是他对河图、洛书的论述，也许会对问题的解决提供一些线索。

乔中和《说易·河图洛书辩》载：

> 戴九履一，左三右七，四二为肩，八六为足，纵横十五，此河图也；一六居坎为水，二七居离为火，三八震巽为木，四九兑干为金，五十居中为土，此洛书也。刘牧、希夷之说盖如此。……今本以九为洛书，以十为河图。是河图具水火木金土之五行，而洛书载阴阳老少之八象也。

河图、洛书最早创建于北宋初华山道士陈抟。《宋史·儒林·朱震传》载："陈抟以先天图传种放，放传穆修，穆修传李之才，之才传邵雍。放以河图、洛书传李溉，溉传许坚，许坚传范谔昌，谔昌传刘牧。刘牧陈天地五十五之数。"陈恩林先生指出："从河图、洛书的形成过程，我们可以看到，此图自出于陈抟后，经种放、李溉、许坚、范谔昌，传至刘牧，中间几多变故，不断增益改进，最后以'九为河图，十为洛书'的面貌面世。"[①] 后来刘牧所传的河图、洛书，

---

① 陈恩林：《河图、洛书时代考辨》，载《逸斋先秦史论文集》，吉林文史出版社2010年版，第102页。

又被蔡元定颠倒了，他在《易学启蒙》提到颠倒河图、洛书的理由：

> 古今传记，自孔安国、刘向父子、班固皆以为河图授羲，洛书授禹。关子明、邵康节皆以十为河图，九为洛书。盖大传陈天地五十有五之数，《洪范》又明言天乃锡禹《洪范》九畴，而九宫之数，戴九履一，左三右七，二四为肩，六八为足，正龟背之象也。唯刘牧意见以九为河图，十为洛书，托言出于希夷。既与诸儒旧说不合，又引大传以为二者皆出于伏羲之世，其易置图书并无明验。

蔡元定的修改得到了朱熹的认可，并将其置于《周易本义》卷首，刘牧的"九为河图、十为洛书"竟变成了"十为河图，九为洛书"。实际上，孔安国、刘向父子、班固等诸儒并没有说河图为十，洛书为九，蔡元定的修改是没有根据的，陈恩林先生的《河图、洛书时代考辨》有详细论述，兹不赘述。由于朱熹在学术界的权威地位，经蔡元定修改的河图、洛书竟得到了广泛流传，但朱熹之后仍有很多学者不笃信朱说，如胡渭的《易学明辨》卷五云：

> 《本义》虽列此二图，终不能压服天下之心，故吕伯恭与朱子友善而信刘牧龙图之学，魏华父私淑朱子，亦以戴九履一者为河图。他如朱元升、葛同叟、李简、胡一中皆生于朱子之后，而不从《启蒙》。宋末元初，朱学盛行，始有从《启蒙》者，而郝经、刘因、雷思齐犹以为非。迨明之中叶，士子舍《程传》专宗《本义》，天下于是唯知有卷首之图书而不复问其所从来矣。

自明中叶之后，凡言《系辞》河图洛书者，几乎皆宗朱熹之说，以十为河图、九为洛书。但乔中和并不赞成朱熹、蔡元定之说，《说易·凡例》提道："九为河图，十为洛书，邓锜辩之甚详。"目录后附邓锜辩曰：

蔡九峰（按：即蔡沈，蔡元定次子）以十为图，据关朗、邵康节之说耳。按《皇极经世》考之，河图之数纵横皆十五也，关子明云河图之文，九前一后，盖自相矛盾矣。又言九畴即九宫之数。不知九宫乃文王八卦，坎一坤二至离九，即戴九履一之数。文王所以作易也，则九为河图明矣。若以九为洛书，则是一曰水，二曰金，三曰木，四曰火矣，奈何曰一水二火三木四金耶？则十为洛书，益明矣。

《说畴·辨是》又载：

易出河图，畴出洛书，其数于经无考。故刘牧以戴九履一味河图，以一六居坎为洛书；蔡沈以戴九履一为洛书，以一六居坎为河图。夫以一六居坎为河图者，取自一至十之数为大衍之根本也，然戴九履一者，一变而为干南坤北，再变而为离南坎北，于八卦方位更为完备。以戴九履一为洛书者，取自一至九，与九畴之数相合耳。……余于刘、蔡二说，妄以刘牧为是。

乔中和采用刘牧之说，以九为河图、十为洛书，并自认为得河图、洛书之真谛。可见，河图、洛书说在乔中和的易学体系中具有重要的地位。因此，乔中和在构建《元韵谱》音系框架时，将声母凑成"十九"之数，可能就是为了迎合其"九为河图、十为洛书"之说而已。

此外，乔中和为了区别开、齐、合、撮四呼，利用声介合母将每个声母又分四个"小母"，即所谓的"四响各用"，共得七十二母。《元韵谱·七十二母释》："于旧三十六位删之为十九，四焉而为七十六，去蒙音四得七十有二，数出自然，非强也。"为何要设立本来不存在的蒙音呢？一方面是为了韵图的整齐划一；另一方面如乔中和所言"数出自然"，也就是说七十二之数是有理论根据的。《元韵谱·总释》："天九地十而变化之数，穷十九籁以象章，母七十有二以象候。"候，即指"七十二候"，《说易》附录中对"七十二候"进行了详细的介绍。节气，自然也。"数出自然"，即指声母七十二之数源于大自然的节气。

2. 十二佸与邵雍"元会运世"说

《元韵谱》的韵母系统分为十二佸。十二佸，即十二韵部，这种分部法在当时是很有特色的。此前《切韵》系韵书分韵较多，最多达到了二百零六韵，如《广韵》被称为我国韵书史上分韵最多的一部韵书，即使不计声调，以平上去入为一韵，也有六十一韵。至元代周德清《中原音韵》时，韵母系统大大简化了，分韵仅为十九部。有明一代，韵母系统进一步简化，特别是表现北方语音的韵书韵图，如《韵略汇通》分为十六韵，《等韵图经》分为十三摄。可见，在汉语韵书史上，十二韵分部法可以说是乔中和的首创。耿振生先生对此评价很高，"十二韵部的分部法是本书的创举，它恰好能概括近代北方话的韵母系统，后来成为清代北方韵图韵书中流行的分部模式"[1]。的确，十二分部法对后世韵书影响很大，清代许多韵书韵图均采用十二分部法，如《五方元音》、《等韵精要》、《黄钟通韵》、《本韵一得》、《字母切韵要法》、《三教经书文字根本》等等。事实上，如果我们结合当时的时代背景来考虑，清代诸多韵书采用十二分部法，一方面可能受到《元韵谱》的影响，但更多的可能与满文的十二字头有着密切的关系。

追本溯源，问题出现了，《元韵谱》十二韵分部法的理论依据是什么呢？《元韵谱·十二佸释》云：

> 夫宫，君音也。寻源觅本而标以宫，譬一人当极，万方归命，诸韵之山溪不足限也。宫十二，佸亦十二，增之为十三不得，减之为十一不得，非天地之元音尔耶？胡名佸？以一声而摄众声，以三百六十声而从一声，取会计之义，且一元之数会十二，恰有十二韵，而无遗无复，故名之。又象形一人之口、十人之口也，以一人之舌四纵五横，而俨然一古人，其寓也。

---

① 耿振生：《明清等韵学通论》，语文出版社 1992 年版，第 180 页。

"一元之数会十二，恰有十二韵"，一语中的，指明了十二韵分部法的依据。"元会运世"说是宋代易学象数派邵雍用来说明天地源起、自然演化的一套唯心主义哲学体系。邵雍认为天地万物皆有其数，"天地亦物也，亦有数焉"。于是创立了元、会、运、世四个单位，作为天地起源的四个阶段。《皇极经世·观物内篇》说："元之元之，元之会十二，元之运三百六十，元之世四千三百二十。""元"是宇宙演化的一个周期，"一元"便是世界的一个生灭，历史发展便是沿着元、会、运、世不断循环往复的。邵雍的思想实际上源于《易传》，《彖传》载："大哉干元，万物资始，乃统天。""元"是万物化育的一个开始，一个初形。邵雍借用"元"来说明天地的源起。乔中和信奉易学象数派，接受了邵雍的这套理论，并且认为语音亦有数，因此采用邵雍"元会运世"说来概括《元韵谱》的韵母体系，且用"元"来命名，可谓意味深远。但乔中和所谓的"元"，只是借用来体现语音有定数，并无实际意义，与邵雍"元"的概念还是有差异的。《元韵谱·总释》云："实声之数，一佸得四万三千二百，合三佸得十二万九千六百，而一元毕。历十二佸得四元以象四季，而天地之气竭矣。或疑曰：邵子推一元而数尽，子胡得而四诸？余曰：天开于子而肇与酉，地辟于丑而肇于戌，人生于寅而肇于亥，借令一元而已矣，则肇于何居？是为穷天地之终终始始，而呼吸变化万汇之响尽此矣。"

此外，《元韵谱·释目》中有《十二佸应律图》，将十二佸与十二地支、十二律吕、五音相结合，并绘以《十二佸应律圆图》，以此来体现其天地之定数。

3. 五声与五行说

五声，指五个声调。《元韵谱》每呼纵分五列，即上平、下平、上声、去声、入声。《元韵谱·黄云师序》载："壬寅夏四月作石钟游，文衣乔令君以其尊甫先生《韵谱》见示，予受而读之，谓：'隐侯四声，今增五，何也？'曰：'为阳平设也。'"平分阴阳早在元代周德清的《中原音韵》中已经提出了，此后反映官话音系的韵书或韵图基本上都体现了这一语音变化，如《韵略易通》、《等韵图经》、

《韵略汇通》等等。此外，入声在《中原音韵》音系中已消失，归入平上去声中。而在《元韵谱》中入声独立存在，与阴声韵相配，改变了以往入配阳的格局，并没有并入平上去声中，反映了当时的语音情况。[①] 乔中和在《元韵谱》卷首列"五声释"：

> 五行之在干支也，无弗具。声之有五，亦犹音之有五也。盖一纵一横之妙，弗容缺也。声出于天，音生于地，韵成于人，何以谓虚乃声，窍乃音，气乃韵？天地以五行化万物，物各具一五行，何独于声而四之？音之五也：宫为土，徵为火，商为金，羽为水，角为木。其在声也，上平，宫；下平，徵；上声，商；去声，羽；入声，角。

从论述中不难看出，乔中和建立五声的理论支点是《周易》的五行说。《周易》最初与五行并无干涉。《汉书·艺文志》载："刘歆以为伏羲氏继天而王，受河图，则而画之，八卦是也；禹治洪水，赐洛书，去而陈之，《洪范》是也。"《盐铁论·论灾》载："《易》明于阴阳，《书》长于五行。"最早将五行说引入《周易》的是汉代易学象数派京房，他在《京氏易传》提道："阴阳运行，一寒一暑，五行互用，一吉一凶。"葛志毅进一步指出："京房把阴阳五行说引进《易》卦体系，比附天人，占断吉凶，从而形成一个复杂的数术占验体系，可以说，京房在《易》学上的最大贡献，是他对阴阳家《易》学的发扬光大，从而也使《周易》体系彻底五行化。"[②] 作为易学象数派的乔中和，也笃信五行说。据此他认为既然音有五，为何声之为四呢？天地万物都"各具一五行"，所以声调也应为五，这样才合乎易学的五行说。

---

① 汪银峰：《明末以来内丘、尧山语音的演变研究》，辽海出版社 2010 年版，第242—246 页。

② 葛志毅：《〈周易〉阴阳与〈洪范〉五行》，载《金景芳教授百年诞辰纪念文集》，吉林大学出版社 2002 年版，第 160 页。

4. 四响与四象

《元韵谱》每佸分柔律、柔吕、刚律、刚吕四个部分，称为"四响"。"四响"也是乔中和音系建构的重要术语，《元韵谱》"式例"对"四响"进行了解释。

在《七十二母释》又举例加以说明，如"光奔为昆，倦奔为君，庚奔为根，见奔为巾"。声母相同，介音有异，故增加三个小母，从而实现"四响各用"。实际上"四响"就是现代汉语的四呼，只是所用术语不同罢了。

《元韵谱·总释》载："阴中有阳，阳中有阴，故柔具一律吕，刚具一律吕，所以象四象。""四响"即《易》四象。可见，乔中和以《易》四象为理论根据，建构"刚律"、"刚吕"、"柔律"、"柔吕"四响，客观上也反映了近代汉语语音的四呼系统。"明确地从介音角度把韵母区别为四类的，大概以桑绍良《青郊杂著》（1581）为最早，该书没有用'开、齐、合、撮'的名称，而有其实际内容，用的名称叫'四科'，把开口呼叫做'轻科'，把齐齿呼叫做'极轻科'，把合口呼叫做'重科'，把撮口呼叫做'次重科'。"①

5. 三籁与三才说

《元韵谱·三籁释》载："音有三籁，梦蝶者言之矣。余以为一比管而三籁具，故圣人作乐，以宣八风之气，而三才立，清以之天，浊以之地，人位天地之中以成能，岂偶合耶?"天、地、人是《周易》思想中的三个重要概念，《说卦传》："昔者圣人之作《易》也，将以顺性命之理，是以立天之道曰阴与阳，立地之道曰柔与刚，立人之道曰仁与义。兼三才而两之，故《易》六画而成卦。"吕绍纲先生指出："天、地、人'三才'构成客观世界的实在内容，人作为认识的主体所能涉及的一切问题都在天、地、人'三才'及其相互关系的包含之中。因此，在这个意义上我们甚至可以说，《周易》是一部

---

① 耿振生：《明清等韵学通论》，语文出版社 1992 年版，第 62 页。

讲天、地、人及其相互关系的书。"① 由此可见，"三才说"在易学思想中的重要地位。乔中和就是依据易学"三才说"来建构三籁，但三籁究竟指什么呢？《元韵谱·清浊释》载：

> 昔人于一音分四籁，曰清，曰次清，曰浊，曰次浊。试以口呼之，如东为清，通为次清，是已。至同为浊，农为次浊，可乎？盖通之清不及东，而农之浊甚于同也。今以一音分三籁，曰清，曰清浊半，曰浊。

所谓三籁，也就是对声母发音方法的分析。由四籁变成三籁，说明声母发音方法的变化，中古全浊声母的发音特征已消失，浊音"同"与"农"无法分辨。《元韵谱》横列十九声母，从右向左按照发音部位排列，在同发音部位内部也有一定的排序标准，即按照三籁"清、清浊半、浊"的顺序。可见，乔中和以《易》三才说为理论依据，从实际语音出发，取消全浊声母，反映了乔中和的时音意识。

除此之外，《元韵谱》还运用了易学中诸多重要范畴，如阴阳、刚柔等等。"阴阳"是易学的基本范畴，《易经》虽没有阴阳范畴，但《易传》作者已运用"阴阳"来解释《周易》和筮法了。《系辞》"一阴一阳之谓道"，"乾坤其《易》之门耶？干，阳物也；坤，阴物也"，《说卦》"观变于阴阳而立卦，发挥于刚柔而生爻"，"分阴分阳，迭用柔刚，故易六位而成章"。阴阳范畴的形成在易学史和哲学史都有重要意义，如朱伯崑先生所言："离开了阴阳对立，就没有六十四卦，也就没有《周易》。"②《元韵谱》也是以阴阳对立作为其理论依据的，如《阴阳释》载："夫声有阴阳，随在咸具。就谱而从观之，上平为阴，下平为阳，上声为阴，去声为阳，入声阴极而阳微生。……循谱而横观之，则宫商角为阳，徵羽二变为阴；提一音而分

① 吕绍纲：《周易阐微》，上海古籍出版社 2005 年版，第 110 页。
② 朱伯崑：《易学哲学史》第一卷，昆仑出版社 2009 年版，第 88 页。

之，则清为阳，浊为阴；合一佸而较之，则律阳而吕阴，刚阳而柔阴；统十二佸部之，则寄为阳，归为阴；逐佸而配之，则自拼至卜，一阳而一阴；叶声则阴或变阳，阳或变阴，而阴之仍阴，阳之仍（阳），纷纭幻化，不可以数诘而咸可以理研。"

在易学体系中，"刚柔"即是"阴阳"。《系辞》："刚柔相推，变在其中矣。"孔颖达疏："刚柔即阴阳也。"《淮南子·精神训》："刚柔相成，万物乃形。"高诱注："刚柔，阴阳也。"《元韵谱·柔刚释》载："余以为诸韵之相絜一柔刚，而本韵之自絜一柔刚，故于每佸中前柔而后刚，正声不絭；于十二佸中而柔与柔比，刚与刚比，而变声不摇。"其实质，还是逐佸配阴阳之说而已。

综上所述，乔中和的《元韵谱》所建构的语音体系是以其易学思想作为理论依据的，由于他不是单纯的语音记录者，"削足适履"现象的出现也就在所难免了，"十九母"便是其突出的表现。其编撰目的则是通过韵书的设计来体现个人的易学思想，主要表现为易学中的象数派思想。

三、明代象数易学的发展及影响

明朝建立后，统治者大力提倡理学，明成祖朱棣命胡广编撰的《四书五经大全》，采用程朱理学家的注，并作为明代科举考试的必读参考书。此外，明成祖朱棣甚至为汇集周、程、张、朱等理学家性理之言的《性理大全》作序。因此，程朱理学成为明代官方认可的正统经学。程朱理学由于官方的倡导，其对明代易学哲学的发展也起到了重要的影响，明成祖朱棣命胡广编撰的官方易学著作《周易大全》即是以朱熹《周易本义》为基础，如《周易大全·凡例》所言："诸家之说，一宗程传，本义折中，并取其辞论之精醇，理学之明当者，分注二氏之后，以附羽翼之，而其同异得失，先儒双湖胡氏，云峰胡氏，尝论订者，亦详择而附着焉。"此书的颁布，使朱熹易学取得了易学哲学的统治地位。

明代程朱理学的发展和繁荣，客观上统一了思想，巩固了明朝的封建统治，但同时也使理学走上了停滞和僵化的道路。明代中期以后，通过对程朱理学的反思和评论，意识到了程朱理学的流弊，逐渐形成了批判、修正或反对程朱理学的思潮，明代气学、心学、佛学的兴起即是明证。几大思潮流派的兴起，对这一时期易学哲学的发展也具有重要的影响。"就形上学和本体论说，各派的论争是围绕道器、理气、理事、心物、心理、心气、心性以及太极等问题而展开的。其对这些问题的回答，主要是通过对《周易》经传的解释，易学成了各派论证和阐发自己哲学体系的主要依据。"① 据《明史·艺文志》共收录明代易学著作一百九十家，明代易学之繁荣可见一斑。根据解易的基本倾向，明代易学可分为义理和象数两大流派。明初以程朱理学为代表的义理之学虽确立为易学的正统，但象数学派在明代也取得了发展，到了明朝末年，象数之学的发展达到了高峰，成为易学的主流。朱伯崑的《易学哲学史》第三卷指出了明代象数之学发达的原因：其一，就明代易学的发展说，以朱熹为代表的官方易学，并不排斥象数，特别是《易学启蒙》一书，为象数之学的发展开辟了道路；其二，就明代哲学发展的历史说，明代提倡实学的学者和思想家，反对理本论和心本论的唯心主义思潮，借助考订《周易》中的象或数，反对空谈玄理；其三，伴随着明代自然科学知识的发展，学术界又形成了一种厚生利物和探求物理的务实学风，很多学者继承和发扬了前辈易学与自然科学相结合的传统，以易学中的阴阳五行观解释自然现象变化的规律，亦倡导象数之学，抵制理学和心学奢谈道德性命的说教；其四，明中期以来象数之学的流行，也有其社会根源。伴随社会危机的加深和王朝的没落与倾覆，一些忧国忧民之士，在农民革命风暴和清兵入侵的打击下，企图借助于象数之学，来表达自己的政见，总结亡国的经验教训和预卜其前程。② 可见，《元韵谱》音学思想的形成并非空穴来风，是有其时代背景的，这一思潮对明代音韵学的发

---

① 朱伯崑：《易学哲学史》第三卷，昆仑出版社 2009 年版，第 7 页。
② 同上书，第 270 页。

展，特别是韵书韵图的编纂，也产生了重要的影响。

赵撝谦的《皇极声音文字通》，成书于明洪武年间，该书套用邵雍《皇极经世·声音唱和图》的框架，以数理观念来阐述语音，接受邵雍"音有定位、音有定数"的观念。《四库全书总目提要》载：

> 《声音文字通》，三十二卷，明赵撝谦撰。谦有《六书本义》，已著录。是书乃所定韵谱也。考《皇极经世声音唱和图》，日、月、星、辰凡一百六十声为体数。去太阴、少阴、太柔、少柔之体数四十八，得一百一十二为日、月、星、辰之用数。水、火、土、石凡一百九十二音为体数，去太阳、少阳、太刚、少刚之体数四十，得一百五十二为水、火、土、石之用数。谦此书则取音为字母，声为切韵，各自相配，而注所切之字于上。凡有一音，和以十声。盖因邵子之图而错综引伸之。然以一卦配一音，又以一卦配十声，使音与声为唱和，卦与卦为唱和，欲于邵子《经世图》之外增成新义，而不知于声音之道，弥滋穿凿，殊无足取。

此外，赵撝谦还著有易学著作，如《周易图说》、《易学提纲》等。袁子让的《五先堂字学元元·自序》载："既而观《皇极经世》，阅天声地音唱和之妙，抑又进于字焉，日编月摩，集所见刻以成书。"且在第九卷专门对邵雍《皇极经世》进行阐释，包括《皇极经世日月星辰声水火土石音三十二图》、《总括声音二十二图》、《声音图后二小说》、《经世图等子异同论》、《声音唱和略论》、《声音辩别肤论》、《附先儒四论》。再如《交泰韵》之书名，吕坤在《凡例·辩体裁》进行说解："天声用天地子母四字为例。始于平为天，终于入为地。平韵用入为子，地气上交；入声用平为子，天气下交，天地泰。母是平上去入，顺而下行；子是入上去平，逆而上行，亦地天泰，故谓之交泰韵。"实际上，"交泰"二字则出自《易经》。《易·泰》："天地交，泰。"《易·序卦》："泰者，通也。"陈荩谟《元音统韵序》："律吕声音之学，至《皇极经世》，称精微矣。"《释原·声音》："今兹《统韵》声音本邵子《皇极经世》天声地音之法,而推之为《四声经纬图》,标领条贯,唱和清浊,如画方格子,横直一样,不可左右移,不可上下置,亦贯串亦截然古今。"

方以智不仅是明末清初的大思想家和哲学家,同时也是一位易学家。"方以智的代表性的学术著作,都同其易学有关,特别是同其象数之学结合在一起。因此,研究方以智的学术思想,特别是其哲学思想,必须研究其象数学,方能阐明这位 17 世纪的思想家在哲学史上的地位。"① 王松木从音韵思想史的角度入手,探究方以智《切韵声原》的设计理据,关注象数学与音韵学之间的相互融贯,详见《知源尽变——论方以智〈切韵声原〉及其音学思想》一文。

由此可见,明代易学哲学对音韵学的发展产生了重要影响,这可能也是明代韵书"音韵蜂出"的一个原因吧。因此,为了更好地释读韵书韵图,必须将编纂者定位为韵书韵图的设计者,而不是语音的记录者,挖掘编纂者的音学思想和设计理念,并将其置于更为广阔的社会背景下,深入分析其音学思想的来源及产生的时代背景。

---

① 朱伯崑:《易学哲学史》第三卷,昆仑出版社 2009 年版,第 376 页。

第四章

《元韵谱》与《五音集韵》

　　《元韵谱》作为明末一部韵书韵图相配合的等韵化韵书，在明清语音研究中具有重要价值。二十一母、十二佸、五十四韵、五声、四响，构成了《元韵谱》的音系框架。关于《元韵谱》的语音系统，学术界已有相关研究成果，可参见"《元韵谱》研究现状"一节内容，而对于《元韵谱》的传承关系，以及在汉语韵书发展史上的地位，则涉及较少。"韵书是代代相传的。后世韵书常常是在前代韵书的基础上编纂而成，或者是增修，或者是简缩，或者是改并，或者是重编。"① 因此，在韵书发展史上，韵书间的传承关系是我们深入解析韵书的一把钥匙，是评判韵书价值的重要窗口，可以说是韵书研究非常重要的一个环节，也是研究韵书不可忽视的。

　　《元韵谱》乔中和自序提到万历戊申（1608）与友人崔数仞讨论韵学后，"遂稿创于是岁之春三月，迄六月而粗定，越辛亥之暮冬而乃克成膳本"。初稿完成后与崔数仞多次讨论，"余既携其稿以归，复加绅绎，且数数面相讨论，互为铨定，凡几易寒暑，始克成编，而约其大旨，则增四声为五声也，合众韵为十二也，分十二为刚柔律吕也，列刚柔律吕以七音也，析七音清浊之响而各立以字母也，且正入声于本声之下而咸归于十二韵也。其间整纲辨目，若类繁严，而假彼叶此，道则无滞，盖其体方用圆，理固诚如是耳"。（崔数仞序）但作者乔中和自始至终并未交代或说明《元韵谱》的传承，或者说是依据哪本韵书编纂而成的？乔中和在序言中提及多部音韵文献，"昔

---

① 甯忌浮：《古今韵会举要及相关韵书》，中华书局1997年版，第38页。

邵子以十声十二音分日月星辰水火土石相唱和，用力精苦矣，而未免牵合；温公《指掌图》取自神珙三十六母，昔人谓夺造化之巧矣，亦不无复且略；兰廷秀氏删之为早梅诗二十字，似乎是然，而缺略者如故，且注入声之有无正相误。余自垂髫读诸家韵，觉未备天地之完音，而蓄疑久矣"。可见，乔氏对邵雍的《声音唱和图》、司马光的《切韵指掌图》及兰茂的《韵略易通》，均持否定态度，据我们考察这些音韵文献与《元韵谱》并无直接的传承关系。功夫不负有心人，我们在研读《元韵谱》文本过程中，发现在韵字注释中乔中和多次提到"集韵"，如：

艳韵追母：传驿递又史传此字集韵本义分注原训合注从之

艳韵定母：殿集韵分为二原训合为一从之

艳韵顺母：縳缯也纺熟丝为之此字集韵三见今从此船钏二音

悔韵翁母：伪欺诈集韵在角音原训注为字下从之

据查阅资料，此处"集韵"，并非宋丁度《集韵》，而是金代韩道昭的《五音集韵》。如"传"字，《五音集韵》线韵知母三等和澄母三等均收录；"殿"，《五音集韵》线韵端母四等和定母四等均收录，这就是《元韵谱》所说的"分注"。"伪"，《五音集韵》收录于至韵疑母，"危睡切假也欺也诈也"，疑母在《元韵谱》声母的七音分类中恰恰属于"角音"，可见两者的关系非常密切。正如甯忌浮先生所言："明代韵书作家对隋、唐、宋三代韵书的面貌，亦不甚清楚。如章黼说'元古二百六韵，《韵会》参《平水韵》并为一百七韵，《洪武正韵》析并作七十六韵'。（见《并音连声韵学集成》的《凡例》）吕维祺《同文铎》'韵'字注：'隋陆法言著《广韵》，唐孙愐著《唐韵》，又宋丁氏与温国司马公作《集韵》。'韵书作家知道《广韵》《集韵》的不多，人们常把《五音集韵》当作《集韵》。"① 汪银峰《〈元韵谱〉微母来源考》（2007）在探讨《元韵谱》微母字的来源时，已指出与《五音集韵》的密切关系。甯忌浮《汉语韵书史》

---

① 甯忌浮：《汉语韵书史》（明代卷），上海人民出版社 2009 年版，第 448 页。

（明代卷）（2009）也论述了《元韵谱》与《五音集韵》的关系，"《元韵谱》的韵字主要选自《五音集韵》，另补充《韵略易通》《韵林原训》《韵谱本义》以及常用字"。同时将《元韵谱》列入明代韵书谱系之《五音集韵》分支。可见，韩道昭《五音集韵》是我们考察《元韵谱》传承关系的一个突破口，但《五音集韵》作为金代韵书，其语音系统与明代差别较大，乔氏为什么选择韩道昭《五音集韵》？《元韵谱》对《五音集韵》的继承体现在哪些方面？创新体现在哪些方面？诸多问题尚待深入研究。

第一节 《元韵谱》对《五音集韵》的归并、承袭与突破

《五音集韵》，① 共十五卷，金人韩道昭编撰，该书突破了传统韵书的框架，将等韵学理论和韵书编撰结合起来，在汉语韵书史上具有重要地位。《四库全书总目提要》称："世称以等韵颠倒字纽始于熊忠《韵会举要》，然是书以三十六母各分四等排比诸字之先后，已在其前。所收之字，大抵以《广韵》为蓝本，而增入之字则以《集韵》为蓝本。……是书改二百六韵为百六十，而并忝于琰，并槛于豏，并儼于范，并栝于艳，并鉴于陷，并酽于梵。"《五音集韵》在声母系统上采用传统的三十六字母，并以三十六字母的顺序排列每个韵部的小韵，从而使小韵的排列更有条理化；在分韵上将《广韵》《集韵》的二百零六韵合并为一百六十韵，每韵内分一二三四等；声调系统仍沿用平、上、去、入四个调类。从语音系统来看，体现了中古时期的语音面貌。《元韵谱》成书于明代万历时期，与《五音集韵》相比，时间相差四百多年，语音系统已发生了演变。因此，乔中和以《五音集韵》作为蓝本，以实际语音为标准，对《五音集韵》进行了归并，

---

① 韩道昭对荆璞的《五音集韵》进行改并和重编，书名亦更为《改并五音集韵》，但后来由于荆璞《五音集韵》失传，人们就将韩道昭《改并五音集韵》简称《五音集韵》。

下面我们从分韵、声母、韵字、注释等几个方面进行论述。

一、《元韵谱》对《五音集韵》韵部和声母的归并

《元韵谱》以声调分韵，其中上平、下平、上声、去声各十二韵，入声六韵，共五十四韵。关于五十四韵的名称，韵图后列有"韵目"一项，将五十四韵分成寄部和归部两部分，现抄录如下：

寄部

英盈影映●　　忧尤有宥●

殷寅隐印●　　烟盐琰艳●

要遥杳燿●　　央阳养漾●

归部

诃何歌贺郝　　灰回贿诲或

㕠怀扮坏划　　花华踝化滑

些邪写谢屑　　呼胡虎互榖

《元韵谱》的韵目用字，与传统《广韵》系韵书完全不同。寄部二十四韵采用影母字，归部三十韵除了"些邪写谢屑"为心母字外，其他均为晓母字。每个韵部如何构成？乔氏在韵书上平声十二韵后列有按语，说明每个韵部的来源，下面将每个韵部的按语列出：

英韵：是韵也集东冬钟庚耕登清青蒸九韵之阴声。

忧韵：是韵也集幽尤侯三韵之阴声。

殷韵：是韵也集真谆臻文殷魂痕侵八韵之阴声。

烟韵：是韵也集元寒桓山删先仙覃谈盐添咸衔严凡一十五韵之阴声。

要韵：是韵也集宵萧肴豪四韵之阴声。

央韵：是韵也集江阳唐三韵之音（阴）声。

诃韵：是韵也集歌戈二韵之阴声。

灰韵：是韵也集支脂之微齐灰六韵之阴声。

㕠韵：是韵也集佳皆咍三韵之阴声。

花韵：是韵也集麻韵之阴声。

些韵：是韵也摘麻韵中遮韵之阴声。

呼韵：是韵也集鱼虞模三韵之阴声。

统计以上十二韵后提及的韵目，共五十七韵，与《广韵》系韵书的平声韵数完全一致。《元韵谱》"殷韵"后提及"殷"，《广韵》《集韵》均作"欣"，《五音集韵》作"殷"，两者的密切关系显而易见。《五音集韵》共一百六十韵，其中平声四十四韵、上声四十三韵、去声四十七韵、入声二十六韵。《元韵谱》在《五音集韵》一百六十韵基础上，按照实际语音进行了归并，共得五十四韵，真可谓是大刀阔斧。

《元韵谱》将五十四韵进一步概括为十二佸，即十二韵部。对《五音集韵》的归并反映了当时的语音演变，为何概括为十二佸呢？《五音集韵》卷首有《入册检韵术曰》："通江止一，遇蟹新为二，臻戴元三，山效果假四，宕梗曾须五，流深咸六次。"这是关于十六摄的最早记录。在此之前成书的《合并字学集韵》也是合并《五音集韵》而成，其作者徐孝将其归并为十三摄，而《元韵谱》则概括为十二佸。《元韵谱·十二佸释》："宫十二，佸亦十二，增之为十三不得，减之为十一不得，非天地之元音尔耶？胡名佸？以一声而摄众声，以三百六十声而从一声，取会计之义，且一元之数会十二，恰有十二韵，而无遗无复，故名之。""一元之数会十二，恰有十二韵"，一语中的，指明了十二佸的依据。"元会运世"说是宋代易学象数派邵雍用来说明天地源起、自然演化的一套唯心主义哲学体系。乔中和信奉易学象数派，接受了邵雍的这套理论，并且认为语音亦有数，因此采用邵雍"元会运世"说来概括《元韵谱》的韵母体系，且用"元"来命名，可谓意味深远。《元韵谱》十二佸作为明清时期北方汉语韵母系统的总结，已经是"最简方案"了，不能再少了。十二佸对后世韵书影响很大，清代许多韵书韵图均采用十二分部法，如《五方元音》、《等韵精要》、《黄钟通韵》、《本韵一得》、《字母切韵要法》、《三教经书文字根本》，等等。《元韵谱》在韵书史的价值不容忽视。

　　《元韵谱》的声母系统，从表面上来看比较复杂，竟有七十二个之多，实际上，这是"声介合母"现象。《元韵谱·七十二母释》载：

> 兹于见字外，别立光、倦、庚三母，而四响各用，如光奔为昆，倦奔为君，庚奔为根，见奔为巾。以一君而御七十二母，而三百六十声生焉。夫生矣，名曰母，不虚矣。于旧三十六位删之为十九，四焉而为七十六，去蒙音四得七十有二，数出自然，非强也。

　　可见，为了拼合便利，乔中和为每个声母设立四个不同的声母代表字，从而满足"四响各用"。所谓四响，即四呼。因此见、光、倦、庚四母为同一声母，区别在于介音不同，只是为了区别开、齐、合、撮四呼而已。《元韵谱》声母共有十九列，如不考虑"声介合母"现象，其声母系统应为十九个。但轻唇音非母、微母的排列很有意思，分别列于滂母、门母之下。轻唇音自中古时期已从重唇音中分化出来，乔中和为何将轻唇音列于重唇音之下？《元韵谱·总释》："天九地十而变化之数，穷十九籁以象章，母七十有二以象侯，五之得三百六十声以象岁，而一佸毕。"看来乔中和是为了凑齐"天九地十"之数。因此，《元韵谱》的声母共有二十一个，即帮滂门非微端退农雷钻存损中揣谁戎翁怀光孔外（以柔律为例）。

　　韩道昭《五音集韵》的声母系统采用传统的三十六字母，由于受到等韵学理论的影响，韩道昭非常重视字母的次第。《至元庚寅重刊改并五音集韵序》载："尝谓以文学为事者，必以声韵为心，以声韵为心者，必以五音为本，则字母次第其可忽乎？故先觉之士其论辩至详，推求至明，著书立言，蔑无以加然。愚不揣度，欲修饰万分之一，故引诸经训，正诸讹舛，陈其字母，序其等第，以见母牙音为首，终于来日。"三十六字母的次第为：见溪群疑端透定泥知彻澄娘帮滂并明非敷奉微精清从心邪照穿床审禅晓匣影喻来日。"韩书的字母次第与《七音略》《韵镜》大异，与《切韵指掌图》稍异，与《四声等子》《切韵指南》相同。荆璞的字母次第或许是与《七音略》相同。从韩氏话可推知，以见母为首的排列法，大概始于韩氏父子。"①

乔中和并没有维护传统的声母格局，而能够从实际语音出发，将《五音集韵》的声母系统归并为二十一个。其差别主要表现在以下几个方面：其一，全浊声母消失；其二，非敷奉合流；其三，知照合流；其四，泥娘合并；其五，喻母归入零声母。因此，《元韵谱》的声母系统基本体现了近代北方汉语的声母情况。在声母的排列上，《元韵谱》也是按照发音部位进行，但排列次序与《五音集韵》"以见母牙音为首，终于来日"存在差异，而是以唇音开始，从右向左依次是唇音、舌音、半舌音、下齿音、上齿音、半齿音、喉音、牙音。

二、《元韵谱》对《五音集韵》韵字及注释的承袭

除了韵部和声母的归并，《元韵谱》韵字和注释也主要承袭《五音集韵》。我们对韵图进行了抽样调查，如"骈佸"共列 227 个小韵，其中与《五音集韵》小韵用字相同者 184 字，占 81%；"探佸"共列 139 个小韵，其中与《五音集韵》小韵用字相同者 111 字，占 79.9%。因此，可以确定《元韵谱》韵图列字主要来源于《五音集韵》。我们又对《元韵谱》韵书的收字也进行了考察，发现与《五音集韵》的关系也非常密切。如英韵刚吕"定母"共 12 字"丁玎钉玎叮虹孕疔灯靪阢虰"，均来源于《五音集韵》青韵端母四等。由于《元韵谱》对《五音集韵》进行了归并，所以《元韵谱》某个小韵的韵字则来源于《五音集韵》若干个小韵，如英韵刚吕"知母"共收字 24 个，摘录于《五音集韵》蒸韵和清韵，其中摘录蒸韵照母三等 5 字，蒸韵知母三等 3 字，清韵照母三等 13 字，清韵知母三等 3 字。由于其摘录的来源不同，在《元韵谱》中甚至排列的次序也没有变动。但有些小韵韵字的排列次序已与《五音集韵》不同，如英韵柔律"光母"均摘录于《五音集韵》东韵见母一等、庚韵见母二等、

① 甯忌浮：《校订五音集韵》，中华书局 1992 年版，第 8 页。

登韵见母二等，为了直观比较，《五音集韵》列字仅列小韵韵字的次序号，并在后面表明其来源：

	公	蚣	苁	鸠	工	功	攻	刋	玒	红	红	玒	症	杠	愩	玒	肱	舡	
五音集韵	1	9	21	22	6	3	16	17	10	12	5	14	8	24	19	27			东韵
																	1		登韵
																		1	庚韵

由此可见，韵字的次序改变了，但并不是杂乱无章的，而是按照字形重新进行了调整，将字形相近或声符相同的列在一起。这种排列方式使韵书的编撰更有条理，不仅关注小韵的排列次序，而且也关注小韵内部韵字的排列次序，这对于辞书的编撰也具有重要意义。

《五音集韵》以《广韵》、《集韵》为主要依据，照录《广韵》、《集韵》的单字和注释，排列次第基本上也保持原样。韩道昭在此基础上又增添了若干单字，据甯忌浮先生考证，很多都是韩氏父子的专利品，如"怎"、"咡"等。① 这些单字很多收录于《元韵谱》中，如隐韵臧母"怎"、晓母"咡"、咢母"限"，养韵并母"骉"、泥母"餐"，盈韵孔母"頍"，影韵光母"頼"，殷韵慨母"䩋"，踝韵追母"丈"，印韵群母"趣"等。这些单字在《元韵谱》中的收录，进一步说明其韵字主要来源于《五音集韵》。

《元韵谱》收字较多，但释义较为简单，一些常用字甚至不注释，如"聪中公空风冬恭"等字。考察《元韵谱》韵字的注释，也主要摘录于《五音集韵》，下面选取柔律英韵"光母"有注释的韵字与《五音集韵》做一比较：

韵字	《元韵谱》	《五音集韵》
蚣	蜈蚣	蜈蚣
苁	草名	草名

① 甯忌浮：《校订五音集韵》，中华书局 1992 年版，第9—10页。

续表

韵字	《元韵谱》	《五音集韵》
工	官也又工巧古从乡	官也又工巧古从乡
功	绩也	功绩也说文曰以劳定国曰功又汉复姓何氏姓苑云汉营陵今成功恢禹治水告成功后为氏俗作功亦作纴红
刉	铚谓之刉刈也	铚获也
玒	玉名又音红	玉名又音江
红	女红	
愩	愩也	愩也
䲧	耳闻鬼	耳闻鬼
觥	酒器受七升罚失礼者	觥角为酒器受七升罚失礼者

两者之间的密切关系由此可见一斑。

《元韵谱》对《五音集韵》的继承有时近乎滑稽，如《五音集韵》微母下收录了一些中古明母字，其原因韩道昭已在韵书中说明。如《五音集韵》去声送韵微母下最后一个字后有两排小字，即："此上一十三字符在明母之下收之，今昌黎子详之，莫凤不能切于第一，故㧊安微母立为第三，却与讽、赗、凤、覅共成一类，岂不妙哉！先人《澄鉴论》云：随乡谈而无以凭焉，逐韵体而堪为定矣，后进细详，知不缪尔。"昌黎子，即韩道昭，昌黎子是他的号。由于这些明母三等字不能与明母一等字相混，故单独列出，巧合的是，非、敷、奉母字都有三等，因此，将其列入微母下，都是三等，故为一类，而明母一等与并母同类，整齐划一。《五音集韵》东韵微母下也有类似说明："此上一十一字形体可以归明，却谟中为切正，按第三互用违其门法。"一语道破天机，如此安排，无非是迁就门法而已，韩道昭可谓是煞费苦心。《元韵谱》在韵字排列上也继承了《五音集韵》这一做法，将大量明字列入微母中，如"尤韵"、"宥韵"、"穀韵"微母中收录中古明母字，即是明证。此外，乔中和比韩道昭更有甚者，除了照搬照抄，且将此原则贯彻到底，如《五音集韵》宵韵、笑韵仅有明母，且分三四等，《元韵谱》将四等字留在明母，三等字也列入微母，人为地扩大了微母字的范围，详见汪银峰的《〈元韵谱〉微母来源考》（2007）。

三、《元韵谱》对《五音集韵》的突破与创新

乔中和以《五音集韵》作为蓝本进行归并，将一百六十韵合并为五十四韵，又合并十六摄为十二佸，三十六字母合并为二十一声母，语音结构面目全非。甯忌浮在讨论韵书的传承时，指出："所说的韵书传承，指的是编纂材料、编纂体例上的传承。有传承关系的韵书，其语音结构往往不相同。甚至迥异。"①《元韵谱》与《五音集韵》就属于这种情况，虽有传承关系，但音系完全不同。此外，《元韵谱》韵字的标注也很有特色，在韵字后标注"今通呼"、"今通用"、"今呼"、"今音"、"俗音"、"俗用"，很有价值，突出体现了时音意识，值得关注。如"诱"，《五音集韵》列于上声有韵，《元韵谱》也列入上声有韵，但注明"诱，本音，今通呼去声。"如"卦絓挂"，《五音集韵》列于去声怪韵，《元韵谱》将此三字列入去声化韵，并标明"今呼"。如"产"，《五音集韵》列入上声产韵审母，《元韵谱》列入上声琰韵产母，并注明"今音"，再举数例如下：

忧韵定母：丢，弃也，俗用。

殷韵非母：扮，握也，俗音办。

遥韵帮母：鉋，骨镞，今通呼，合此，又上声。

阳韵揣母：床，今音。

华韵产母：搽，涂抹，俗用。

邪韵审母：蛇，今呼。

胡韵非母：浮，今音。

影韵滂母：捧，俗用。

杳韵奇母：巧，今通呼。

养韵帮母：髈，臂髈，今音，古滂母。

跺韵德母：打，击也，今通用。

---

① 甯忌浮：《古今韵会举要及相关韵书》，中华书局1997年版，第40页。

踝韵能母：那，何处也，今通用。

琰韵影母：兖，兖州，今音。

悔韵三母：似，今音。

悔韵彻母：侈，大也，今音。

印韵光母：棍，俗用。

印韵林母：赁，以财顾物，今音。

艳韵穿母：串，贯也，今音，义同穿。

艳韵晓母：县，通呼。

耀韵臧母：造，灼龟烧荆处，又作业，本上声，今呼。

耀韵臧母：皂，黑色，俗作皂，皂荚，皂隶，本上声，今通呼去声。

化韵光母：卦，今呼。

化韵光母：挂，今呼。

化韵光母：绖，今呼。

互韵非母：父，今音，本挆佸。

"今通呼""今呼""今音""俗音""俗用"，为我们揭示了当时的实际读音，与之相对立的《五音集韵》等旧韵书的读音，乔中和称为"旧音"，《元韵谱》中"旧音"常与"今音"并出，如：

琰韵泥母：莘，今音。

　　林母：莘，旧音。

杳韵定母：鸟，旧音。

　　泥母：鸟，今音。

印韵泥母：赁，傔借庸也，任通，旧音。

　　日母：赁，以财顾物，旧音。

　　林母：赁，以财顾物，今音。

可见，乔中和的《元韵谱》对于口语中俗音也比较关注，值得称道。

第二节 《五音集韵》在元明时期的流布及影响

　　明代韵书众多，可谓空前绝后，既有官修韵书《洪武正韵》，又有通俗韵书《韵略易通》，为什么乔中和偏偏对金代韩道昭的《五音集韵》情有独钟呢？这可能与《五音集韵》在元明时期的流传有着密切的关系。韩道昭的《五音集韵》是宋代以后突破传统《切韵》系韵书体系的一部韵书，其产生后对音韵学，特别是对等韵学的发展影响很大。甯忌浮认为："如将韩书跟几种韵图做全面比较，会进一步发现，韩道昭对等韵学的贡献远在刘士明和真空之上。刘、真发扬光大了昌黎子的等韵学说。金元明三代，等韵学一脉相承。"[①] 元代刘鉴的《经史正音切韵指南》自序中已说明与《五音集韵》的密切关系，"与韩氏《五音集韵》互为体用，诸韵字音，皆由此韵而出也。"此外，甯忌浮先生《校订五音集韵》从三十六字母的次第及排列方法、十六摄名称及各韵归摄、二十图内所标注的韵部数目和某些小韵代表字的音韵地位四个方面，将《四声等子》与《五音集韵》进行了全面细致的比较，认为《四声等子》的基本结构与《五音集韵》一致，后者对前者的形成产生了重要的影响。

　　韩道昭《五音集韵》对明代韵书的影响更为广泛，据甯忌浮先生考证，直接受其影响而编撰的明代韵书至少有三部，且成书时期大致都在万历时期，即杨时乔的《古今字韵全书集韵》、徐孝的《合并字学集韵》、乔中和的《元韵谱》。甯忌浮的《汉语韵书史》（明代卷）将杨时乔的《古今字韵全书集韵》与《五音集韵》进行了全面的比较，发现《古今字韵全书集韵》的分韵、韵目名称、同用独用例、卷首序目、小韵标注的字母次第、小韵的先后次第、韵字数目及次第、注释，都是照抄《五音集韵》。杨时乔甚至还编撰了《古今字韵全书集篇》十五卷，也是仿效韩道昭的《四声篇海》十五卷。徐孝

---

① 甯忌浮：《校订五音集韵》，中华书局 1992 年版，第 9 页。

的《合并字学篇韵便览》包括字书、韵书和韵图，也是效法韩孝彦、韩道昭的《改并五音类聚四声篇》《改并五音集韵》《澄鉴图》。张元善序文称："余暇时涉猎诸书，日与通晓字义者互相阐发，稍知《篇》《韵》，于是博访韵轩徐子暨诸名士之工于《篇》《韵》者，殚精抽思，溯流穷源，删昔一十六摄为十三摄，改三十六母为二十二母，令母必统于摄，声必属于母，分摄宜而子母定。又删昔之四百四十四部改为二百一部，形之相类者总归一部，声之相协者总属一音，去繁就简，举约谈博。"此《篇》即《改并五音类聚四声篇》，此《韵》即《五音集韵》。正如甯忌浮先生所言："韩氏的《篇》《韵》可以说是张元善的教科书，是《合篇》《合韵》的蓝本。《合并字学篇韵便览》，'合并'，是全书的灵魂，'合并'展示了《便览》的价值。'合并'什么？《合篇》是合并《改并五音类聚四声篇》的部首，《合韵》是合并《改并五音集韵》的韵部、小韵。"①

由此可见，韩道昭的《五音集韵》在元明韵书发展史上影响之深远。据甯忌浮先生考察，现存《五音集韵》约有百部，分别藏于七十余家图书馆，可归纳为七种版本：崇庆新雕本、至元新雕本、成化庚寅重刊本、弘治甲子重刊本、正德乙亥重刊本、万历己丑重刊本和明翻刻崇庆本。后询问甯先生得知，金代崇庆新雕本仅存一部，元代至元新雕本也仅存一部，其余将近百部均为明代刊本，由此也可想象《五音集韵》在明代传播之广、影响之大。因此，乔中和在编撰《元韵谱》时，以当时影响较大的《五音集韵》作为依据，合并韵部，收集韵字和注释，也就合情合理了。但奇怪的是，《元韵谱》中提到邵雍的《声音唱和图》、司马光的《切韵指掌图》、刘鉴的《切韵指南》、兰茂的《韵略易通》，但对韩道昭的《五音集韵》却只字未提，真是奇哉怪也！无独有偶，同样成书于万历年间的《合并字学集韵》也是以《五音集韵》为蓝本，但在卷首《引用先贤姓氏》中却没有韩道昭的名字。甯忌浮先生援引《合并字学集篇头歌诀》中几句韵

---

① 甯忌浮：《汉语韵书史》（明代卷），上海人民出版社 2009 年版，第 244 页。

语，并结合《凡例》，认为这是对金朝字书韵书的轻蔑，故未提及韩道昭的姓名，今将韵语转录如下：

> 不期遭际靖康年，圣道颠颓流金虏。
> 金人番音淆汉音，传讹沮坏难观睹。
> 太祖神威扫腥膻，《正韵》重修仍复古。
> 篇傍继纂在何年，龙飞万历于丙午。

这或许体现了万历时期人们对待金朝字书韵书的矛盾心理，既要利用它，但又不能直书其名。明万历之后，《五音集韵》未见刊刻，这也可能是原因之一吧。

综上所述，《五音集韵》对《元韵谱》的成书产生了重要的影响，我们在研究《元韵谱》时，绝不能仅仅关注韵书本身，还要考虑到它与《五音集韵》的密切关系。同时也说明了韩道昭的《五音集韵》在明代音韵学发展中影响之深远，这是研究明代音韵学所不可忽视的。

第五章

《元韵谱》语音系统及音系性质

第一节 《元韵谱》的声母系统

一、《元韵谱》声母系统概况

明清时期，由于全浊声母的清音化，北方汉语的声母系统大大简化了，十九母、二十母和二十一母是当时语音系统中比较常见的，兰茂《韵略易通》"早梅诗"二十母就是很突出的代表。"十九母、二十母、二十一母三种类型相差不大，区别在于有没有微母和疑母，三种类型反映官话方言区的声母面貌。"①《元韵谱》的声母系统，从表面上来看有七十二个之多：

柔律：帮 滂 门 端 退 农 雷 钻 存 损 中 揣 谁 戎 翁 怀 光 孔 外
柔吕：帮 非 微 冬 彤 纫 伦 遵 从 雪 追 穿 顺 闰 喻 训 倦 群 元
刚律：帮 滂 门 德 透 能 来 臧 仓 三 臻 产 沙 仍 恩 寒 庚 慨 咢
刚吕：並 皮 明 定 剔 泥 林 精 清 心 知 彻 审 日 影 晓 见 奇 疑

《元韵谱·七十二母释》载：

何云母？志生也。旧以见而概角清，试呼之，止母刚吕耳，至刚律则不合，况柔响耶？无惑乎母？自母而以自切也，不相为用，以识位则可耳，名曰母，不无愧意。兹于见字外，别立光、倦、庚三母，而四响各用，如光奔为昆，倦奔为君，庚奔为根，

---

① 耿振生：《明清等韵学通论》，语文出版社 1992 年版，第 142—143 页。

见奔为巾。以一君而御七十二母，而三百六十声生焉。夫生矣，名曰母，不虚矣。于旧三十六位删之为十九，四焉而为七十六，去蒙音四得七十有二，数出自然，非强也。

由于语音系统的演变，乔中和将传统三十六字母删减为十九，主要表现为全浊声母的消失、知庄章合流、喻影合一，但为了"四响各用"，"四焉而为七十六，去蒙音四得七十有二"。四响，即四呼。考虑到拼合的便利，为每个声母设立四个不同的字，即如乔中和所言："兹于见字外，别立光、倦、庚三母，而四响各用，如光奔为昆，倦奔为君，庚奔为根，见奔为巾。"实际上见、光、倦、庚四母为同一声母，区别在于介音不同，为了区别开、齐、合、撮四呼，这属于"声介合母"现象，在明清韵书韵图中利用声介合母来分析语音已经非常普遍。"明清时代等韵学中的声母体系有一种影响颇大的分类法，就是把声母辅音和介音结合起来，按不同的呼分为'小母'。'大母''小母'的名称是袁子让提出来的，许桂林的《说音》则用'总母'、'分母'来称呼。"①乔中和用声介合母来体现声母系统，同时也说明了柔律、柔吕、刚律、刚吕四呼的格局，只是没有采用合、撮、开、齐四呼的名称罢了。《元韵谱》十二佸中每佸皆如此，固定四呼格局，体例一致，清晰明了，这种做法是比较科学的。

何谓蒙音？《元韵谱·蒙音释》："宫乙而已而生四响，至后佸去之则缺，加之则赘，阴梓焉，而注曰蒙，谓蒙前而生，非二也。"根据韵图式例，可知蒙音为柔吕之"帮"，刚律之"帮、滂、门"。可见，蒙音是为了声母格局的系统性而设，并无实际意义。

为了更直观展示《元韵谱》的声母系统及其排列，下面以"式例"柔律、柔吕为例进行说明（见下图）。

可见，《元韵谱》声母系统是按照发音部位进行排列的，从右向左依次是唇音、舌音、半舌音、下齿音、上齿音、半齿音、喉音、牙

---

① 耿振生：《明清等韵学通论》，语文出版社1992年版，第58页。

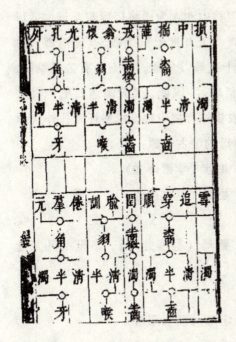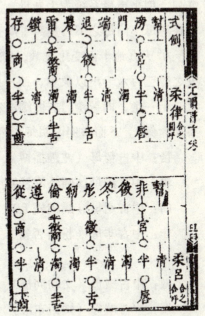

音，且将声母比附于宫、徵、半徵商、商、半商徵、角、羽七音。在
同一发音部位内部也有一定的排序标准，即按照"清、清浊半、浊"
的顺序排列。《元韵谱·清浊释》载：

> 昔人于一音分四籁，曰清，曰次清，曰浊，曰次浊。试以口
> 呼之，如东为清，通为次清，是已。至同为浊，农为次浊，可
> 乎？盖通之清不及东，而农之浊甚于同也。今以一音分三籁，曰
> 清，曰清浊半，曰浊。

由于全浊声母的清化，使人们对传统声母的四分法提出了质疑。
乔中和并没有维护传统的声母分类格局，而能够从实际语音出发，取
消全浊声母，反映了乔中和的时音意识。但唇音"非"母标为清浊
半，擦音"心审"标为浊音，不准确，也许是为了追求音系框架整
体划一而出现的"失误"。

通过以上描写和分析，如不考虑介音的区别，《元韵谱》共有十

九列，似乎声母系统为十九母。但乔中和人为地将轻唇音非母、微母放在滂母、门母之下，是为了凑齐"天九地十"之数。《元韵谱·总释》："天九地十而变化之数，穷十九籁以象章，母七十有二以象侯，五之得三百六十声以象岁，而一佸毕。"因此，《元韵谱》的声母共有二十一个，即帮滂门非微端退农雷钻存损中揣谁戎翁怀光孔外（以柔律为例）。下面举例说明每个声母的中古来源：

帮：中古帮母（波跛播博）、並母（孛鳔薜並）

滂：中古滂母（喷潘泡滂）、並母（盆盘袍旁）

门：中古明母（瞒满幔毛）

非：中古非母（粉奋否富）、敷母（翻斐赴纻）、奉母（凡梵逢凤）

微：中古微母（文吻问横）

端：中古端母（端短东堆）、定母（队豆邓宕）

退：中古透母（汀听天挑）、定母（庭挺田坛）

农：中古泥母（农馁嫩内）、娘母（妠嫪赧闹）

雷：中古来母（龙弄乱论）

钻：中古精母（总尊最井）、从母（鐏坐柞净）

存：中古清母（村聪寸膬）、从母（存丛攒徂）

损：中古心母（送算碎苏）、邪母（饧涎邪寻）

中：中古知母（中冢罩詀）、庄母（螺捉斩抓）、章母（众锥支纸）、澄母（坠着重肇）、崇母（嫭助）

揣：中古彻母（宠趗颂瞠）、初母（簒窗推揣）、昌母（充铳蠢出）、澄母（酟桃幢枨）、崇母（崇膡过眼趆雏）、船母（楯蛇船唇）、生母（产）

谁：中古生母（涮双朔衰）、书母（水叔摄声）、船母（绳神顺术）、禅母（谁雠慎禅）

戎：中古日母（人忍刃然）

翁：中古影母（煨烟依温）、云母（帷云谓侉）、以母（盐药允颐）

怀：中古晓母（孝荒烘霍）、匣母（缓换洪回）

光：中古见母（锦君昆广）、群母（近窘郡倦）

孔：中古溪母（恢钦骹堪）、群母（葵勤擎求）

外：中古疑母（刖瓦兀輓）

根据以上每个声母中古来源的分析，我们将《元韵谱》的声母系统构拟如下：

《元韵谱》二十一母：

唇音	重唇	帮 p	滂 pʰ	门 m	
	轻唇	非 f	微 ʋ		
舌音		端 t	退 tʰ	农 n	雷 l
齿音	正齿	中 tʂ	揣 tʂʰ	谁 ʂ	戎 ʐ
	齿头	钻 ts	存 tsʰ	损 s	
喉音		怀 x	翁 Ø		
牙音		光 k	孔 kʰ	外 ŋ	

二、关于声母系统的几个问题

1. 全浊声母的清音化

最早系统记录全浊清化现象的著作是元代周德清《中原音韵》，在该书中，中古全浊字普遍与清音字相混，全浊声母已失去独立地位。但龙果夫、罗常培、杨耐思等先生通过八思巴字及其他相关语音材料，认为在元代汉语中还保存着一套完整的浊声母。[①] 李新魁先生赞成以上诸位的观点，认为在元代汉语中保留了全浊声母。此外，李新魁先生根据明清时期的韵书韵图进一步指出："明朝之时，平声字基本上是变为送气清音了，但仄声字则仍读为全浊音。明代中叶，有

---

① 龙果夫：《八思巴字和古官话》，唐虞译，罗常培校订，载《八思巴字与元代汉语》，中国社会科学出版社 2004 年版，第 197—198 页；罗常培、蔡美彪：《八思巴字与元代汉语》，中国社会科学出版社 2004 年版，第 175 页；杨耐思：《元代汉语的浊声母》，载《近代汉语音论》，商务印书馆 1997 年版，第 127 页。

些方言（如北京音）不管平声字和仄声字都完全清化了，但读书音仍保持仄声字读为全浊音的特点，虽至清初尚犹如此。"[1] 全浊声母的清化不仅造成了近代汉语声母系统的简化，而且还影响了近代汉语语音的格局。《元韵谱》的声母系统大大简化，其主要原因正是由于全浊声母的清化。

例字	《元》韵部	《元》声类	《元》声调	《广》声类	《广》韵部	《广》声调	《广》反切	摄
鳔	五褒	帮	去声	並	小	上	符少	效
孛	十一孛	帮	入声	並	没	入	蒲没	臻
盆	三奔	滂	下平	並	魂	平	蒲奔	臻
盘	四般	滂	下平	並	桓	平	薄官	山
肥	八北	非	下平	奉	微	平	符非	止
费	八北	非	去声	奉	未	去	扶沸	止
宕	六帮	端	去声	定	宕	去	徒浪	宕
铎	七博	端	入声	定	铎	入	徒落	宕
徒	十二卜	退	下平	定	模	平	同都	遇
颓	八北	退	下平	定	灰	平	杜回	蟹
窘	三奔	光	上声	群	轸	上	渠殒	臻
郡	三奔	光	去声	群	问	去	渠运	臻
勤	三奔	孔	下平	群	欣	平	巨斤	臻
乾	四般	孔	下平	群	仙	平	渠焉	山
怀	九百	怀	下平	匣	皆	平	户乖	蟹
坏	九百	怀	去声	匣	怪	去	胡怪	蟹
谢	十一孛	损	去声	邪	祃	去	辝夜	假
徐	十二卜	损	下平	邪	鱼	平	似鱼	遇
坐	七博	钻	上声	从	过	去	徂卧	果
祚	十二卜	钻	去声	从	暮	去	昨误	遇
秦	三奔	存	下平	从	真	平	匠邻	臻

---

① 李新魁：《近代汉语全浊音声母的演变》，载《李新魁自选集》，大象出版社 1993年版，第 205 页。

续表

例字	《元》韵部	《元》声类	《元》声调	《广》声类	《广》韵部	《广》声调	《广》反切	摄
前	四般	存	下平	从	先	平	昨先	山
巢	五褰	揣	下平	崇	肴	平	鉏交	效
助	十二卜	中	去声	崇	御	去	床据	遇
迟	八北	揣	下平	澄	脂	平	直尼	止
着	七博	中	入声	澄	药	入	直略	宕
媞	九百	中	去声	禅	纸	上	承纸	止
殊	十二卜	谁	下平	禅	虞	平	市朱	遇
竖	十二卜	谁	上声	禅	麌	上	臣庾	遇
唇	三奔	揣	下平	船	谆	平	食伦	臻
神	三奔	谁	下平	船	真	平	食邻	臻
顺	三奔	谁	去声	船	稕	去	食闰	臻

中古全浊声母与清声母混同，但其演变的模式在各个方言中却不一致，在大多数北方方言中，一般全浊平声变成发音部位相同的送气清音，全浊仄声变成发音部位相同的不送气清音；但在某些南方方言中，有的全部变为送气清音，如广东梅县的客家方言；也有的全部变为不送气清音，如湖南的长沙方言。我们详细分析了《元韵谱》全浊声母的清化情况，大致归纳出其全浊清化演变的模式：

其一，塞音：並、定、澄、群。

其平声字，变成发音部位相同的送气清音，如"盆、贫、徒、迟、勤"等；仄声字，变成发音部位相同的不送气清音，如"鳔、宕、着、窘"等。但也有个别例外，如"谝"，《广韵》並母字，《元韵谱》为滂母字；"蓓"，《广韵》並母字，《元韵谱》为滂母字，此为仄声字变成送气清音。

其二，塞擦音：从、崇。

其平声字，变成发音部位相同的送气清音，如"秦、前、巢、柴"等；仄声字，变成发音部位相同的不送气清音，如"坐、静、助、�"等。演变模式与塞音相同。

其三，擦音：奉、匣、邪。

其演变模式比较简单，不分平仄都变成发音部位相同的清音声母。如"贤、现、详、象"等。光母"棍"字较为特殊，《广韵》胡本切，与"混浑焜倱睔捆辉"音同，匣母字；《集韵》户衮切，仍为匣母字。《元韵谱》读为见母，擦音变成塞音。崇祯末年成书的《正字通》也注为："古困切。"

此外，船、禅母的演变模式很特殊，没有规律性。《韵略易通》船禅母的清化也是如此，张玉来先生指出："这两类字在现代北方官话里演化也比较复杂，可能它们本来就不易分别清楚。"①

总之，《元韵谱》中全浊声母清化的模式与普通话的演变基本一致，即：塞音、塞擦音平声字变成发音部位相同的送气清音，仄声字变成发音部位相同的不送气清音，擦音则直接变成相应的清音，只有船母、禅母演变的规律性不是很强。除此之外，也有个别字没有按照规律演变，而是"另辟蹊径"，这些现象属于语音的特殊音变，它对全浊声母演变的规律不会产生影响。

2. 精见组声母尚未腭化

现代汉语舌面音 [tɕ、tɕʰ、ɕ] 有两个来源：一为精组的齐、撮呼字；二为见组的齐、撮呼字。舌面化，又称腭化，是指舌根音见组字、舌尖音精组字由于受到舌面元音 [i] 和 [y] 的影响而向前或向后移动，从而变成舌面前辅音 [tɕ、tɕʰ、ɕ] 的过程。

明确记录这一语音现象的音韵文献是成书于乾隆癸亥年（1743）的无名氏《圆音正考》，该书是一部专门探讨尖团问题的书，列举四十八对，一对即一尖音一团音，共九十六组。书中所称尖团对立，实际上就是 [ts、tsʰ、s] 与 [tɕ、tɕʰ、ɕ] 对立，这一观点在学术界已达成共识。杨振淇认为："《中原音韵》音系里还没有 j [tɕ]、q [tɕʰ]、x [ɕ] 这组声母，也就是说没有'团音'，那时虽然有 z [ts]、c [tsʰ]、s [s] 这组声母开、合呼的细音字（韵母或韵头为

---

① 张玉来：《韵略易通研究》，天津古籍出版社 1999 年版，第 27 页。

[i]），但因没有'团音'与之对应，所以也不会有'尖音'这一名称。"① 向熹先生也持此观点，"《圆音正考》所记的'尖音'指精组声母的细音，即 [ts]、[tsʰ]、[s] 跟 [i]、[y] 相拼的音；'团音'指 [k]、[kʰ]、[x] 的腭化音，即舌面音 [tɕ]、[tɕʰ]、[ɕ]"②。关于该书的创作背景，岩田宪幸先生指出："不论是哪个时代，老一代和青年一代之间的语言都多少有差别，当时的年轻人把'记'和'济'、'希'和'西'混同起来，中年以上的人一定会指出其错误，要求恢复原状，这就是'尖音、团音要区别'的主张发生的背景；反过来说，这种主张发生的时候就是年轻人把尖团音混同使用的倾向显著起来的时候。"③ 从《圆音正考·原序》也可看到这一点，"第尖团之辩，操觚家阙焉弗讲，往往有博雅自诩之士，一矢口肆笔而纰缪立形，视书璋为獐，呼秋作杖者，其直钩也。试取三十六母字审之，隶见溪群晓匣五母者属团，隶精清从心邪五母者属尖，判若泾渭，与开口闭口、轻唇重唇之分有厘然其不容紊者，爰辑斯编。凡四十八音，为字一千六百有奇，每音各标国书一字于首，团音居前，尖音在后，庶参观之下，举目了然。此虽韵学之一隅，或亦不无小补云"。可见，当时见组、精组的齐撮呼字都已腭化，但是这种情况还没有得到社会的承认，官方的认可，对于尖团相混的现象，《原序》则从正统的立场要求予以纠正。冯蒸也持此观点，"就本书而言，见系字和精系字当时都已变为 tɕ-、tɕʰ-、ɕ-，毫无区别，所以存之堂才有意识地编辑了本书。如果当时的实际口语中还有区别的话，编辑本书也就没有什么实际意义了"④。可以肯定，当时尖团相混的现象已非常普遍，且达到了非常"显著"的地步，从而迫使尖团问题突出化。

---

① 杨振淇:《京剧音韵知识》，中国戏剧出版社 1991 年版，第 75 页。

② 向熹:《简明汉语史（上）》，高等教育出版社 1993 年版，第 344 页。

③ ［日］岩田宪幸:《满文资料与汉语语音问题》，中国音韵学研究会第十三次学术讨论会暨汉语音韵学第八次国际学术研讨会会议论文，2004 年 8 月于汕头大学。

④ 冯蒸:《尖团字与满汉对音》，载《汉语音韵学论文集》，首都师范大学出版社 1997 年版，第 296 页。

因此，通过《圆音正考》所反映的语音情况，我们可以认为至迟到18 世纪中叶，尖团音已经完全合流了。

　　赵荫棠的《等韵源流》认为《元韵谱》见组声母已腭化，而精组声母尚未腭化。"若细审察起来，则'怀''光''孔''外'与'训''倦''群''元'，'寒''庚''慨''咢'与'晓''见''奇''疑'之音值，实有分别。这种分别，作者业已明白，观《七十二母释》中之语便可以知道。"[①] 台湾学者应裕康先生也引用《七十二母释》："兹于见字外，别立光、倦、庚三母，而响四各用，如光奔为昆，倦奔为君，庚奔为根，见奔为巾。"由此认为："根、巾二字，反切下字全同，若庚、见二字声相同，则庚奔、见奔二切，所生之音，不应有别，今根、巾二字，音既不同，则庚、见二字必有分别也。由此可见，乔氏之时，舌根音 k 系之声母，必有 k、tɕ 分化之现象矣。"[②] 按照应裕康先生的论证思路，我们举"昆"、"根"二字为例，反切下字相同，若"光"、"庚"二字声相同，则光奔、庚奔二切，所生之音，不应有别，今"昆"、"根"二字，音既不同，则"光"、"根"二字必有分别也。实际上，我们知道"光"、"根"的声母是相同的。可见，这种论证思路和所得结论值得商榷。实际上，这种现象在明清韵书及韵图中非常普遍，郑锦全认为："明清两代的韵书，为了切音的方便，也常因韵母的开合洪细而用不同的字代表同一个声母。对见晓精系字来说，字母细分常使人弄不清到底是声母本身的不同还是介音的不同。"[③]《元韵谱》声母系统也是采用了声介合母，利用"小母"来区分介音的不同，并非声母的差异。如"端冬德定"，分别为合口、撮口、开口、齐齿，实际上其声母只有一个，即 [t]。

　　在《元韵谱》中，见组声母和精组声母的细音界限分明，并无混

　　① 赵荫棠：《等韵源流》，商务印书馆 1957 年版，第 221 页。

　　② 应裕康：《清代韵图之研究》，弘道文化事业有限公司 1972 年版，第 354 页。

　　③ 参见丁邦新《论官话方言研究中的几个问题》，载《丁邦新语言学论文集》，商务印书馆 1998 年版。

淆现象，下面逐佫列表进行说明：

韵部	例字	声类	声调	声类	等第	开合	韵部	声调	反切	摄
		《元韵谱》					《广韵》			
骈佫	京	光	上平	见	三	开	庚	平	举卿	梗
	精	钻	上平	精	三	开	清	平	子盈	梗
	卿	孔	上平	溪	三	开	庚	平	去京	梗
	清	存	上平	清	三	开	清	平	七情	梗
	兴	怀	上平	晓	三	开	蒸	平	虚陵	曾
	星	损	上平	心	四	开	青	平	桑经	梗
揪佫	鸠	光	上平	见	三	开	尤	平	居求	流
	揫	钻	上平	精	三	开	尤	平	即由	流
	丘	孔	上平	溪	三	开	尤	平	去鸠	流
	秋	存	上平	清	三	开	尤	平	七由	流
	休	怀	上平	晓	三	开	尤	平	许尤	流
	修	损	上平	心	三	开	尤	平	息流	流
奔佫	巾	光	上平	见	三	开	真	平	居银	臻
	津	钻	上平	精	三	开	真	平	将邻	臻
	钦	孔	上平	溪	三	开	侵	平	去金	深
	侵	存	上平	清	三	开	侵	平	七林	深
	欣	怀	上平	晓	三	开	欣	平	许斤	臻
	心	损	上平	心	三	开	侵	平	息林	深
般佫	坚	光	上平	见	四	开	先	平	古贤	山
	煎	钻	上平	精	三	开	仙	平	子仙	山
	牵	孔	上平	溪	四	开	先	平	苦坚	山
	千	存	上平	清	四	开	先	平	苍先	山
	掀	怀	上平	晓	三	开	元	平	虚言	山
	先	损	上平	心	四	开	先	平	苏前	山
褒佫	骁	光	上平	见	四	开	萧	平	古尧	效
	椒	钻	上平	精	三	开	宵	平	即消	效
	蹻	孔	上平	溪	三	开	宵	平	去遥	效
	锹	存	上平	清	三	开	宵	平	七遥	效
	膮	怀	上平	晓	四	开	萧	平	许幺	效
	宵	损	上平	心	三	开	宵	平	相邀	效

续表

《元韵谱》			《广韵》						
韵部	例字	声类	声调	声类	等第	开合	韵部	声调	反切	摄
帮佸	姜	光	上平	见	三	开	阳	平	居良	宕
	将	钻	上平	精	三	开	阳	平	即良	宕
	羌	孔	上平	溪	三	开	阳	平	去羊	宕
	鎗	存	上平	初	二	开	庚	平	楚庚	梗
	香	怀	上平	晓	三	开	阳	平	许良	宕
	襄	损	上平	心	三	开	阳	平	息良	宕
博佸	脚	光	入声	见	三	开	药	入	居勺	宕
	爵	钻	入声	精	三	开	药	入	即略	宕
	却	孔	入声	溪	三	开	药	入	去约	宕
	鹊	存	入声	清	三	开	药	入	七雀	宕
	谑	怀	入声	晓	三	开	药	入	虚约	宕
	削	损	入声	心	三	开	药	入	息约	宕
北佸	基	光	上平	见	三	开	之	平	居之	止
	亝	钻	上平	精	四	开	齐	平	祖稽	蟹
	期	孔	上平	群	三	开	之	平	渠之	止
	妻	存	上平	清	四	开	齐	平	七稽	蟹
	希	怀	上平	晓	三	开	微	平	香衣	止
	西	损	上平	心	四	开	齐	平	先稽	蟹
百佸	激	光	入声	见	四	开	锡	入	古历	梗
	绩	钻	入声	精	四	开	锡	入	则历	梗
	隙	孔	入声	溪	三	开	陌	入	绮戟	梗
	戚	存	入声	清	四	开	锡	入	仓历	梗
	阒	怀	入声	晓	四	开	锡	入	许激	梗
	锡	损	入声	心	四	开	锡	入	先击	梗
孛佸	结	光	入声	见	四	开	屑	入	古屑	山
	节	钻	入声	精	四	开	屑	入	子结	山
	怯	孔	入声	溪	三	开	业	入	去劫	咸
	切	存	入声	清	四	开	屑	入	千结	山
	歇	怀	入声	晓	三	开	月	入	许谒	山
	屑	损	入声	心	四	开	屑	入	先结	山

续表

韵部	《元韵谱》			《广韵》						
	例字	声类	声调	声类	等第	开合	韵部	声调	反切	摄
卜佸	居	光	上平	见	三	合	鱼	平	九鱼	遇
	墟	孔	上平	溪	三	合	鱼	平	去鱼	遇
	虚	怀	上平	晓	三	合	鱼	平	朽居	遇
	苴	钻	上平	精	三	合	鱼	平	子鱼	遇
	疽	存	上平	清	三	合	鱼	平	七余	遇
	胥	损	上平	心	三	合	鱼	平	相居	遇

由此可见，在《元韵谱》中，无论见组声母，还是精组声母，都未发生腭化。

3. 保留疑母

明清时期是零声母演变的重要时期，从诸多韵书韵图所反映的音系中，有的保留疑母和微母，与影母对立，如方以智的《切韵声原》；有的则保留微母，疑母演变成零声母，如兰茂的《韵略易通》、吕坤的《交泰韵》；有的微母和疑母均消失了，演变成零声母了，如《五音通韵》。可见，疑母和微母的演变正处于一个动态过程中。因此，疑母和微母的消变及演变过程也是近代汉语语音史研究的一个重要课题。

《元韵谱》外母来源于中古疑母，与影母形成对立，下面逐佸列表说明：

韵部	《元韵谱》			《广韵》						
	例字	声类	声调	声类	等第	开合	韵部	声调	反切	摄
骈佸	颙	外	下平	疑	三	合	钟	平	鱼容	通
	容	翁	下平	以	三	合	钟	平	余封	通
揉佸	偶	外	上声	疑	一	开	侯	上	五口	流
	呕	翁	上声	影	一	开	侯	上	乌后	流
奔佸	银	外	下平	疑	三	开	真	平	语巾	臻
	寅	翁	下平	以	三	开	真	平	翼真	臻

续表

韵部	《元韵谱》			《广韵》						
	例字	声类	声调	声类	等第	开合	韵部	声调	反切	摄
般佸	阮	外	上声	疑	三	合	元	上	虞远	山
	远	翁	上声	云	三	合	元	上	云阮	山
褒佸	傲	外	去声	疑	一	开	豪	去	五到	效
	靿	翁	去声	影	二	开	肴	去	于教	效
帮佸	仰	外	上声	疑	三	开	阳	上	鱼两	宕
	鞅	翁	上声	影	三	开	阳	上	于两	宕
博佸	饿	外	去声	疑	一	开	歌	去	五个	果
	桠	翁	去声	影	一	开	歌	上	乌可	果
北佸	疑	外	下平	疑	三	开	之	平	语其	止
	移	翁	下平	以	三	开	支	平	弋支	止
百佸	硋	外	去声	疑	一	开	咍	去	五溉	蟹
	爱	翁	去声	影	一	开	咍	去	乌代	蟹
八佸	瓦	外	去声	疑	二	合	麻	去	五化	假
	穵	翁	去声	影	二	合	麻	去	乌吴	假
孛佸	业	外	入声	疑	三	开	业	入	鱼怯	咸
	叶	翁	入声	以	三	开	叶	入	与涉	咸
卜佸	麌	外	上声	疑	三	合	虞	上	虞矩	遇
	羽	翁	上声	云	三	合	虞	上	王矩	遇

从上表可知，《元韵谱》疑母与影母保持对立，并未向零声母转化。但韵图百佸翁母下平声"捱"字的排列，值得关注。"捱"，中古疑母佳韵开口二等字，与"崖涯雅厓"同一小韵，但韵书百佸中并无此小韵。笔者认为这可能是作者在编制韵图中出现的"失误"，这一"失误"也许正反映了当时疑母字的真实状态。丁锋的《琉汉对音与明代官话音研究》统计的十八种明代音系中，保留疑母十四种，疑母消失只有四种。可见，保留疑母是明代官话或"正音"的普遍现象，乔中和《元韵谱》也反映了这一语音现象。对于《元韵谱》疑母的拟音，赵荫棠认为"外"与"元"、"咢"与"疑"的音值有区别，应分成［ŋ］（外咢）和［ɲ］（元疑）两类。实际上，疑

母分成外、元、咢、疑四母，是声介合母现象，四母代表了合口、撮口、开口、齐齿四呼，声母相同，只是介音有差异。赵荫棠所分两类与韵母洪细关系密切，即［ŋ］（外咢）拼洪音，［ɲ］（元疑）拼细音。赵荫棠所指称的"差异"，应是指在与韵母洪细的拼合上，声母的音色差异。因此，从音位的角度，两类是没有区别的，应合为一类，拟音为舌根鼻音［ŋ］。

4. 微母字的来源

关于轻唇音微母的来源，学术界并无异议，主要来源于中古明母合口三等字，但东韵三等、尤韵出现例外，如"梦、雺、曼、蔓、碳、铓"等字仍读为明母，《中原音韵》、《洪武正韵》、《韵略易通》均与此一致。《元韵谱》保留微母，但其来源与中古不一致，不仅来源于中古的微母字，而且还收录了很多明母字，如"梦瞢雺谋牟侔眸莓苗描缪貌庙目苜瞢"等字共 70 字。不仅东韵合口三等和尤韵没有出现例外，归入微母，甚至连宵韵开口三等"苗描缪猫锚貌庙"等字也混入微母中。从表面上来看，微母字的范围扩大了，这种现象是实际语音的反映吗？在现实语音中并没有找到依据。

我们考察了其他的韵书，发现元代《蒙古字韵》也存在这样的现象。"《蒙古字韵》音系不仅全部保留了《切韵》音系中的微母，而且范围还有所扩大。流摄开口三等尤韵的'谋蜉牟侔矛鍪鞪蟊'等字，通摄合口三等东韵的'瞢梦懞'等字，入声屋韵的'目穆牧睦缪'等字改读微母。"① 对于这一现象，李立成认为可能有方言的因素在内。邵荣芬的《元代汉语音系的比较研究·序》指出："《蒙韵》还有一个语音特点也很值得注意，这就是上文提到的明母字演变划一化的问题。原来《切韵》明母字变轻唇在尤韵和东三等两韵里一般都出现了例外，就是这里的明母字并不变轻唇，而是在把韵母洪音化了之后，变入了相应的一等韵。这种变化发生得比较早，远在晋代李轨的反切里就有了。往后的音注家，如陆德明、曹宪、玄应、颜师古

---

① 李立成：《元代汉语音系的比较研究》，外文出版社 2002 年版，第 23 页。

等等也莫不如此。《中原》当然与之相一致。但《蒙韵》却独独与此不同。它的这些明母字并没有保留明母不变，而却是与同韵德唇口音声母字一律变轻唇，没有形成例外。《蒙韵》音系的这一独有特点，应该说也是对它另有基础方言的一个支持。"我们认为将部分明母字混入微母的现象，认定是某一基础方言反映的结论尚需进一步论证。

随着对这一问题的深入考察，我们把目光转移到韵书的传承上。"韵书是代代相传的。后世韵书常常是在前代韵书的基础上编纂而成，或者是增修，或者是简缩，或者是改并，或者是重编。"① 在韵书发展史上，韵书间的传承是研究韵书非常重要的一个方面，也是研究任何一部韵书不可忽视的。《蒙古字韵》虽然是元代的官修韵书，但在明清时期，并没有产生多大影响，即使在元代，影响也不大。且《元韵谱》微母字的范围比《蒙古字韵》还要扩大。因此，《元韵谱》微母不可能承袭于《蒙古字韵》。甯忌浮的《汉语韵书史》（明代卷）（2009）提及《元韵谱》与《五音集韵》的关系，"《元韵谱》的韵字主要选自《五音集韵》，另补充《韵略易通》《韵林原训》《韵谱本义》以及常用字。"同时将《元韵谱》列入明代韵书谱系之《五音集韵》分支。我们考察了《五音集韵》中微母的分布情况，也发现了这一现象，且比《元韵谱》微母字的范围更大。《五音集韵》去声送韵微母下收录了十三个中古明母字，反切为莫凤切，在小韵最后一个字后有两排小字，即：

　　　　此上一十三字元在明母之下收之，今昌黎子详之，莫凤不能切于第一，故挩安微母立为第三，却与讽、赗、凤共成一类，岂不妙哉！先人《澄鉴论》云：随乡谈而无以凭焉，逐韵体而堪为定矣，后进细详，知不缪尔。

昌黎子，即韩道昭，昌黎子是他的号。实际上，这两排小字已经

---

① 甯忌浮：《古今韵会举要及相关韵书》，中华书局 1997 年版，第 38 页。

说明了韩道昭把明母列入微母的原因。由于这些明母三等字不能与明母一等字相混，故单独列出，巧合的是，非、敷、奉母字都有三等，因此，将其列入微母下，都是三等，故为一类，而明母一等与并母同类，整齐划一。《五音集韵》东韵微母下也有类似说明：

　　此上一十一字形体可以归明，却谟中为切正，按第三互用违其门法。

一语道破天机，如此安排，无非是迁就门法而已，韩道昭可谓是煞费苦心。我们将《元韵谱》微母字的分布情况与《五音集韵》进行全面的比较，发现《元韵谱》微母字的排列完全继承了《五音集韵》的做法，如《五音集韵》尤韵微母下收录"谋牟侔眸恈浮桴鍪蛑蛑鵟"等62个字，在"谋"字下有注云：

　　此字元在明母之下，昌黎韩道昭为第三等中有非、敷、奉三等，今移在微母之下，却就莫浮为切，乃为俗，轻互用可为正矣。先人《澄鉴论》云：随乡谈而无以凭焉，逐韵体而堪为定矣，后进详之切请疑焉。

甯忌浮校订曰："后进详之切请疑焉。'切'，A本（按：《崇庆新彫改併五音集韵》）作'勿'。"[①]《五音集韵》62个字中，除去古文、异体，仅有39个字。《元韵谱》尤韵微母收录35个字，均来源于《五音集韵》，承袭关系非常明显。"蛑"字的收录，更能说明问题。蛑，《五音集韵》、《元韵谱》均收录于微母，注释均为"爱也"。查《广韵》、《集韵》、《玉篇》等韵书字书，均未收录此字。但《广韵》尤韵下收录"恈"字，释义为"爱也"，与"蛑"释义一致。甯

---

① 甯忌浮：《校订五音集韵》，中华书局1992年版，第25页。

忌浮先生在校订中认为"崒"是"悴"之误。① 综上所述，可断定"崒"是误字。韩道昭采用"崒"字，而乔中和不加考证，照抄照搬将误字也收录了，这一点更能说明两者之间的承袭关系。又如《五音集韵》宥韵微母仅收录一字"莓"，注释为："亡救切，覆盆草也。"《元韵谱》宥韵微母也仅收录一"莓"字，且释义为"覆盆草"，基本一致。

因此，《元韵谱》的微母收录中古明母字，并不能读为微母，也不是实际语音的反映，而是完全承袭了《五音集韵》的做法。韩道昭为了迁就门法，将明母三等字列于微母，如送韵、尤韵、宥韵、屋韵等，乔中和照搬照抄，也列入微母。但乔中和比韩道昭更有甚者，除了照搬照抄，且将此原则贯彻到底，如《五音集韵》宵韵、笑韵仅有明母，且分三四等，《元韵谱》将四等字留在明母，三等字也列入微母，人为地扩大了微母字的范围。这也从另一方面揭示了《元韵谱》与《五音集韵》之间的传承关系。

第二节　《元韵谱》的韵母系统

一、《元韵谱》韵母系统概况

明清时期，不仅声母系统简化了，韵母系统也进一步合并，韵部数也减少了，尤其是表现北方语音的韵书韵图，如《韵略易通》二十韵、《韵略汇通》十六韵和《等韵图经》十三摄，等等。此外，明代还出现了另一种韵部分部法，即十二韵部分部法。就目前我们所见到的材料来看，这种分部法的首创之功应归功于内丘乔中和。乔中和《元韵谱》将韵母系统分为十二佸。十二佸，即十二韵部。其中前六佸的韵目用每佸帮母的第一个字来命名，后六佸的韵目用每佸帮母的第一个入声字来命名，以此来体现入声与阴声韵之间的密切关系。每

---

① 甯忌浮：《校订五音集韵》，中华书局1992年版，第79页。

佸内分柔律、柔吕、刚律、刚吕四响，即四呼。柔律，即合口呼；柔吕，撮口呼；刚律，开口呼；刚吕，齐齿呼。现将十二佸列举如下：

一骈佸　二探佸　三奔佸　四般佸　五褒佸　　六帮佸

七博佸　八北佸　九百佸　十八佸　十一字佸　十二卜佸

耿振生先生对此评价很高，"十二韵部的分部法是本书的创举，它恰好能概括近代北方话的韵母系统，后来成为清代北方韵图韵书中流行的分部模式"①。李新魁先生对十二佸的构成进行了简要分析："骈佸包括一般韵图的通、梗、曾摄，探包含流摄，奔收臻、深摄的字，般相当于山、咸摄，褒则录效摄的字，帮囊括宕、江二摄，博收果摄的字，北相当于止摄，百相当于蟹摄，八则与假摄相当，字收录假摄中麻韵变为车遮韵的字，卜则相当于遇摄。"②《元韵谱》十二佸作为明清时期北方汉语韵母系统的总结，已经是"最简方案"了，不能再少了。

实际上，乔中和本人对十二佸的分部也是洋洋得意的，其在《十二佸释》提出："夫宫，君音也。寻源觅本而标以宫，譬一人当极，万方归命，诸韵之山溪不足限也。宫十二，佸亦十二，增之为十三不得，减之为十一不得，非天地之元音尔耶！"并将十二佸与十二律吕、地支相配，卷首专列一则"十二佸应律图"进行说明，并附"十二佸应律圆图"，注曰："十二佸应十二律，乃声气之自然，而阴阳迭运，有循环无端之情焉。兹复贯以圆图，则一气周旋之象以著，而转叶相通之义亦可识其端矣。"十二分部法对后世影响很大，清代许多韵书韵图均采用十二分部法，如《五方元音》、《等韵精要》、《黄钟通韵》、《本韵一得》、《字母切韵要法》、《三教经书文字根本》等等。

关于《元韵谱》的韵母系统，我们拟根据每佸中四响的列字情况，并结合韵书上平声每韵后的按语来分析《元韵谱》每个韵部所

---

① 耿振生：《明清等韵学通论》，语文出版社 1992 年版，第 180 页。

② 李新魁：《汉语等韵学》，中华书局 1983 年版，第 290 页。

包含的韵母数。

二、各组韵部的讨论

（一）骈佸

《元韵谱》骈佸收字来自中古的通摄、梗摄和曾摄，即中古的东、冬、钟、庚、耕、清、青、蒸、登韵字（以平赅上去），与《中原音韵》东钟韵和庚青韵相对应。

《中原音韵》东钟韵拟音为 [uŋ, iuŋ]，庚青韵拟音为 [əŋ, iəŋ, uəŋ, iuəŋ]，[①] 主要元音不同，故分为两个韵部。但《中原音韵》中已出现了混淆的迹象，"东钟与庚青的混淆，在《中原音韵》中已见端倪。中古梗摄合口和曾摄合口部分喉牙音字（如'肱、觥、轰、兄、横、永、莹'等），唇音字（如'崩、鹏、盲、萌、孟'等），《中原音韵》兼收于东钟和庚青。周德清把收在东钟韵的梗、曾摄字称为外来字，说明当时两韵合流的趋势是庚青韵转向东钟韵。《中原音韵》之后，这种趋势逐渐发展，到 16 世纪初《四声通解》今俗音里，两韵已完全合流。"[②] 但明代一些韵书韵图仍将两个韵部分开，如李登的《书文音义便考私编》和桑绍良的《青郊杂著》等，但合并的趋向非常明显。李登的《书文音义便考私编》"庚韵"下注："本韵自晓至明诸母下，音要与东韵诸音各各有辨，勿混为一，见合母下亦然。"桑绍良的《青郊杂著》"东部"下注："与冬通用，《正韵》《词韵》同。而《词韵》以庚部中'横容'等字来通押，谬。"《青郊杂著》"庚部"下注："与青蒸通用，《正韵》《词韵》同。而《词韵》以'横容'等字与东部通押，谬。"两人反复强调两个韵部应该有别，正说明当时两韵部合并的趋势更加明显。明末徐孝的《司马温公等韵图经》顺应语音发展的演变，将两个韵部合并为

---

① 《中原音韵》拟音均依据宁继福《中原音韵表稿》，吉林文史出版社 1985 年版，下仿此。

② 郭力：《古汉语研究论稿》，北京语言大学出版社 2003 年版，第 48 页。

一个韵部，称为"通摄"。《元韵谱》将东钟和庚青合二为一，体现了当时的实际语音。

《元韵谱》第一卷"英韵"卷末有按语，说明该韵的中古来源及韵字的排列：

> 是韵也集东冬钟庚耕登清青蒸九韵之阴声，合柔刚律吕四响共得七十二音，其五十一音有字，二十一音无字，有字无字并存其母，庶检阅之，余循序而呼之，不待反切而本音已过半矣。谨按：东，柔律也；冬钟，柔吕也；庚耕登，刚律也；清青蒸，刚吕也。虽不无稍有出入，而大端若此。

按照《广韵》音系，东韵，合口一三等；冬韵，合口一等；钟韵，合口三等；庚韵，开口二三等、合口二三等；清韵，开口三等、合口三等；梗，开口二等、合口二等；青，开口四等、合口四等。根据语音发展的规律，中古韵部的收字与四呼并不存在严整的对应关系。我们对骈俪"柔律"列字进行了统计，除东韵字外，还列有冬、钟、庚、耕、蒸韵字。骈俪四呼皆有列字，应包括四个韵类，可拟音为 [uəŋ, yŋ, əŋ, iŋ]。但柔吕除牙喉音外，其他列字并不反映实际语音，如东韵合口一等"浑"、冬韵合口一等"冬、彤、宋、脓、癃"、钟韵合口三等"龙、垄、踪、松、重、悚"等等。这部分字在明初官韵《洪武正韵》、通俗韵书《韵略易通》中均已读合口，与"东"等字无别。清初《五方元音》龙韵中只有牙喉音读撮口呼，其他均与合口呼字读音一致。乔中和为什么将这些字列入柔吕呢？《元韵谱》"优韵"卷末按语云："柔律之字灭没矣，然其音弗容缺也。"可见，编纂者乔中和明知有些音并不存在，但由于"其音弗容缺"、"虚无用以待有用"（乔中和自序）的设计理念，要求四呼皆有列字，只能人为地将这些字列于柔吕中，来凑齐四呼。《元韵谱》"英韵"卷末按语云："凡音响之分合，不泥之古，而裁之我，不惟之我，而准诸法。法者何？始宫而终角，上律而下吕，前柔而后刚也。""法"

是虚构的，其实仍是"裁之我"。

（二）捒佸

《元韵谱》捒佸收字主要来源于中古的流摄，即中古的尤、侯、幽韵字，相当于《中原音韵》的尤侯韵。

从韵图列字来看，捒佸四呼皆有列字。《元韵谱》第二卷"优韵"卷末按语注："是韵也集幽尤侯三韵之阴声。按：幽，柔吕也；尤，刚吕也；侯，刚律也。而柔律之字灭没矣，然其音弗容缺也。"这也是贯彻编撰者"虚无用以待有用"的设计理念。柔律本无字，但因每佸韵图"刚律"蒙音被阴梓，故将这些字列于"柔律"。"柔吕"列字也值得商榷，中古尤、幽为开口三等字，侯韵为开口一等字，韵图中仅列开口图，并无合口图。即使是现代北方汉语方言，流摄字也并无撮口呼读音。李新魁先生认为："由于每一个声母都要配成四呼，在某些韵类中就难免出现牵强附会的毛病，例如对读为［ou］的捒佸和读为［au］的褒佸，它们本没有合口和撮口呼字，但为了凑足四类，结果就把某些字列于合、撮两呼，这就不符合实际读音。"① 笔者同意李新魁先生的观点，"柔吕"列字并不是实际语音的反映。因此，捒佸只有两个韵类，区别在于介音［i］的有无，即开口呼和齐齿呼，今拟音为［əu，iəu］。

（三）奔佸

《元韵谱》奔佸收字来源于中古的臻摄、深摄，即中古的真、谆、臻、文、欣、魂、痕、侵韵字，相当于《中原音韵》的真文韵和侵寻韵。

《中原音韵》真文韵拟音为［uən，iuən，ən，iən］，侵寻韵拟音为［əm，iəm］，主要元音相同，区别在于韵尾的不同。《元韵谱》"刚律"列字除了痕韵（恩痕恨根艮）、臻韵（臻）、真韵（衬）外，还列有"参岑森渗瘆"等侵韵字；"刚吕"列字除了真韵（宾民津秦尽信慎）、欣韵（殷欣近勤欨）外，还列有"品您林侵沁心寻锦"等

---

① 李新魁：《汉语等韵学》，中华书局1983年版，第291页。

侵韵字。由此可见，侵韵与真、臻、痕、欣韵在韵尾的区别已不存在，[m] 与 [n] 合并。[m] 尾的消失，是近代汉语语音演变中的一项重要特征。它不仅打破了中古时期汉语韵尾系统的格局，而且也改变了汉语语音的结构。这项演变早在《中原音韵》中就已经发生了，但范围仅限于唇音，称为"首尾异化"现象。大多数的 [m] 尾韵还有没有发生演变，《中原音韵》侵寻、监咸、廉纤三韵的保留即是明证。明兰茂的《韵略易通》仍保持着《中原音韵》的格局，大部分 [m] 尾韵没有并入 [n] 尾韵中。而在 17 世纪产生的韵书韵图中，已经找不到闭口韵的影子了，都并入了 [n] 尾韵中，如《等韵图经》、《交泰韵》、《西儒耳目资》、《韵略汇通》、《拙庵韵悟》、《等音》、《声位》等等。

关于闭口韵消变的时代，王力的《汉语史稿》（1980）认为："在北方话里，－m 的全部消失，不能晚于 16 世纪，因为 17 世纪初叶（1626）的《西儒耳目资》里已经不再有－m 尾的韵了。"[①] 李新魁的《中原音韵音系研究》根据李登的《书文音义便考私编》（1586），断定 16 世纪中叶 [－m] 尾已经消失，变入 [－n] 了。杨耐思考察了 14 世纪至 16 世纪的汉语韵书、语音材料及朝鲜韵书，认为："－m 的部分转化不晚于 14 世纪，全部转化不晚于 16 世纪初叶。"[②] 李无未根据兰茂《声律发凡》中的材料认为："对闭口韵消变的下限，我们认为也可斟酌。1460 年兰茂《声律发凡》把－m 韵注上'重先天'、'重仙寒'字样。这部书是给云南地区的人学习'官话'的，注上重××韵，是为了说明云南方言与官话的区别。因此，当时'官话'中已经不存在－m 尾字了，但－m 尾字在一些方言中仍然存在。从共同语的角度来说，－m 尾字在 15 世纪中叶就已经完全消失，但闭口韵在各地方言的演变并不是同步的，个别方言仍存在

① 王力：《汉语史稿》，中华书局 1980 年版，第 135 页。
② 杨耐思：《近代汉语－m 的转化》，载《近代汉语音论》，商务印书馆 1997 年版，第 60 页。

－m尾字。"①

《元韵谱》第三卷"殷韵"卷末按语："是韵也集真谆臻文殷魂痕侵八韵之阴声。按：魂，柔律也；文谆，柔吕也；臻痕，刚律也；真殷侵，刚吕也。"可见，奔佸四呼皆有列字，共包含四个韵类，可拟音为［uən，yən，ən，iən］。

（四）般佸

《元韵谱》般佸收字主要来源于中古的山摄和咸摄，即中古的元、寒、桓、删、山、先、仙、覃、谈、盐、添、咸、衔、严、凡韵字。相当于《中原音韵》的寒山、先天、桓欢和闭口韵盐咸、廉纤。

《中原音韵》寒山韵拟为［an，ian，uan］，桓欢韵拟为［uɔn］，先天韵拟为［iɛn，iuɛn］，盐咸拟为［am，iam］，廉纤拟为［iɛm］。《元韵谱》将这五个韵部合并为般佸，体现了语音的发展变化：一是寒山、桓欢、先天三韵主要元音的差别消失了。兰茂的《韵略易通》仍分山寒、端桓、先全三韵，至徐孝的《等韵图经》（1602）将三韵合并为山摄，可见此项音变应完成于明代后期；二是［m］尾并入［n］中。盐咸与寒山主要元音相同，廉纤与先天主要元音相同，只有韵尾不同，当闭口韵消失后，韵部自然出现了合并。

《元韵谱》第四卷"烟韵"卷末按语注："是韵也集元寒桓山删先仙覃谈盐添咸衔严凡一十五韵之阴声。按：桓，柔律也；元凡，柔吕也；寒山删覃谈，刚律也；先仙盐添咸衔严，刚律也。"般佸四呼俱全，应包含四个韵类。王力的《汉语语音史》在明清韵部中将此韵称为"言前韵"，主要元音拟为［a］，为便于对比，我们采用王力先生的拟音。在实际读音中可能如王力先生所言："齐齿受韵头［i］的影响，元音挪前，［ian］实际上读［iɛn］，合口和撮口呼受韵头［u］、［y］的影响，元音挪后，［uan］、［yan］实际上读［uɒn］、［yɒn］。"从音位的观点来看，形成互补，并不对立。因此，般佸四个韵类可拟音为［uan，yan，an，ian］。

---

① 李无未编：《汉语音韵学通论》，高等教育出版社2006年版，第170页。

（五）褒佸

《元韵谱》褒佸收字主要来源于中古的效摄，即中古的萧、宵、肴、豪韵字，相当于《中原音韵》的萧豪韵。

从韵图列字来看，四呼皆有韵字。但《元韵谱》第五卷"要韵"卷末按语注：

> 是韵也集宵萧肴豪四韵之阴声。按：肴，柔律也；萧，柔吕也；豪，刚律也；宵，刚吕也。自萧宵合，而柔刚之判迷矣。按：《指掌图》"镳"字入声为"鞹"，"鞹"在宕摄为"方"字之入声。方，少宫也，镳与同入，亦合作少宫音，旧读如标，非误耶？知此而凡三排之字，皆合作柔吕也，何疑哉？

按照乔中和的设计理念，"肴""萧"列于合口和撮口呼，"豪""宵"列于开口和齐齿呼。但按照中古音系，豪韵为开口一等字，肴韵为开口二等字，宵韵为开口三等字，萧韵为开口四等字，并无合口读音。在《中原音韵》中，豪、肴韵仍保持对立，但宵、萧已经合流，且读音均为开口和齐齿呼，并无合口读音。耿振生也指出了这一点，"这里边的合口、撮口两个韵类大成问题，拿《五方元音》来相比，里边相当于'褒佸'的獒韵只有开口、齐齿两个韵类，没有合口、撮口呼的字。这样，我们比较放心地认为《元韵谱》褒佸的合、撮两类是不符合时音的虚假韵类"①。实际上，乔中和本人也非常清楚这一点，表面上将四个韵分列四呼，但"自萧宵合，而柔刚之判迷矣"。"柔刚之判"中的"柔"包括"柔律"和"柔吕"，"刚"包括"刚律"和"刚吕"，也就是说编撰者非常清楚开合口读音并没有区别，只是为了凑齐四呼的权宜之计。此外，按语中提到"镳"与"方"同入，故也应读少宫音，即非母，乔中和认为旧读如"标"是错误的。甯忌浮先生认为这一推论不能成立，"乔氏所说的《指掌

---

① 耿振生：《近代书面音系研究方法琐谈》，《古汉语研究》1993年第4期。

图》实为《切韵指南》，今传本《切韵指南》'镳'字无入声字相配，《指掌图》和《四声等子》亦无。乔氏说'辖'既然是'镳'的入声，又是'方'字的入声，则'镳'与'方'的声母当相同，'方'是非母字，'镳'自然也是非母字。这个推论显然不能成立。'镳''标'同音，明代许多韵书（《诗韵》系韵书除外）都是如此记录的，如《洪武正韵》《韵略易通》《并音连声字学集要》《文韵考衷》《书文音义便考私编》等"①。

一等豪韵和二等肴韵在《元韵谱》中是否形成对立呢？我们考察了襃佸"刚律"列字，共 49 个，其中一等豪韵 38 个，二等肴韵 11 个，中古效摄一、二等的对立在《元韵谱》中也已经消失了。《中原音韵》萧豪韵拟音为 [ɑu，au，iau]，而襃佸中效摄一、二等对立已消失，因此共包含两个韵类，即开口和齐齿，可拟音为 [au，iau]。

（六）帮佸

《元韵谱》帮佸收字主要来源于中古的宕摄、江摄，即中古的阳、唐、江韵字，相当于《中原音韵》的江阳韵。

《中原音韵》江阳韵分成三个韵类，即 [aŋ，iaŋ，uaŋ]，《韵略易通》、《韵略汇通》、《五方元音》等也分三个韵类，与《中原音韵》相一致。但《元韵谱》帮佸四呼皆有列字，乔中和在第六卷"央韵"卷末按语注："是韵也集江阳唐三韵之音（阴）声。按：邦合作（刚）吕音，昔读如帮；江合作柔吕音，昔读如薑，误也，今一正之。而羽之汪、映、央，次商之窗、愸、昌、疮，亦无不正矣。"邦≠帮，江≠薑，奇怪！我们先将帮佸四呼所收韵字列出，并考察这些韵字的中古来源：

【柔律】

江韵开口二等：胖戆窗淙双

唐韵合口一等：汪潢荒黄慌况光广桄廲旷

【柔吕】

---

① 甯忌浮：《汉语韵书史》（明代卷），上海人民出版社 2009 年版，第 265 页。

江韵开口二等：攮泷漴夤幢肛降项巷江讲绛

阳韵开口三等：眏

阳韵合口三等：王往旺匡狂

【刚律】

唐韵开口一等：帮榜谤滂旁髈溏当党宕汤唐傥荡囊曩儾郎朗浪臧驵葬仓藏苍桑嗓丧奘状佚盎杭沆行冈康慷炕昂枊

阳韵合口三等：方房放芒亡罔望

阳韵开口三等：庄疮床磢创霜爽鞅

【刚吕】

江韵开口二等：邦胮庞

阳韵开口三等：娘良两亮将鎗蒋酱墙抢搶襄详想相章掌障昌长敞唱商常赏上穰攘让央阳养漾香响向姜襁强僵疆卬仰

"柔吕"中江韵开口二等字，如"降项巷江讲绛"等字，在《中原音韵》时代已腭化产生［i］介音，与三四等合流，且《元韵谱》也有大量开口二等牙喉音字与开口三四等合流的现象。《五方元音》中"江＝薑"、"眏＝央"、"窗＝疮"。因此，帮佸"柔吕"是乔中和为凑齐四呼而设立的一个韵类，并不反映实际的语音现象。此外，唇音字"邦胮庞"列于刚吕，按照乔中和的按语，其读音与"帮旁"有区别。《中原音韵》中"帮＝邦"、"庞＝旁"，《五方元音》中读音也相同，乔中和将这些字列于刚吕，不知何据。帮佸包含三个韵类，可拟音为［uaŋ，aŋ，iaŋ］。

（七）博佸

《元韵谱》博佸收字主要来源于中古的果摄及宕摄、江摄的入声字，即中古的歌、戈韵及入声药、铎、觉韵字，相当于《中原音韵》的歌戈韵。

《元韵谱》前六佸不列入声字，从第七博佸开始列有入声字，入声配阴声韵，改变了中古以来入配阳的格局。乔中和在卷首专门写了一则"寄归释"，认为入声原来是"寄"在阳声韵里，今应"归"到阴声韵。入声与阴声韵相配，一方面说明当时的入声韵尾已经消失，可能演变成一个喉塞音［-ʔ］或者只是一个短促的调值；另一方面通过入声与阴声韵的相配，考察当时入声的读音情况。

博佸四呼皆有列字，其中"柔律"、"刚律"五音俱全，"柔吕"、"刚吕"仅入声有列字，如何认识博佸所包含的韵类呢？《元韵谱》"词韵"卷末按语曰："是韵也集歌戈二韵之阴声。按：沈韵分歌戈最精，后合之而元音混矣，兹从沈而补以吕音。虽无字可读，而声全庶不相夺，且或叶用他韵字，各寻其位而声乃正，不至以柔乱刚，以律紊吕也。甚矣，空声之不可去也，虚以待用，与实声同。"所谓"沈韵分歌戈最精"是指中古歌、戈韵分别为开口、合口一等字，两者界限分明，不相混淆。但随着语音的演变，歌、戈两韵部分字的开合口区别消失，致使歌、戈两韵"合之而元音混矣"。乔中和非常推崇沈韵，故"从沈"强调歌、戈两韵的开合区别。我们考察了韵图的列字情况，果然如此，"柔律"收字主要来源于中古合口一等戈韵，如"波跛播坡婆颇摩慺磨埵採詑铊妥唾挼懦骡裸蠃坐挫侳矬脞剉莎锁倭媠浼火货戈果过科颗课讹卧"，"刚律"收字主要来源于中古开口一等歌韵，如"多哆跢佗驼袉拖那娜哪罗欏逻左佐蹉醝瑳娑縒些阿椏诃何欱歌贺歌笴箇珂可坷硪我饿"，整齐划一，界限分明，这体现了乔中和的崇古情结。实际上，歌戈韵相混在《中原音韵》中已出现了，如莎/娑、佗/詑、罗/骡、左/坐等，为同一小韵，读音相同，已不存在开合口的区别，只有牙喉音还存在对立，此后《韵略易通》、《韵略汇通》、《五方元音》莫不如此，这与现代汉语也是一致的。但对于没有开合对立的歌戈韵字，是读为合口，还是读为开口呢？杨耐思、甯继福等先生认为应拟为合口呼，[①] 我们赞成两位先生的观点，将这部分字拟为合口呼符合语音发展的规律。因此，《元韵谱》博佸中除牙喉音形成对立外，其他声母下的对立并非实际语音的反映，这部分韵字都应读合口呼。

---

① 杨耐思：《中原音韵音系》，中国社会科学出版社 1981 年版；甯继福：《中原音韵表稿》，吉林文史出版社 1985 年版。

关于柔吕、刚吕入声字的设置及读音情况，我们先列出这些入声字的中古来源：

【柔吕】

觉韵开口二等：搦莘卓学觉确岳

药韵合口三等：懰

【刚吕】

觉韵开口二等：剥朴藐踔

药韵开口三等：道略爵鹊削着杓若药谑脚却虐

从韵图体例来看，柔吕可拟音为〔yo〕，刚吕可拟音为〔io〕。但根据上面列字分析，我们发现觉韵开口二等字有的列于柔吕，有的列于刚吕，这与语音发展规律不符。结合明清时期音韵文献可知，〔yo〕的出现较晚，且〔io〕演变成〔yo〕，诸多韵书都是同步进行，没有出现觉韵开口二等先演变，药韵开口三等后演变的现象。由此我们认为这部分入声字的音值为〔io〕，并没有向〔yo〕演变。通过以上分析，博佸共五个韵类，其中齐齿呼只有入声字，可拟音为〔uo，uoʔ，o，oʔ，ioʔ〕。

（八）北佸

《元韵谱》北佸收字主要来源于中古的止摄、蟹摄和曾摄、臻摄、梗摄、深摄的入声字，即中古的支、脂、之、微、灰、齐、祭、泰、废韵及德、职、物、术、质、栉、缉、锡、迄韵等入声韵字，相当于《中原音韵》支思和齐微韵。

《元韵谱》"灰韵"卷末按语曰："是韵也集支脂之微齐灰六韵之阴声。"此按语仅说明上平声灰韵的中古来源，故未提及去声祭、泰、废和入声德、职、物、术、质、栉、缉、锡、迄等韵。赵荫棠的《等韵源流》将北佸拟为〔ei〕，耿振生的《明清等韵学通论》拟为〔ei〕、〔i〕，但北佸列有《中原音韵》支思韵字，如"支纸至词雌思词齿史"等字，甯继福先生认为支思韵的韵母只有一类，拟为〔ɿ〕。由此可见，北佸所收韵字庞杂，这对其音值的考订也带来了一定的困难。为了更好分析概括北佸所蕴含的韵母数，我们将分别考察刚律、刚吕、柔律、柔吕四响所收韵字的中古来源，并结合其他相关材料，考订其所包含的韵母。

【柔律】

灰韵合口一等：桮背裴胚配枚每妹堆队推颓腿退馁内雷檑嗺晬崔榱璀碎煨猥灰回贿海恢傀隗磳

支韵开口三等：俾

支韵合口三等：累揣顈

咍韵开口一等：蓓

微韵合口三等：非肥斐费微尾未谓贵鬼

脂韵合口三等：锥坠推敠衰谁水帷葵

祭韵合口三等：脆

齐韵合口四等：圭

柔律为合口呼字，从其收字的中古来源来看，也基本相符。只是其中唇音及泥来母字，如"桮背裴胚配枚每妹雷檑非肥斐费微尾未"等字，《元韵谱》仍读合口，同时期代表北京话的《等韵图经》一部分字已读开口，说明基础方言口语音中［ei］韵正在形成过程中。关于北佸柔律的音值，我们认为拟为［ui］较为妥当，［ui］是［i］的合口，与刚律、刚吕形成搭配，音值接近，故乔中和将《中原音韵》支思韵和齐微韵合并为一个韵部。

【柔吕】

支韵合口三等：萎诿蠃觜随髓惴吹箠睡蘂委毁诡亏闚危姽

支韵开口三等：婑厜

脂韵合口三等：垒类醉翠绥邃追鎚蕤遂岿

灰韵合口一等：崔摧

祭韵合口三等：枘劓

微韵合口三等：威韦归

废韵合口三等：秽毳

北佸柔吕列字主要来自中古止摄的合口三等字，与北佸柔律列字的中古来源基本一致，且柔律和柔吕列字中均有支韵合三、脂韵合

三、微韵合三、灰韵合一、祭韵合三韵字，这部分字在元代《中原音韵》中已经与合口呼字合流了，如"雷＝羸"、"圭＝归"、"煨＝威"等。因此，柔吕列字并不是实际语音的反映，其音值应与合口呼读音一致。乔中和在编撰过程中参考了传统韵书的列字，人为虚拟了一个不存在的韵类，以此来凑齐四呼。

【刚律】

支韵开口三等精、照组：赀雌此支纸差

脂韵开口三等精、照组：次死四至师剺

之韵开口三等精、照组：子字慈思词齿厕史使

齐韵开口四等：戾鍉鷖奚鸡谿启倪堄

祭韵开口三等：鬻憩

泰韵开口一等：餀

刚律列字主要来自中古止摄，即支、脂、之三韵开口三等精组和照组字，这部分字列于《中原音韵》支思韵，音值为 [ɿ]。但《元韵谱》北佸刚律除了支脂之三韵字外，还列有齐韵、祭韵和泰韵部分字，这部分字《中原音韵》列入齐微韵，拟音为 [i]。舌尖音 [ɿ]与舌面音 [i] 音值接近，故乔中和可能将这些部分字错误地列入刚律中。

【刚吕】

支韵开口三等非精、照组字：卑臂披皮皱譬泚知智侈尔移倚戏寄奇议

脂韵开口三等非精、照组字：比寐腻梨利雉迟二几器

之韵开口三等非精、照组字：里痴耻诗始而意喜基期起疑拟

祭韵开口三等：世

微韵开口三等：依希

齐韵开口四等：迷米低底帝梯提体替泥祢齑荠霁妻齐砌西洗细栘畦

北佸刚吕列字主要来源于止摄开口三等非精、照组字和蟹摄开口三四等字，拟音为 [i]。其中支脂之开口三等知组字还没有演变成开

口呼字，其韵母仍为 [i]，《中原音韵》这三个韵知组字列于齐微韵中，也没有发生演变，说明《元韵谱》中仍然保持着《中原音韵》支思韵和齐微韵的界限，这与现代普通话是不一致的。此外，止摄开口三等"而、尔、二"等字在《元韵谱》中列于日母，与《中原音韵》一致，清代反映河北方音的《五方元音》仍将"而、尔、二、耳、儿"等字仍列于日母下。从表面上看，这些字还没有演变成零声母字，韵母 [ɚ] 尚未产生。但代表明代北京音的《等韵图经》却把"尔、二、而"等字放在影母下，说明这部分字已转化为零声母了，读 [ɚ] 韵母。因此，[ɚ] 韵母的产生及发展是近代汉语语音研究中一个重要问题，我们在后面会进行专题讨论。

北佸列有入声字，其韵母音值与舒声基本是一致的。但刚律入声字韵母的音值可能与舒声有区别，如"塞测黑刻德忒勒则"等字，在现代很多方言中白读音为 [ei]，因此这部分入声字的音值拟为 [eiʔ]。通过上面的分析和概括，北佸共包含六个韵类，拟音为 [i]、[eiʔ]、[i]、[iʔ]、[ui]、[uiʔ]。

（九）百佸

《元韵谱》百佸列字主要来源于中古蟹摄和梗摄的入声字，即中古的皆、佳、咍、泰、夬及麦、陌等入声韵，上平声"咴韵"卷末按语注："是韵也集佳皆咍三韵之阴声。"相当于《中原音韵》的皆来韵。

《中原音韵》皆来韵共三个韵类，拟音为 [ai, iai, uai]，中古时期蟹摄牙喉音二等字由于腭化滋生了 [i] 介音，故元代产生了 [iai] 韵。《元韵谱》百佸的列字情况基本与《中原音韵》皆来韵一致，只是百佸柔吕的列字颇为奇怪。通过考察百佸柔吕列字的中古来源，我们发现这些字多为蟹摄废韵、祭韵合口三等字，《中原音韵》中已归入齐微韵，与合口呼字合流了，而且个别字与北佸重出，如"秽、剟"等字，说明这部分字已读为 [ui] 韵。乔中和为了凑齐四呼，将这些字列于此，并非是实际语音的反映。此外，百佸柔律、刚吕还列有"兑、蜕、酹、最、襊、蕞、沛、昧、荟"等字，这部分字主要为中古蟹摄泰韵合口一等、灰韵合口一等和祭韵合口三等，《中原音韵》将这些字列入齐微韵，韵母为 [ei]，并无 [ai] 读音，乔中和将这部分字列于此，不知何意。

关于百佸入声字的音值，柔律、刚律入声韵母与舒声一致，刚吕入声列字主要来自中古梗摄昔、陌、锡韵字，如"积、绩、昔、瞙、鵙、碧、尺、释、霹、觅、的、剔、历、激、隙"等，这部分字在宋代音系中读 [it]，[1] 元代《中原音韵》音系中，由于入声韵尾的消失，这些字归入齐微韵，拟音为 [i]，明清时期韵书韵图中这些字也并无 [iai] 韵一读。因此，百佸共有五个韵类，拟音为 [ai, aiʔ, iai, uai, uaiʔ]。

（十）八佸

《元韵谱》八佸列字主要来源于中古的假摄和山摄、咸摄的入声字，即中古麻韵及薛、黠、末、辖、合、乏、曷、洽、狎等入声韵字，上平声"花韵"卷末按语注："是韵也集麻韵之阴声。"相当于《中原音韵》的家麻韵。

《中原音韵》家麻韵共三个韵类，拟音为 [a, ia, ua]，但《元韵谱》八佸四呼皆有列字，下面我们考察八佸柔吕的列字及中古来源：

麻韵合口二等：膃

辖韵合口二等：鸹

黠韵开口二等：獭疤轧黠揭

柔吕列字中上平、下平、上声共六个小韵，收字较少，主要来源于中古假摄合口二等字，且"膃"与柔律中母小韵"挝"音韵地位完全一致，因此这些字应读合口呼，并无撮口一读。入声列字来自中古山摄辖、黠韵字，《中原音韵》有的读为 [a]，如"獭"；有的读为 [ia]，如"轧"，并无 [ya] 一读。甯忌浮先生对《元韵谱》十二佸"四响"进行了统计，认为不符合汉语韵母的结构规律，认为：

① 王力：《汉语语音史》，中国社会科学出版社 1985 年版，第 265 页。

"乔中和以为'天地之元音'应当'四响'俱全，他特别关注柔吕，几乎每一佸都要配上。实在无字可配，也要虚位以待（'先立位以待声'）。"① 因此，我们认为八佸柔吕并不反映实际语音，是乔中和为凑齐四呼而虚设的。八佸配有入声，故共有六个韵类，拟音为［a，aʔ，ia，iaʔ，ua，uaʔ］。

（十一）字佸

《元韵谱》字佸列字主要来源于中古假摄、果摄及山摄、咸摄的入声字，即中古的麻、歌、戈及没、月、薛、叶、屑、业、帖等入声韵，大致相当于《中原音韵》的车遮韵。上平声"些韵"卷末按语注："是韵也摘麻韵中遮韵之阴声。按：《正韵》分遮、麻，盖亦势之不容已耶！"遮韵从麻韵中分化出来，始见于《中原音韵》，说明当时其主要元音已有区别。甯继福先生考察《中原音韵》车遮韵时指出："《广韵》麻韵二等字入家麻，三等字归车遮，家麻的主元音是 a，则车遮可写作 ɛ。《广韵》薛屑月的阳声韵仙先元归先天，它们的韵母是 -iɛn、-iuɛn。与叶业帖相配的阳声韵盐严添归廉纤，它们的韵母是 -iɛm。把车遮写作 -iɛ、-iuɛ 是合适的。"② 关于遮、麻分韵，南宋毛晃、毛居正的《增修互注礼部韵略》上平声微韵末毛居正按语载："所谓一韵当析为二者，如麻字韵自奢以下、马字韵自写以下、祃字韵自藉以下，皆当别为一韵，但与之通用可也。盖麻、马、祃等字皆喉音，奢、写、藉等字齿音，以中原雅声求之，复然不同矣。至于麻、马、祃三韵，自奢、写、借以下当析为二，以正其音，而通用之，亦以施用既久，不敢改。"但毛居正并不是最早揭示遮麻分韵的，金代韩道昭的《五音集韵》十七麻韵见母三等"伽"字见下注：

> 居伽切。释迦，出《释典》。又音加。此字元在戈韵收之，今将戈韵第三等开合共有明头八字，使学者难以检寻，今韩道昭

---

① 甯忌浮：《汉语韵书史》（明代卷），上海人民出版社 2009 年版，第 271 页。

② 甯继福：《中原音韵表稿》，吉林文史出版社 1985 年版，第 228 页。

移于此麻韵中收之，与遮、车、蛇、奢同为一类，岂不妙哉。达者细详，知不谬矣。

可见，遮麻分韵现象出现较早，《中原音韵》真实地记录了这一现象，明代《洪武正韵》自然"亦势之不容已耶"。

《中原音韵》车遮韵共两个韵类，拟音为 [iɛ, iuɛ]。但《元韵谱》孛佸四呼皆有列字，刚律列字只有入声字，且主要来源于中古咸摄开口三四等字，如"牒帖聂猎接妾摄协惬"等字，《中原音韵》、《韵略易通》等均为齐齿呼字，保留介音 [i]，即使今北京音及现代汉语方言中，这部分字仍保留介音 [i]。与之对应的齐齿呼入声字，主要来源为中古山摄开口三四等字。乔中和如此安排，可能是为了凑齐四呼，故将中古咸摄和山摄开口三四等分别排列，以示来源不同而已，其实际读音已没有区别。柔律列字也只有入声字，这部分字主要来源于中古臻摄合口一等没韵字，如"孛没突卒猝忽骨窟兀"等。《中原音韵》将这些字列入鱼模韵或歌戈韵，韵母为 [u] 或 [o]。赵荫棠先生认为："孛佸柔律中所排之入声'卒''猝''忽''骨'等字无论如何也不能读为 [ɛ] 或 [ɤ] 音，是盖附会宫律所致。"[1]但在现代河北方言中仍保留 [uɤ] 韵，所以我们认为应该保留这个入声韵类。综上，孛佸有五个韵类，拟音为 [uɛʔ, iɤ, iɛʔ, yɤ, yɛʔ]。

（十二）卜佸

《元韵谱》卜佸收字主要来源于中古遇摄及通摄的入声字，即鱼、虞、模及入声屋、沃、烛韵字，相当于《中原音韵》的鱼模韵。

《中原音韵》鱼模韵有两个韵类，即 [u, iu]，只有合口，没有开口，这与中古遇摄是一致的。明代兰茂的《韵略易通》将《中原音韵》鱼模韵分为呼模和居鱼二韵，说明居鱼与呼模有差别，其对立已经不是《中原音韵》[u] 与 [iu] 的对立，复元音 [iu] 已演变

---

① 赵荫棠：《等韵源流》，商务印书馆1957年版，第222页。

成单元音［y］，成为［i］的撮口呼，故兰茂的《韵略汇通》将［y］与［i］合为居鱼韵。《元韵谱》卜佸比较复杂，四呼皆有列字。上平声"呼韵"卷末按语注："是韵也集鱼虞模三韵之阴声。按：模，柔律也；虞，柔吕也；鱼，刚律、刚吕也。沈之分最精，于此乃见。"我们考察了卜佸的列字情况，并非如按语所言。下面我们分别考察了柔律、柔吕、刚律、刚吕四呼的列字及中古来源：

【柔律】

模韵合口一等：晡补布蒲普铺模暮姥都堵妒琭徒土兔奴努怒卢鲁路租祖祚麤徂醋苏诉乌侉坞污呼胡虎互孤古顾枯苦库吾五悟

虞韵合口三等：夫扶府赴无武务儌嫟雏刍菽毹数

屋韵合口一三等：卜扑福木目渎秃肭禄镞簇速祝俶叔屋縠谷哭

【柔吕】

虞韵合口三等：擩娄屡缕聚趋取娶须尳朱主注枢敔输殊竖树儒乳孺迂喻羽妪盱诩煦拘矩句驱呴龋驱虞麌遇

屋韵合口三等：衄六蹙蹴肃逐畜孰肉郁菊曲砡

【刚律】

鱼韵合口三等：菹阻助初鉏楚楗蔬所疏

沃韵合口一等：笃媷褥沃鹄告酷

屋韵合口三等：磝槭朩

【刚吕】

鱼韵合口三等：袽女驴吕虑怚咀苴疽且覷胥徐醑絮诸宁着摅杵除处书蜍暑恕如汝茹淤余与预虚许嘘居举据墟渠去鱼语御

烛韵合口三等：足促粟烛触束辱欲旭挶曲玉

通过上面的分析可见，柔律舒声列字主要为中古遇摄合口三等虞韵字，刚律舒声列字为中古遇摄合口三等鱼韵字；柔律入声列字为中古通摄合口一等屋韵字，刚律入声列字为中古通摄合口一等沃韵字。元代《中原音韵》这两组字已没有区别，均读合口呼。乔中和如此安排，可能是受到《五音集韵》的影响，只是为了区别中古来源不同罢了，其音值是没有区别的。柔吕与刚吕列字的情况与此一样，只是中古来源不同，其音值没有区别，均读撮口呼。因此，卜佸共有四个韵类，即 [u, uʔ, y, yʔ]。

三、《元韵谱》的韵母表

以上通过分析十二佸的列字情况，并结合韵书上平声每韵后的按语说明，详细分析了《元韵谱》每个韵部所包含的韵母数。总体而言，《元韵谱》阳声韵由于四呼俱全，比较整齐，但阴声韵由于受到乔中和易学数理观念的影响，人为地凑齐四呼，所以个别韵类并不是实际语音的反映，这给我们的分析和考订带来了一定的困难。《元韵谱》十二韵部共五十个韵类，其中入声韵类十六个。

《元韵谱》韵母表：

	开口		合口		齐齿		撮口	
骈佸	əŋ		uəŋ		iŋ		yŋ	
掾佸	əu				iəu			
奔佸	ən		uən		iən		yən	
般佸	an		uan		ian		yan	
褒佸	au				iau			
帮佸			uaŋ		iaŋ			
博佸	o	oʔ	uo	uoʔ	ioʔ			
北佸	ï	eiʔ	ui	uiʔ	i	iʔ		
百佸	ai	aiʔ	uai	uaiʔ	iai			
八佸	a	aʔ	ua	uaʔ	ia	iaʔ		
字佸			uɜʔ		iɛ	iɛʔ	yɛ	yɛʔ
卜佸			u	uʔ			y	yʔ

四、关于韵母系统的几个问题

（一）关于中古入声韵的改配和分并

中古《切韵》系韵书四声相配，入声与阳声韵相配，其格局为 [-p] 配 [-m]，[-t] 配 [-n]，[-k] 配 [-ŋ]。随着语音的演变，入声韵尾混同，演变成喉塞尾［ʔ］，传统的入配阳的格局逐渐被打破。由于主元音的相同或相近，逐渐形成了入配阴的格局，如《七音韵》、《蒙古字韵》等。对于入配阴，竺家宁先生认为："当入声韵尾转为喉塞音之后，前后的元音所担负的功能便相对的增强，因此，在语音的近似度上来说，配阴声比配阳声更为合适。这是宋代语料普遍以入配阴的理由。"① 除此之外，中古一些韵图，如《切韵指掌图》、《四声等子》、《切韵指南》等，把入声韵既排在阳声韵之下，又排在阴声韵下，这就是"阴阳兼配"或"入配阴阳"。对于这种现象，甯忌浮先生认为："它们不是共时的语音现象，入配阳是因袭旧韵旧图，入配阴是现实语音在韵图上的反映。"②

入声韵改配阴声韵，同时也将中古的入声韵进行了分并，如《七音韵》将 34 个入声韵分并为 29 个字母韵，《蒙古字韵》则进一步并为 6 个。这与三大韵图（《切韵指掌图》、《四声等子》、《切韵指南》）相比，既有相同之处，又存在差异。对于这种差异，甯忌浮先生认为可以从两方面进行解释：一是方言有别；二是韵图排列体例技术上的限制。③ 明代虽有韵书韵图仍是入声配阳声韵，但也对入声韵进行了分并。如《韵略易通》对中古入声韵的分并主要以摄为单位，如通摄东、冬、钟韵合为东洪，其入声屋、沃、烛也与东洪韵相配；江摄江韵与宕摄阳、唐韵合为江阳韵，其入声觉与铎、药也与江阳韵相配。从表面上看，中古的［-p］配［-m］，［-t］配［-n］，［-k］配［-ŋ］格局分而不混，实际上这是一种崇古的表现。《韵略汇通》虽承袭入配阳的格局，但对入声韵的分并则与《韵略易通》不同，《韵略汇通》将中古入声韵分成六类，如下表所示：④

---

① 竺家宁：《宋代入声韵的喉塞音韵尾》，载《近代音论集》，台湾学生书局 1994 年版，第 216 页。

② 甯忌浮：《〈切韵指南〉入声韵兼配阴阳试析》，《语言研究》1991 年增刊。

③ 甯忌浮：《古今韵会举要及相关韵书》，中华书局 1997 年版，第 19 页。

④ 参见李子君《论〈音韵集成〉对中古入声韵的分并》，《古汉语研究》2003 年第 3 期。

《汇通》韵类	《广韵》入声韵类		
	-p尾	-t尾	-k尾
1		没物唇音	屋沃烛
2	缉	质迄	陌开三昔锡术物喉牙职（照二除外）
3	合喉牙盍喉牙	末曷喉牙	铎药觉
4	洽狎合舌齿盍舌齿乏	月唇音曷舌齿黠	
5		栉	职照二德陌开二麦
6		薛屑月喉牙	叶业帖

可见，《韵略汇通》对中古入声韵的分并已经打破了［-p，-t，-k］的界限。李子君先生认为是以入声韵为单位，不与阳声韵分合同步进行，也不考虑中古韵摄的异同。并且指出《韵略汇通》这种分并承袭了莫铨的《音韵集成》。实际上，这种归并已经突破了入声韵的概念，而是以实际语音为准，以字为单位进行归并，如曷韵喉牙音字归入第三类，而舌齿音字归入第四类；合、盍韵喉牙音字归入第三类，舌齿音字归入第四类。

《元韵谱》韵分十二，其中前六韵没有配入声字；而在后六韵，配有入声字。由此可见，《元韵谱》将中古入声韵归并为六类，此六类与《韵略汇通》六类的归并是否一致呢？下面先将其入声韵的归并列表如下（括号内为韵摄）：

《元韵谱》对入声韵的分并：

《元韵谱》韵类	《广韵》入声韵类		
	-p尾	-t尾	-k尾
1 博佰			铎药（宕）觉（江）
2 北佰	缉（深）	质迄栉物（臻）	德职（曾）术（臻）
3 百佰			麦陌昔锡（梗）
4 八佰	洽狎合盍乏（咸）	末曷黠辖（山）	
5 孛佰		没（臻）薛屑月（山）	叶业帖（咸）
6 卜佰			屋沃烛（通）

通过上表可见，《元韵谱》对入声韵的归并完全打破了入声韵尾［-p］、［-t］、［-k］的界限，与《韵略汇通》是一致的，此时的入声已演变成一个喉塞韵尾［ʔ］。但《元韵谱》所归并的六类与《韵略汇通》是不同的。《元韵谱》对中古入声韵的分并是以入声韵为单位，但同时也照顾了中古的韵摄，以百佸为例。百佸入声为中古梗摄麦陌昔锡韵，其中昔、锡韵在《中原音韵》已经归入齐微韵中，其韵母为［i］。此后的《韵略汇通》也是如此，通过上面的图表可知，中古入声韵昔、锡与职、质、迄、缉是合为一类的。而《元韵谱》却将昔、锡韵归入百佸，与麦、陌合为一类，很明显是照顾了中古的韵摄。由此，也就不难理解为何在百佸中出现了以［i］为韵母的入声字了。综上所述，元明时期的韵书韵图基本上将入声韵归并为六类或者七类，这种状况已经完全突破了编撰体例技术上的限制，主要是由于方言的差异。无论以入声韵为单位，还是以字为单位，都力图按照实际的语音进行归并，这也是元明时期韵书韵图反映时音性的一个表现。

（二）唇音字的开合问题

《元韵谱》运用"声介合母"来展现其声母系统，表面上比较复杂，为每个声母设立四个小母，以此来区别介音的不同。《元韵谱·七十二母释》载："兹于见字外，别立光、倦、庚三母，而四响各用，如光奔为昆，倦奔为君，庚奔为根，见奔为巾。……于旧三十六位删之十九，四焉而为七十六，去蒙音四得七十有二，数出自然，非强也。"为了韵图的整齐划一，乔中和设立了四个蒙音。《元韵谱·蒙音释》载："宫乙而已生四响，至后佸去之则缺，加之则赘，阴梓焉，而注曰蒙。"帮母重出二次，列于柔律，又列于柔吕和刚律，列于柔吕、刚律两处的帮母被阴梓。滂母、门母重出一次，列于柔律，又列于刚律，列于刚律的滂母、门母被阴梓。此外，由于受到易学数理观念"天九地十"的影响，乔中和并未将轻唇音非母和微母单列，而是将非母列于柔吕滂母下，微母列于柔吕门母下，下面以奔佸为例。

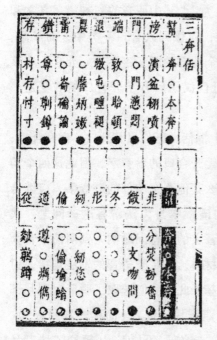
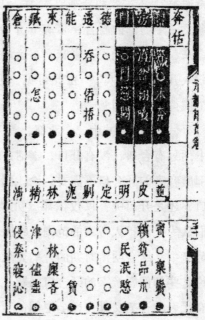

　　按照韵图的格式，《元韵谱》每佸刚律的唇音字皆被阴梓，也就是说从韵图格式来看，每佸唇音字皆为合口字，不存在开口、合口的对立，但在实际音值上难道没有开口和合口的区别吗？答案是否定的。

　　关于唇音字的开合口问题，一直是近代汉语语音研究中有争议的问题。元代《中原音韵》有十个韵部唇音没有开口、合口的对立，这部分唇音字究竟应读为开口还是读为合口呢？诸家都有详细的分析和讨论，其中一致的较多，但在个别韵部唇音的处理上存在差异，有的放在开口，有的列入合口。邵荣芬先生认为《切韵》时代唇音不分开合，现代普通话亦然，而《中原音韵》唇音字有合口，很难解释其演变。因此，将《中原音韵》唇音字一律置于开口之中。① 杨剑桥先生根据《中原音韵》同时代的语音材料，如《蒙古字韵》、《四

　　① 邵荣芬：《〈中原音韵〉音系中的几个问题》，载《中原音韵新论》，北京大学出版社 1991 年版。

声通解》、《古今韵会举要》等，认为："《中原音韵》齐微、真文和歌戈三个韵部的唇音字带有 u 介音，应该列入合口一类中，而江阳、皆来、寒山、先天、家麻、车遮六个韵部的唇音字不带 u 介音，应该归入开口一类中。"① 由此可见，近代汉语唇音字开合口的演变是一个值得关注的问题。

《元韵谱》共十二个韵部，其中搽佸、褢佸只有开口，没有合口；卜佸只有合口，没有开口；字佸并无开合口的唇音字，因此这四个韵部唇音字的开合口不需要讨论。那么其他八个韵部的唇音字，应读合口，还是开口呢？仅仅依靠《元韵谱》本身无法解答这一问题，我们认为应该扩大考察的范围，将唇音字的开合问题纳入到明清语音大环境中，结合明清时期的音韵文献材料，立足于语音的发展规律，讨论这些韵部唇音字的开合口问题。基于此，我们选取了明清时期几部有代表的音韵文献，即金尼阁的《西儒耳目资》（简称"耳目资"）、徐孝的《等韵图经》、李登的《书文音义便考私编》（简称"便考私编"）、樊腾凤的《五方元音》作为讨论范围，考察这些音韵文献是如何记录和处理唇音字的开合口问题。

例字	耳目资	等韵图经	便考私编	五方元音
巴	a	a	a	a
麻	a	a	a	a
波	ɔ	uo	ɔ	uo
坡	ɔ	uo	ɔ	uo
摆	ai	uai	ai	ai
埋	ai	uai	ai	ai
悲	uei	ei	uəi	uei
肥	uei	uei	uəi	uei
班	an	an	an	uan
般	uɔn	an	uɔn	uan
奔	uen	ən	uən	uən

① 杨剑桥：《汉语现代音韵学》，复旦大学出版社 1996 年版，第 218 页。

续表

例字	耳目资	等韵图经	便考私编	五方元音
盆	uen	ən	uən	uən
邦	aŋ	aŋ	ɒŋ	aŋ
棒	uaŋ	aŋ	ɒŋ	aŋ
崩	əŋ	əŋ	əŋ	uŋ
蒙	uŋ	uŋ	uŋ	uŋ

　　根据以上材料可见，明清几种音韵文献对于各韵唇音字开合口的记录和处理较为复杂。从某一种音韵文献来看，对各韵唇音字的处理，或列于开口，或列于合口，如《等韵图经》"巴、麻、悲、班、般、奔、盆、邦、棒"为开口，"波、坡、摆、埋、肥、崩、蒙"为合口；综合几种音韵文献来看，对同一个韵部唇音字的处理也不相同，如"波、坡"，《耳目资》、《便考私编》为开口，《等韵图经》、《五方元音》为合口；再如"奔、盆"，《等韵图经》为开口，《耳目资》、《便考私编》、《五方元音》为合口。明清音韵文献对于唇音字开合口的处理，体现了当时唇音字的发展现状，即明清时期正处于唇音字演变的动态过程中，开口也好，合口也罢，并没有形成社会统一认可的标准和规范。实际上，唇音后的 u 介音，本来就不稳定，很容易发生消变。潘悟云先生认为："中古唇音后面的合口成分实际上是一种过渡音"，"如果主元音的舌位是非前的（即央后元音），同时韵尾的舌位是前的，那么唇音后面就会产生一个合口的成分。"[①] 因此，对于演变过程中的唇音字，拟为开口或合口，从理论上都是可以的，在实际音值上，可能会因基础方言不同而异，因人而异。

　　（三）止摄开口三等"儿而二耳尔"等字的音值

　　止摄开口三等的部分日母字，如"儿、而、二、耳、尔、佴、迩"等字，在中古时期属日母，随着语音的演变，声母脱落，归入影母中，并带有卷舌的成分，从而形成了一个新的舌尖元音，即 [ɚ]。

---

① 参见杨剑桥《汉语现代音韵学》，复旦大学出版社 1996 年版，第 223 页。

[ɚ] 音的产生是近代汉语中的一项重要语音演变，也是目前北方汉语方言中普遍存在的语音现象。目前学术界对 [ɚ] 音的发音原理及产生动因均有深入的研究，如关于 [ɚ] 音的发音原理，王力先生指出："舌尖元音 [ɚ] 是北京话及某些汉语方言里的一种特殊的元音，发音时舌头的位置比中部元音 [ə] 稍前，舌尖向硬腭前部翘起，带有卷舌的 [r] 的色彩。"① 关于 [ɚ] 音产生的动因，唐作藩先生认为："'儿'类字音由 [ʐɿ] 演变为 [ɚ]，是由于卷舌声母 [ʐ] 和卷舌韵母 [ɿ] 发音近似，互相影响，声母 [ʐ] 的辅音性质弱化与韵母 [ɿ] 结合，元音变成混元音 [ə] 带一个卷舌尾音 [ɹ]（或作 [r]）。所以 [ɚ]（或作 [ər]）确实具有复韵母的性质。"② [ɚ] 音产生于何时？目前学术界众说纷纭，莫衷一是。

　　在《元韵谱》北侇中，止摄开口三等"而、尔、二"等字列于日母下，并没有影母一读，与《中原音韵》是一致的。"在《中原音韵》里，这些字是属于支思韵的，可见 14 世纪的读音是ʐɿ。现代'日'字读ʐɿ，当时却不读ʐɿ，而是读 [ʒi]，所以《中原音韵》把'日'字归入齐微韵。"③ 除了《元韵谱》外，明清时期很多韵书韵图都将这些字列于日母之下，并没有影母读音，如兰茂的《韵略易通》、毕拱辰的《韵略汇通》、阿摩利谛的《谐声韵学》、李登的《书文音义便考私编》、樊腾凤的《五方元音》等等。从表面来看，止摄开口三等"而、尔、二"等并未发生演变，[ɚ] 音尚未产生。但明末代表北京话的徐孝的《等韵图经》（1606）却将这些字列于影母下。陆志韦先生认为："'尔二而'已经列在影母之下，正同《西儒耳目资》的'ul'，大概就是今国音的'ər'。"④ 对于这些字的性质，徐孝也有说明，《凡例》称："世俗久用至当之音，原韵虽系无形，

　　① 王力：《汉语音韵》，中华书局 1991 年版，第 3 页。
　　② 唐作藩：《普通话语音史话》，语文出版社 2000 年版。
　　③ 王力：《汉语史稿》，中华书局 1980 年版，第 165 页。
　　④ 陆志韦：《记徐孝〈司马温公等韵图经〉》，载《陆志韦近代汉语音韵论集》，商务印书馆 1988 年版。

亦用黑字领率：谓内而所他哈打雷之类。"可见，当时语音已产生
[ɚ]音，至少在北方基础方言口语中已经出现，只不过其读音为俗
音。此外，根据周赛华先生的研究，河北易水赵绍箕的《拙庵韵悟》
（1674）、大兴徐鉴的《音泲》（1817）也都记录了"而二尔"读
[ɚ]音这一语音现象，并且均指出这种现象为时俗音，这与《等韵
图经》的情况基本是一致的。同时，周赛华先生通过考察与《等韵
图经》相配合的韵书《合并字学集韵》，发现耳、二等字仅有影母一
读［ɚ］，茸等字仅稔（日）母一读［ʐʅ］，尔、而、儿等字却有稔
（日）母和影母两读。因此，认为："'耳二'等字稔母音读已经被影
母音读所吞没，口语音已经取代了读书音。而'而尔儿'诸字稔母
读音、影母音读并存，这说明稔母读音正在逐渐趋于消失，［ɚ］音
正在逐步扩散，即正处于音变过程之中，音变还没有最后完成。可是
'茸'等字只有稔母音读，说明音变还没有开始。《图经》里的这种
音变状况表明［ɚ］音正在形成之中。"① 也就是说在 17 世纪［ɚ］
音正在形成中，但还没有得到社会的承认，只是"世俗久用至当之
音"，因此明清时期很多韵书韵图并未记录其俗音，仍将这些字列于
日母之下。随着语音的演变，［ɚ］音逐步扩散，影母字的读音逐步
取代了日母字的读音，口语俗音逐步取代了读书音，并得到了社会的
认可，从而发展成为今天普通话及大部分方言中的情况了。

（四）蟹摄开口二等牙喉音字的音值

蟹摄开口二等牙喉音字，如"谐蟹皆街揩揢"等，在元代《中
原音韵》中发生腭化，产生了 i 介音，与"海凯孩捱"等开口一等字
产生区别，其音值为［iai］。在《元韵谱》中，蟹摄开口二等牙喉音
字列于百佸刚吕中，其音值也为［iai］，与《中原音韵》是一致的。
此外，明代后期音韵文献《韵略易通》、《西儒耳目资》、《韵略汇
通》、《等韵图经》、《书文音义便考私编》等，清代前后期音韵文献
《五方元音》、《谐声韵学》、《正音咀华》、《正音通俗表》、《官话新

---

① 周赛华：《徐孝〈等韵图经〉中卷舌元音之再探》，《语言研究》2003 年第 2 期。

约全书》、《李氏音鉴》等，这些字都读［iai］韵。甚至在明清曲韵书中，如《琼林雅韵》、《词林韵释》、《中州音韵》、《中州全韵》、《诗词通韵》、《音韵须知》、《曲韵骊珠》、《新订中州全韵》等，都列有［iai］韵。① 由此可见，［iai］韵产生后一直存在于明清时期的语音系统中。关于［iai］韵的演变时间，郭力先生认为应在清末，"在《李氏音鉴》中，皆、佳韵的牙喉音字自成一韵，与读 iε 韵母的麻韵三等字划然两类，当仍读 iai 韵母。到《官话萃珍》中，情况才大变，原读 iai 韵的皆、佳韵字（如'街皆堦解鞋懈蟹'等）都失去了 iai 音，与 iε 韵的麻韵三等字（如'姐些斜邪写谢'等），咸摄入声（如'接捷劫'等），山摄入声（如'揭疖竭洁结杰歇蠍楔褻'等）字读为同韵了"②。实际上，明代［iai］韵已发生了演变，王荔《正音捃言》将"街阶皆谐"等字列入十六皆，与"车蛇赊奢靴邪"等字合为同一韵部即是明证。唐作藩先生指出："从《中原音韵》到《正音》，还有一个明显的变化，这就是《中原音韵》的皆来韵，凡现代念 ai 韵的字，《正音》归第八该部，而现代念 ie 韵的字如'街、皆、阶、鞋、谐'等字则入十六皆部。"③［iai］韵在明代基础方言口语中已发生了演变，可能因是俗音，并未获得社会的认可，故明清时期音韵文献材料中并未著录这一音变。

关于［iai］韵的演变机制，王力先生指出："自从佳皆喉音字插入了韵头 i 之后，很快地就起异化作用，排斥了韵尾 i，同时韵头 i 也使主要元音的发音部位提前，变为 e。"④ 从［iai］韵的舌位发音来看，是"高—低—高"模式，从而形成了介音［i］和韵尾［i］的矛盾，违反了发音省力的原则。按照王力先生的论述，［iai］韵产生后

① 明清曲韵书的材料主要参考陈宁《明清曲韵书研究》，华中师范大学出版社 2013 年版。

② 郭力：《〈司马温公等韵图经〉研究》，载《古汉语研究论稿》，北京语言大学出版社 2003 年版，第 53—54 页。

③ 唐作藩：《〈正音捃言〉的韵母系统》，《中国语文》1980 年第 1 期。

④ 王力：《汉语史稿》，中华书局 1980 年版，第 153 页。

由于受到介音［i］和韵尾［i］的影响，其音变应很快发生，明代王荔《正音捃言》将"街阶皆谐"等字列入十六皆正好印证这一观点。在今北京话及大部分北方方言中，韵尾［i］消失，同时介音［i］使元音高化，变成［ε］、［e］或者［E］。如下表所示：

方言点	蟹开二平皆见	蟹开二平佳见	蟹开二上蟹见	蟹开二去怪见	蟹开二上蟹匣	蟹开二平佳匣	蟹开二去怪见
	皆	街	解	介	蟹	鞋	戒
北京	［tɕie］	［tɕie］	［tɕie］	［tɕie］	［ɕie］	［ɕie］	［tɕie］
济南	［tɕiɛ］	［tɕiɛ］	［tɕiɛ］	［tɕiɛ］	［ɕiɛ］	［ɕiɛ］	［tɕiɛ］
西安	［tɕie］	［tɕie］	［tɕie］	［tɕie］	［ɕie］	［xæ］	［tɕie］
太原	［tɕie］	［tɕie］	［tɕie］	［tɕie］	［ɕie］	［ɕie］	［tɕie］
合肥	［tɕiE］	［tɕiE］	［tɕiE］	［tɕiE］	［ɕiE］	［ɕiE］	［tɕiE］
扬州	［tɕiɛ］	［tɕiɛ］	［tɕiɛ］	［tɕiɛ］	［ɕiɛ］	［ɕie］	［tɕiɛ］

"矮、挨、崖、隘、楷"等个别字，今北京话及各地方言读［ai］，介音［i］消失。这种演变较少，仅出现于影母及个别字，并不成系统。

（五）宕摄开口三等、江摄开口二等入声字的音值

宕摄开口三等、江摄开口二等的入声字，如"学觉确岳药谑脚却虐略爵鹊削"等字，列于《中原音韵》歌戈韵，根据甯继福先生的考证，这些入声字的音值为［iɔ］。在明清时期诸多韵书韵图中，这些入声字仍保留齐齿呼的读音，如《元韵谱》、《西儒耳目资》、《合并字学集韵》、《五方元音》等。在今北京话及大多数北方方言中，这些入声字已与山摄合口三四等入声字合流，读为［yɛ］。关于这项音变发生的时间，王力先生认为："药韵的非知照系字和觉韵喉音字转入车遮，则比较晚得多。发生的时代还没有能够考证出来，大约不会早于18世纪。在《圆音正考》里，'觉''决'还不同音。"[①] 根据文献材料所示，［iɔ］向［yɛ］的演变过程中，曾经历了［yɔ］。据

---

① 王力：《汉语史稿》，中华书局1980年版，第155页。

周赛华先生考证，[1]［yo］韵这种过渡状态出现于《李氏音鉴》、《音泭》、《音韵逢源》中，这些著作均为 19 世纪初中期的作品，而这项音变直到《官话萃珍》才完成。高晓虹、刘淑学从平行对称的角度阐述了［io］韵的演变动因，"主要元音 o 对其前的介音发生同化作用，使介音圆唇化，在《李氏音鉴》中就变为 yo。但 yo 仍然是孤立的，没有相应的开口与之对称，因此仍然是不稳定的。而与之相近的 ye 与 ie 开合对称，更为稳定，所以 yo 便向 ye 变化，到《音韵逢源》时这一变化已经完成"[2]。

第三节　《元韵谱》的声调系统

一、《元韵谱》声调系统概况

关于《元韵谱》的声调系统，卷首《五声释》载："五行之在干支也，无弗具。声之有五，亦犹音之有五也。盖一纵一横之妙，弗容缺也。声出于天，音生于地，韵成于人，何以谓虚乃声，窍乃音，气乃韵。天地以五行化万物，物各具一五行，何独于声而四之？音之五也：宫为土，徵为火，商为金，羽为水，角为木，其在声也。上平，宫；下平，徵；上声，商；去声，羽；入声，角。"可见，《元韵谱》共有五个声调，即：上平、下平、上声、去声、入声。并且乔中和还将五声附会于五行和五音，这种情况在明清时期韵书韵图中是相当普遍的。"等韵图是分析语音系统的，但是明清很多学者在编制韵图时，附会上许多玄虚的理论，诸如阴阳、五行、干支、卦象、时令、历法、律吕等内容，其中心思想，就是把语音说成是先验的神秘体系。这种附会之风在唐宋时期的音韵学中已经出现，如《玉篇》卷末所

---

① 周赛华：《〈合并字学篇韵便览〉研究》，湖北人民出版社 2005 年版，第 57—59 页。

② 高晓虹、刘淑学：《北京话韵母 o uo e ie ye 溯源》，《语言教学与研究》2008 年第 1 期。

附'五音声论'就是把喉牙舌齿唇五音附会于五方;邵雍的《声音唱和图》以声音附会于天地(天声地音)及日月星辰、水火土石等。到明末清初这种风气大为泛滥,影响到当时大多数等韵作者。"①

《元韵谱》上平、下平即今普通话的阴平、阳平,黄云师《元韵谱序》载:"壬寅夏四月作石钟游,文衣乔令君以其尊甫先生《韵谱》见示,予受而读之,谓曰:'隐侯四声,今增五,何也?'曰:'为阳平设也,阴平宫,阳平徵,上声商,去声羽,入声角也。'"黄序作于顺治甲午年(1654)。由此可见清代初期阴平、阳平的使用已相当普遍了,即使在明末,阴平、阳平的概念也很清楚,只是所用术语存在差异,如桑绍良称之为"沉平"、"浮平",徐孝称之为"平声"、"如声",《五方元音》用"上平"、"下平"。中古平声已分为阴、阳二类,并且演变规律与今普通话、大多数方言一致,按声母的清浊出现分化,即清音变成阴平,浊音变成阳平。这项演变在元周德清《中原音韵》已经完成了,这里就不再赘述了。此外,韵书中一部分上声字混入去声,入声的性质也与中古不一致,特别是关于入声,学术界还存在一定分歧,下面仅对入声和全浊上声等问题进行深入的讨论。

二、全浊上声字的演变

全浊上声字的演变,是汉语语音史上一项重要音变。"牵涉到汉语语音历史发展的规律问题,也牵涉到汉语特有的声调的变化问题。"② 关于《元韵谱》中全浊上声字的演变,赵荫棠的《等韵源流》,李新魁、麦耘合著的《韵学古籍述要》,耿振生的《明清等韵学通论》都未曾论及。丁锋的《琉汉对音与明代官话音研究》认为:"《元韵谱》浊上仍读上声,代表了某种方言。"③ "浊上归去"中

---

① 耿振生:《明清等韵学通论》,语文出版社 1992 年版,第 97 页。

② 杨耐思:《北方话"浊上归去"来源试探》,载《近代汉语音论》,商务印书馆 1997 年版。

③ 丁锋:《琉汉对音与明代官话音研究》,中国社会科学出版社 1995 年版,第 65 页。

"浊"为全浊声母，浊上归去应发生于浊音清化之前。如浊音清化后，全浊声母混入清声母中，浊上归去就失去了演变的条件。通过《元韵谱》声母系统概述，可知《元韵谱》所反映的音系中，全浊声母消失，已混入清声母中。按照语音演变的规律，浊上归去应已经完成。我们考察了《元韵谱》中的全浊上声字，发现韵书中已明确标明读为去声。如：

互韵端母：杜，甘棠，牝曰～，牡曰棠。肚，上二音旧上声。

耀韵臧母：造，灼龟烧荆处，又作也，本上声，今呼（去声）。

耀韵臧母：皂，黑色，俗作皂。～荚，～隶。本上声，今通呼去声。

漾韵心母：象，大兽。像，形～。橡，～栎实。以上三字本上声，《易通》通呼（去声）。

海韵三母：已，古上声，《原训》作去。

有韵影母：诱，本音。今通呼去声。

此类例子还有很多，下面列举《元韵谱》中全浊上声归去声的常用字。如：

並母：罢、倍、被、鲍、伴、牝、並

奉母：父、妇、负、忿、愤

定母：堕、惰、杜、肚、道、稻、淡、诞、断、囤、荡、动

从母：坐、聚、在、造、皂、渐、践、尽、静

邪母：似、祀、巳、象、像

澄母：柱、朕、篆、仗、杖、重

崇母：撰、馔

船母：葚

禅母：市、恃、甚、善、上

群母：技、妓、件、圈、近

匣母：荷、下、汇、棍、後、后、厚、旱

根据上面的举例，《元韵谱》"浊上归去"的例字已遍布中古的全浊声母，因此，《元韵谱》全浊上声字已经变为去声。但在《元韵

谱》中，很多全浊上声字仍保留上声一读。

如奉母"愤"字，印韵注曰："懑也，又上声。""忿"字，注曰："悁怒也，又上声。"从母"静"字，映韵注曰："定也，寂也，又上声。"

在现代汉语中，"浊上归去"后，仅有极个别字保留上、去两读，如"混"字，既有上声一读，也有去声一读。但绝大多数字仅有去声一读，上声一读已消失了，并且"浊上归去"在元代《中原音韵》时已完成演变。因此，《元韵谱》中保留上声一读的现象，并非实际语音的反映，其原因可能如甯忌浮先生所言："这或许跟原始材料有关，《元韵谱》的韵字是从浊音没有清化的韵书中摘录的，如《五音集韵》。"① 此外，在《元韵谱》中还有一些全浊上声字没有变成去声，仍读上声。如并母的"部、簿、婢、棒"；奉母的"范、犯、奉"；定母的"挺、待、怠"；邪母的"叙、序、绪"；澄母的"雉、痔、峙、赵、兆、肇、纣"；禅母的"是、氏、社、竖、肾"；群母的"巨、跪、笴、舅、菌"；匣母的"亥、骇、蟹、浩、皓、混、项"等等。实际上，在现代普通话中，仍有部分全浊上声字读上声，没有变为去声，如定母"挺"。王力先生也曾提到："虽然也有少数的例外（'腐''釜''辅''缓''皖''窘''强''挺''艇'），但是全浊上声的发展规律是可以肯定的。"② 可见，部分全浊上声字未归入去声，并不影响全浊上声字的演变规律，这部分全浊上声字仍读上声，可能是当时实际语音的反映。

三、《元韵谱》入声性质的判定

入声历来是近代汉语语音研究中一个重要而复杂的问题。在明清韵书韵图中，有的保留，有的取消，由此可见入声问题在近代汉语研究中的复杂性。《元韵谱》作为明末清初的等韵化韵书，对其入声问

---

① 甯忌浮：《汉语韵书史》（明代卷），上海人民出版社 2009 年版，第 273 页。
② 王力：《汉语史稿》，中华书局 1980 年版，第 194 页。

题的考察也是非常有意义的。从《元韵谱》的编纂形式来看，入声是独立存在的，并没有并入平上去声中。且入声与阴声韵相配，改变了以往入配阳的格局。其入声的性质如何呢？以往研究成果对于《元韵谱》的入声问题，涉及较少。龙庄伟先生在研究《五方元音》时，曾对《元韵谱》诸问题进行过探讨，认为《元韵谱》"用入声字作韵目统摄韵部里的阴声韵字和中古入声字，这种做法在韵书韵图中是不多见的。这一方面说明乔氏不为传统韵图所束缚，另一方面也明明白白地表示，他的语音中，中古入声字已经与阴声字韵母相同，入声韵尾已经消失"。"《元韵谱》列出入声，大概是牵合传统，附会五行，实际语音中入声已不复存在。"[1] "乔中和就直接用入声字作为韵摄的标目字，这就是内丘话入声消失的直接证据。"[2] 并且根据道光十二年（1832）抄本《内邱县志·卷之三》记载的方言材料，证明内丘话的入声是读作阴声的。"尽管这里字数不多，但几种塞音韵尾的入声字都读同阴声字，考虑到编修方志时选择的字是有代表性的，这些字能够证明内丘话入声已读同阴声。"[3] 由此可见，龙庄伟先生推断《元韵谱》入声消失的论据有两个方面：一是用入声字作为韵目；二是道光十二年（1832）《内邱县志》记载的方言材料。

我们先来看《元韵谱》作者的论述。乔中和在序言中批评兰茂《韵略易通》"且注入声之有无正相误"，从而改变了其入配阳的格局，使入声与阴声韵相配。对此乔中和在卷首专门做了一则《寄归释》进行论述：

　　　平入之相合也，声各有归。何云寄？就等韵而言也。凡寄无
　　定，此可寄，彼亦可寄，择其便者而寄焉。如寄旅然，虽甚便，
　　终非本所，故云寄。归则生于斯，返于斯，故土旧风，性安而情

---

① 龙庄伟：《〈五方元音〉与〈元韵谱〉——论〈五方元音〉音系的性质》，《河北师院学报》（社会科学版）1996 年第 3 期。

② 龙庄伟：《〈五方元音〉音系研究》，《语言研究》1989 年第 2 期。

③ 同上。

适，问其终处，即是始处也。业归矣，则寄自虚，非虚也，各有本声，宁无字不欲其攘非类以相冒。嗟之平全而入缺，入全而平缺。又入止六佸，当平上去之半，此其数可以理迎，不可以笔吐。

乔中和认为入声原来"寄"在阳声韵，但"终非本所"，现归入阴声韵，"则生于斯，返于斯，故土旧风，性安而情适"。樊腾凤《五方元音》也将入声配阴声韵，其《十二韵目》载："前六韵轻清象天，其入声字音重浊不便混入，俱寄形于后韵中，故别为上卷。后六韵重浊象地，其入声字音亦皆重浊，取同类相从，五声备具，别为下卷。"樊腾凤认为入声本在阳声韵，今"寄"在阴声韵中。两人虽然对"入配阴"的解释不同，但"寄"本身已肯定地说明入声的性质发生了根本的变化，中古入声辅音塞尾［-p］、［-t］、［-k］的界限已消失。使入声韵与阴声韵的主要元音相同或相近，由入配阳改为入配阴了。由于入声韵尾的混同，可能变成一个喉塞韵尾［-ʔ］，从而打破了入声配阳声韵的格局，由于主元音的相同或相近，《元韵谱》便将入声改配阴声韵了。但入声改配阴声韵，只能说明中古入声塞尾发生了变化，不能等同说明入声读同于阴声韵。乔中和对于其"入配阴"的格局，可谓是洋洋得意，那么用入声字作为标目，从而来体现他的这种创造也是情理之中的事情。因此，用入声字作为标目，正是乔中和用以体现其"入配阴"格局的标志，不能作为入声消失的依据。

道光十二年（1832）《内邱县志》中的方言材料，的确有一部分入声字读作阴声韵字，但这与《元韵谱》相隔200多年，以此认为《元韵谱》入声消失似乎有些牵强。即使道光时期有一部分入声字读作阴声韵字，以此来判断当时内丘话的入声已经消失也是值得商榷的。因为直到现在，部分保留入声的方言中，仍有入声字读作阴声韵字，但这并不能否认方言保留入声的事实。因此，从《元韵谱》本身无法判断其入声的性质，不能武断认定其入声已经消失。

第四节　《元韵谱》的音系性质

前面三节我们从声母系统、韵母系统、声调系统三个方面对《元韵谱》的音系进行了详细的分析和描写，挖掘了《元韵谱》在明清语音研究中的重要价值。总体而言，《元韵谱》音系是以实际语音为基础，反映了明末清初的汉语口语音。但由于编纂者乔中和并非实际语音的记录者，而是以易学思想作为理论基础来建构"天地之元音"，在每个韵部中尽量凑齐四呼，以此来满足"虚无用以待有用"的设计理念，因此在某些韵类的设置及韵字的排列上难免会出现牵强附会的情况，这些现象并非实际语音的反映，在研究过程中我们要格外注意，一定要结合明清音韵文献材料进行综合考虑和判定。

对于《元韵谱》的音系性质，前辈学者看法不一。李新魁的《汉语等韵学》（1983）将《元韵谱》列入"表现明清口语标准音的等韵图"进行介绍，并指出："明清时代的共同语标准音，不可能像我们今天的普通话语音系统那么规范，那么整齐划一，真正地做到以一个地点方言的语音为标准，而只能是一种流行比较广泛，大家承认它就是'官音'、'正音'（或称'汉音'、'雅音'）的语音系统。"[1] 耿振生《明清等韵学通论》（1992）认为《元韵谱》是反映了河北地区的官话等韵音系。由于明清时期的官话并没有一个统一的标准，不同的人对官话的理解也不相同。"官话到了不同的地方，会在不同程度上接近当地的方言，吸收一些当地的语音成分，这样就形成地区性的官话变体，在不同的地区，不同的社会集团中，讲的不是完全一致的一种官话。"[2] 龙庄伟的《〈五方元音〉与〈元韵谱〉》（1996）认为："从总体上说，《元韵谱》的编撰不受传统等韵的束缚，作者根据自己的语音感觉，归纳出反映实际语音的声母系统和韵母系统，为

---

① 李新魁：《汉语等韵学》，中华书局1983年版，第283页。

② 耿振生：《明清等韵学通论》，语文出版社1992年版，第121页。

我们提供了一份真实的语音材料。""《元韵谱》音系的基础是乔中和的家乡话——内丘话。"① 可见，《元韵谱》的音系性质是一个值得关注的问题。本节在前人研究的基础上，从编纂主旨、语音系统两个方面讨论《元韵谱》的音系性质。

一、从编纂主旨推测《元韵谱》的音系性质

明代是韵书发展史上的第二个高峰，据甯忌浮先生《汉语韵书史》（明代卷）统计，有书名可查的就有 116 种，其中存世的 70 种，呈现出一派繁荣景象。通过对现存明代韵书的考察，"音韵峰出"主要集中在万历以后，不仅数量惊人，而且形式多样化，体现了作者的创新意识。李子君从明代科举八股取士的角度考察了明代音韵学繁荣的原因，"明代的情况与宋代恰恰相反，朝廷明令罢黜诗赋，专用经义取士，以《四书》《五经》命题，散文创作无须'官韵'作依凭，明初虽有官修《洪武正韵》颁行于世，但那只不过是朱元璋宣扬文治教化的一种手段，并不服务于科举，其功用与宋代'官韵'完全不同。所以明代一反宋朝官方垄断韵书编纂的局面，除了一部《洪武正韵》外，音韵学著作都是由私家撰作的，作者的身份地位形形色色，上到王公巨卿，下至文人、僧侣，甚至连外国人也参与了音韵的研究。几乎到了'人各操觚，家各摛藻'的地步，这是明代音韵发展的显著特点。由宋代的韵学在官，到明代的韵学在野，是音韵学发展的一大进步，它不仅有利于音韵学者充分发挥自己的聪明才智，也有利于音韵学的普及与繁荣"②。乔中和的《元韵谱》就是在这样的历史背景下出现的，在明代音韵学发展史上留下了浓重的一笔。那么，乔中和为什么要编纂《元韵谱》呢？其编纂主旨是什么？这对我们全面了解《元韵谱》至关重要。关于《元韵谱》的编纂，乔中和、崔数仞两篇序文均有详细的交代和说明，从中我们可以了解其

---

① 龙庄伟：《〈五方元音〉与〈元韵谱〉——论〈五方元音〉音系的性质》，《河北师院学报》（社科版）1996 年第 3 期。

② 李子君：《科举与音韵——明代音韵学繁荣的原因》，《长春大学学报》2008 年第 6 期。

编纂主旨，进而推测《元韵谱》的音系性质。

随着语音的发展演变，汉代之后人们读《诗经》等韵文材料感到不押韵了，如何解释这一现象呢？梁末沈重的《毛诗音》提出了"协句"说，宋朱熹的《诗集传》又提出了"叶音"说，其本质都是主观强改字音以求协和，是违背语言的发展规律。明代陈第《毛诗古音考》纠正了叶音说的错误观念，提出"时有古今，地有南北，字有更革，音有转移，亦势所必至"的历史发展观点。《元韵谱》乔中和自序也提出了自己的看法："自四声立而诗之不协十焉五，韵补成而不协犹十之三，抑未考其音之元乎？"何谓"元"？乔中和认为："夫元，万象咸罗，其森然列者不得以发爽，亦万化靡穷，其纷然变者不得以数计，抉其奥，不第协三百也。"因此，乔中和提出："人具唇舌齿喉牙，自当以呼吸缓急会天地之元音，岂泥故辙哉？"乔氏观点非常明确，重视实际语音，不泥故辙。一次偶然的机会，万历戊申（1608）乔中和与同乡友人崔数仞论及韵学，觉得以往诸家韵书都不尽如人意。乔中和自序称："昔邵子以十声十二音分日月星辰水火土石相唱和，用力精苦矣，而未免牵合；温公《指掌图》取自神珙三十六母，昔人谓夺造化之巧矣，亦不无复且略；兰廷秀氏删之为早梅诗二十字，似乎是然，而缺略者如故，且注入声之有无正相误。余自垂髫读诸家韵，觉未备天地之完音，而蓄疑久矣。"崔数仞序称："元安西刘士明因其成书，更加编纂，次为十六通摄，共成二十四图，名《切韵指南》。其间分门立类，既无条贯，而造例作歌，丑态种种，读之令人口污，真司马氏之罪人矣。余少慕声韵之学，而未睹所谓《指掌图》者，既于缁流处见《指南》二十四摄，或谓即司马氏之遗，余遂力为诵习，辄觉其支离复乱而不能竟其业，云是诚刘氏之谬妄乎，亦始法之不善乎？"总之，对诸家韵书均不满意，认为"未备天地之完音"。

此次讨论，两人在诸多问题上达成共识，"友人玄洲崔氏论声当为五，与鄙意欣欣契焉"（乔序），"得子之说，而其故可推，其失可证矣"（崔序）。同时，此次讨论也促使两人萌发了编撰韵书的想法，"余亦感其论议，潜心思维者数越月，计欲于五声之字各分为十二，而名例未定，且苦诸响繁杂，难于区画已"。（崔序）在崔数仞踌躇之际，乔中和已着手韵书的编撰，"遂稿创于是岁之春三月，迄六月而粗定，越辛亥之暮冬而乃克成誊本"。（乔序）乔中和将稿本送给崔数仞进行讨论，崔序载："还一以所纂《五声韵稿》一册示余，则十二数颇合，且定体立规，兼分之以刚柔律吕。余捧读之，而后喜可知也，盖其聪明别具夙慧哉。余既携其稿以归，复加绅绎，且数数面相讨论，互为铨定，凡几易寒暑，始克成编，而约其大旨，则增四声为五声也，合众韵为十二也，分十二为刚柔律吕也，列刚柔律吕以七音也，析七音清浊之响而各立以字母也，且正入声于本声之下而咸归于十二韵也。其间整纲辨目，若类繁严，而假彼叶此，道则无滞，盖其体方用圆，理固诚如是耳。"乔序云："凡十二易上下千余日，其梦醒也于斯，其哀喜也于斯，始而苦，既而甘，终而忘，不知其然而然，果是耶非耶？韵魔之相依耶？尝遡而忆之，或时而畏讥，或时而虑竭。玄洲诱焉策焉，弥搜弥远，转透而转安，其功多，其识力洪也。……是谱也，极知僭妄，聊以吾二人之心暴诸世，然自有知音者且旦暮遇也。"可见，从讨论到成稿，乔、崔两人在确定《元韵谱》音系框架以及成书方面费了很大的力气，也就是说在《元韵谱》编纂及成书过程中，崔数仞的作用不可忽视，发挥了重要作用，甚至可以说是编纂者之一。

《元韵谱》自万历三十六年（1608）创稿，于万历三十八年（1610）成书，历时三年多。前面提到乔氏提倡依据实际语音，不泥故辙，这体现了《元韵谱》编纂的主旨思想，不受传统韵书的束缚，而是根据语音感觉来编纂自己心目中的"天地之元音"。两人心目中所谓的"天地之元音"，必须有一个语音标准。语音标准是什么呢？首先我们需要了解一下乔、崔两人的生活经历。乔中和，生卒年不详，但从其生活经历可知，其大部分时间未曾离开内丘，虽有到外地做官的经历，但时间很短暂。[1] 崔数仞，与乔中和同乡，也是内丘人，

---

① 乔中和万历四十一年任垣曲县令，万历四十四年升任太原府通判，万历四十七年致仕，此后以私塾、著述为业，崇祯壬午曾纂修《内邱县志》。

万历辛卯（1591）举人，曾任山东寿张知县，编纂《元韵谱》时应已致仕在家。所以两人口耳所习应是家乡话，且未受到其他方言的影响。其次，明代内丘县隶属京师顺德府，且地缘与首都较近。由于地理和政治上的优势，主观上认为其使用的语言符合正音的标准，也是顺理成章的。因此，我们认为这部"备天地之完音"著作的语音标准就是两人平日所习用的家乡话——内丘话。

二、从语音系统考察《元韵谱》的音系性质

前面我们通过作者的编纂主旨推测《元韵谱》是以明末内丘话为基础，下面从语音系统进一步验证其结论，将《元韵谱》语音系统与今内丘话声韵调进行列表比较。

1. 声母系统之比较

表一

例字	布	普	木	夫	刀	淘	年	脑	连	老
《元》	p	p^h	m	f	t	t^h	n		l	
内丘	p	p^h	m	f	t	t^h	n		l	

表二

例字	资	足	此	促	私	俗	周	知	抽	除	时	书	人	日	锐	如
《元》	ts		ts^h		s		tʂ		tʂ^h		ʂ		ʐ			
内丘	ts		ts^h		s		tʂ		tʂ^h		ʂ		ʐ（文） ø（白）		l	

表三

例字	吉	迹	卷	其	齐	希	息	该	开	海	爱	业	有	元	未	五	声母数
《元》	k	ts	k	k^h	ts^h	x	s	k	k^h	x	ø	ŋ	ø	ŋ	v	ŋ	21
内丘	tɕ	ts	tɕ	tɕ^h	ts^h	ɕ	s	k	k^h	x		ŋ		ø			23

《元韵谱》共二十一个声母，今内丘话二十三个声母，通过比较，我们发现《元韵谱》与今内丘话声母系统相比，差异有三：第一，

《元韵谱》日母为 [ʐ]，今内丘话日母较为复杂，合口呼前读 [l]，在其他韵母前文读为 [ʐ]，白读为零声母；第二，《元韵谱》见精组细音尚未腭化，今内丘话见组已腭化，精组尚未腭化，尖团有别；第三，《元韵谱》微母、疑母独立，今内丘话中古微母、疑母与影母界限消失，但在开口呼前滋生鼻声母 [ŋ]。总体而言，两者声母系统较为接近，全浊声母清化，知庄章合流，两者声母的差异也符合语音的发展演变。

2. 韵母系统之比较

《元韵谱》保留入声，入声与阴声韵相配，此时的入声韵尾已完全混同，可能只是一个喉塞音，甚至只是一个短促的调子。今内丘话入声已经消失，入声韵也不存在，因此我们并没有将入声韵类纳入比较的范围。

表一

	资	知	儿	低	普	鱼	巴	家	瓜	歌	果	姐	靴
《元》	ɿ	ʅ		i	u	y	a	ia	ua	o	uo	iɛ	yɛ
内丘	ɿ	ʅ	ɚ	i	u	y	a	ia	ua	ɣ	uɣ	iɛ	yɛ

表二

	百	崖	怪	被	对	高	焦	斗	酒	盘	天	管	权
《元》	ai	iai	uai	ei	uei	au	iau	əu	iəu	an	ian	uan	yan
内丘	ɛ		uɛ	ei	uei	ɔ	iɔ	ou	iou	æ	iæ	uæ	yæ

表三

	根	金	准	遵	旁	娘	光	庚	京	翁	穷	韵母数
《元》	ən	in	uən	yən	aŋ	iaŋ	uaŋ	əŋ	iəŋ	uəŋ	yəŋ	36
内丘	ən	in	uən	yn	aŋ	iaŋ	uaŋ	əŋ	iəŋ	uəŋ	yŋ	36

可见《元韵谱》韵母数与今内丘话差别不大，区别在于《元韵谱》[ɚ] 韵尚未出现，今内丘话 [iai] 韵消失。

3. 声调系统之比较

《元韵谱》共五个声调：阴平、阳平、上声、去声、入声。平声已分化为阴平、阳平两类，且演变规律与普通话一致；全浊上声字大部分演变成去声；入声保留，但中古塞音韵尾混同，保留喉塞音，或只是一个短促的调子。今内丘话声调有四个，即阴平、阳平、上声、去声。与《元韵谱》相比，唯一的演变就是入声消失了，入声派入阴平、阳平、去声中。入声的消变一直是近代汉语语音研究的重要课题，明、清两代可以说是入声演变的重要时期，直到民国制定"国语"，仍保留入声。实际上，今内丘话入声消失的时间并不长，80年代出版的《中国语言地图集》、陈淑静《古四声在河北方言中的演变》（1994）把内丘县划归晋语区，即保留入声，但其范围仅为城关以西。刘淑学《中古入声字在河北方言中的读音研究》（2000）、孟蓬生《内丘县志》（1996）、吴继章《河北省志》（2005）都将内丘县划归无入声区，刘淑学根据内丘县城西4公里的永固村和城西40公里的南獐獏村两地发音人的材料，认为现代内丘话中入声已经消失。可见，今内丘话入声的消失大概发生在近20年的时间里，《元韵谱》声调系统应反映了明末内丘话的实际情况。

4. 个别字音之比较

以上我们从声韵调三个方面将《元韵谱》音系与今内丘话进行了全面的比较，总体而言，两者语音系统非常接近，个别语音差异也符合语音的发展演变。此外，我们在《元韵谱》中还发现很多有特点的读音，主要是指入声字，这些读音至今仍保留在今内丘话中，这也许更能体现《元韵谱》与今内丘话之间的密切联系。今内丘话入声字的读音主要参考刘淑学《中古入声字在河北方言中的读音研究》，如下表所示：

例字	音韵地位	《元韵谱》拟音	内丘话（白）	内丘话（文）
德	曾开一德端	tei	tei	tɤ
得	曾开一德端	tei	tei	tɤ

续表

例字	音韵地位	《元韵谱》拟音	内丘话（白）	内丘话（文）
忒	曾开一德透	tʰei	tʰei	
刻	曾开一德溪	kʰei	kʰei	kɣ
墨	曾开一德明	mei	mei	mɣ
勒	曾开一德来	lei	luei	lɣ
肋	曾开一德来	lei	luei	
默	曾开一德明	mei	mei	mɣ
责	梗开二麦庄	tʂai	tʂai	tsɣ
策	梗开二麦初	tʂʰai	tʂʰai	tsʰɣ
魄	梗开二陌滂	pʰai	pʰai	pʰɣ
帛	梗开二陌並	pai	pai	pɣ
册	梗开二麦初	tʂʰai	tʂʰai	tsʰɣ
隔	梗开二麦见	kai	tɕiɛ	kɣ
侧	曾开三职庄	tʂei	tsai	tsʰɣ
色	曾开三职生	ʂei	ʂai	sɣ
或	曾合一德匣	xuei	xuei	xuo
惑	曾合一德匣	xuei	xuei	xuo
伯	梗开二陌帮	pai	pai	po
迫	梗开二陌帮	pʰai	pʰai	pʰo
择	梗开二陌澄	tʂai	tsai	tsɣ
泽	梗开二陌澄	tʂai	tsai	tsɣ
核	梗开二麦匣	xai	xai	xɣ
获	梗合二麦匣	xuai	xuai	xuo
掴	梗合二麦见	kuai	kuai	
蝈	梗合二麦见	kuai	kuai	kuo
陌	梗开二陌明	mai	mai	mo
俗	通合三烛邪	sy		sy

《元韵谱》这些入声字的读音与今内丘话白读音基本一致，文白异读本质上是来源不同的两个或多个音韵层次处于同一共时语音系统中，文读来源于某一个强势或权威方言，白读则代表了方言的土语。因此，这些入声字的读音反映了明末内丘话的实际读音，今内丘话白

读层保留这些土语，与《元韵谱》是一脉相承的。

综上所述，无论从作者的编纂主旨来推测，还是从语音系统的全面比较来分析，特别是《元韵谱》中个别入声字的读音情况，都体现了与今内丘话之间的密切关系。因此我们认为《元韵谱》的音系基础是明末的内丘话，但不是说《元韵谱》完全反映明末内丘话。《元韵谱》是一部以易学为理论框架而构建的音系，易学色彩浓厚，为了体现天地自然之数，在音系构建上主观设立一些虚假音类，以成就其"天地之完音"。这些主观设立的虚假音类不是当时语音的实际反映，必须要格外关注。如排除这些虚假音类，《元韵谱》仍然是一份真实的、活生生的反映明末内丘话的语音材料。

第六章

《元韵谱》入声字的文白层次

入声问题历来是近代汉语语音研究中比较复杂的课题，之所以说复杂，主要因为它既涉及韵母问题，又涉及声调问题。但笔者个人认为入声主要还是韵母问题，中古时期入声韵保留 [－p]、[－t]、[－k]，与阴声韵韵母有明显的区别，随着入声塞音韵尾的归并直至脱落，入声韵与阴声韵之间的区别性特征消失了，入声字经过一段时期的调整和重组，分别并入其他阴声韵中，入声韵不复存在。古人由于缺乏科学的认知，将塞音韵尾的差异与音高的调类差异混淆，将发音短促的入声韵也作为一个独立的调类，因此使汉语史上的声调问题复杂化了。本章我们主要从韵母的角度来考察《元韵谱》的入声问题。

《元韵谱》韵分十二佸，其中前六佸不列入声字，仅后六佸有入声字，入声与阴声韵相配。《元韵谱·寄归释》："平入之相合也，声各有归。何云寄？就等韵而言也。凡寄无定，此可寄，彼亦可寄，择其便者而寄焉。如寄旅然，虽甚便，终非本所，故云寄。归则生于斯，返于斯，故土旧风，性安而情适，问其终处，即是始处也。业归矣，则寄自虚，非虚也，各有本声，宁无字不欲其攘非类以相冒。嗟之平全而入缺，入全而平缺。又入止六佸，当平上去之半，此其数可以理迎，不可以笔吐。"乔中和认为入声原来"寄"在阳声韵里，现在"归"入阴声韵，将入声配阴声韵，则是"返于斯"，"性安而情适"，这也是序言中批评兰茂《韵略易通》"且注入声之有无正相误"的原因。关于《元韵谱》入声的性质，汪银峰《试论〈元韵谱〉的声调系统》（2010）认为《元韵谱》中保留入声，是当时语音的实际反映。由于入声韵尾的混同，而变成一个喉塞韵尾［-ʔ］或是一个短促的调子，从而打破了入声配阳声韵的传统格局，但由于主元音的相同或相近，《元韵谱》便将入声改配阴声韵了。① 近代汉语入声改变了入配阳的格局，而与阴声韵相配，一方面说明中古入声字的塞音韵尾已发生了变化，失去了与阳声韵相配的语音条件；另一方面通过入声与阴声韵的相配情况，可以考察入声字的读音及演变，这也是我们考察入声字发展演变的一个重要视角。

第一节　《元韵谱》入声字的读音及层次

张新《〈元韵谱〉入声字文白异读探析》（2010）从入声字文白异读的视角，并以北京话音系为参照，认为《元韵谱》音系是个文白叠置的音系。张文视角独特，考察细致，但结论有待商榷。文白异读是汉语方言中较为常见的语言现象，徐通锵指出："'文'与'白'代表两种不同的语音系统，大体说来，白读代表本方言的土语，文读则是以本方言的音系所许可的范围吸引某一标准语（现代的或古代的）的成分，从而在语音上向这一标准语靠拢。"② 文白异读的实质是来源不同的两个或多个音韵层次处于同一共时语音系统中，但由于进入的时间不同，文白异读的形成需要经历一个漫长的时期，且文白层次一直处于此消彼长的竞争状态中。为了更深入了解文白异读，特别是文白异读的形成及发展过程，必须结合文献材料进行综合考察。如高晓虹《北京话入声字文白异读的历史层次》（2001）通过排比不同时期的文献材料，考察北京话入声字文白异读的历史层次，认为："今北京话入声字文白异读的特点并不是现在才有的，实际上是不同历史层次的异读在今北京话的共时沉积。它的雏形出现在元代，或者还要早一点，那时只有宕江通摄的入声字韵母不同，最后定形在清

---

① 汪银峰：《明末以来内丘、尧山语音的演变研究》，辽海出版社2010年版，第252页。
② 徐通锵：《历史语言学》，商务印书馆2001年版，第384页。

代，民国和今天的文白异读都是清代的延续。"今河北内丘话也存在文白异读现象，特别是中古入声字的文白异读比较突出。乔中和《元韵谱》以明末内丘话为基础，与今内丘话一脉相承，为我们研究内丘话文白异读的形成及发展提供了重要材料。本章在前人研究的基础上，分析《元韵谱》入声字的文白层次，结合今河北内丘话，考察文白层次的形成及发展。《元韵谱》入声字的文白层次并非个案，在明清韵书韵图中非常普遍，因此本文扩大考察范围，以入声字文白层次作为研究视角，选取明清时期几种有代表性的文献材料进行比较，综合考察《元韵谱》入声字文白层次的性质。

考察《元韵谱》入声字的读音，特别是确定入声字的文白层次时，我们认为不能依据今北京话音系，应结合今内丘话入声字的读音，来确定《元韵谱》入声字的文白性质。今内丘话入声字的材料主要依据孟蓬生《内丘县志·方言》（1996）和刘淑学《中古入声字在河北方言中的读音研究》（2000）。《元韵谱》入声字的文白异读主要集中在中古宕江摄、通摄三等、曾摄一等、曾摄三等庄组、梗摄二等、深臻摄开口三等入声字，下面以韵摄为单位分别进行分析。

一、宕江摄入声字的读音

宕江摄入声字，即中古铎、药、觉韵，收录于《元韵谱》博佸，与中古果摄读音相同，其韵母为 [o、io、uo]，结合今内丘话入声字的读音，判断《元韵谱》宕江摄入声字读音的文白性质，如下表所示：

《元韵谱》例字	《元韵谱》拟音	中古韵部	今内丘话	
			文读音	白读音
铎托诺落霍	uo	铎韵	uo	①
捉握	uo	觉韵	uo	
各恶	o	铎韵	ɤ	ɔ
略爵鹊削药脚	io	药韵	yɤ	ɕɔ
角学觉	io	觉韵	yɤ	ɕɔ

---

① 方言中有些字仅有一种读音，或为白读，或为文读。空白处表示无其他读音，下同。

由上表可知，宕江摄入声字在今内丘话中，文读音与果摄字读音合流叠置，白读音与效摄字读音合流叠置。《元韵谱》宕江摄入声字读音，与今内丘话文读音比较接近，具有传承关系。那么《元韵谱》宕江摄入声字是否存在白读音呢？张新《〈元韵谱〉入声字文白异读探析》(2010) 指出："虽然从编写体例上看寄部各佸不包含入声字，但在收录效摄的褒佸里，还是发现了一些宕江摄入声字：凿削勺跃约卓饺觉。这说明在《元韵谱》里宕江摄入声字存在白读音，韵基为 [- au]。"据张文所示，宕江摄入声字在《元韵谱》中既有文读音，也有白读音，存在文白异读。王洪君《层次与断阶——叠置式音变与扩散式音变的交叉与区别》(2010) 指出："因外来权威方言音系的进入而导致的新兴层次，是个外来形式（文读）循着'少数新兴词汇→文化词汇→一般词汇'的方向逐渐扩展的过程，而本地形式（白读）即使在最后阶段也往往能够保留在某些当地特有词汇中，一般会有 10%—30% 的旧形式留存，化石化而成为过去层次的标记。"① 张文所举《元韵谱》宕江摄具有文白异读的入声字并非属于当地特有词汇，且数量上非常少，由此得出宕江摄入声字存在文白异读的结论，值得商榷。解决问题的关键是如何解释宕江摄具有文白异读入声字"凿削勺跃约卓饺觉"的来源。我们知道在韵书发展史上，韵书间的传承是研究韵书非常重要的一个方面，也是研究任何一部韵书不可忽视的。"韵书是代代相传的。后世韵书常常是在前代韵书的基础上编纂而成，或者是增修，或者是简缩，或者是改并，或者是重编。"② 因此，我们在研究《元韵谱》时，绝不能仅仅关注韵书本身，还要考虑它的传承关系。《元韵谱》的编撰是以金人韩道昭《改并五音集韵》为蓝本，归并韵部和声母，收集韵字和注释。③ 我们考察了以上宕江摄具有文白异读的入声字在《五音集韵》的读音情况，基本上都有两个读音，如"凿"，《五音集韵》分别列于去声"号韵"和入声"药韵"；

① 王洪君：《层次与断阶——叠置式音变与扩散式音变的交叉与区别》，《中国语文》2010年第 4 期。

② 甯忌浮：《〈古今韵会举要〉及相关韵书》，中华书局 1997 年版，第 38 页。

③ 汪银峰：《〈元韵谱〉与〈五音集韵〉》，《华夏文化论坛》2013 年第 2 辑。

“勺”，列于去声“笑韵”和入声“药韵”；“约”，列于去声“效韵”和入声“觉韵”；“卓”，列于去声“效韵”和入声“觉韵”；“觉”，列于去声“效韵”和入声“觉韵”。我们不能由此认为《五音集韵》宕江摄入声字也存在文白异读，其实只是一字多音现象而已。由此可见，《元韵谱》宕江摄入声字所谓的“白读音”，不过是乔中和在合并《五音集韵》时照抄而已。

元代《中原音韵》宕江摄入声字读同萧豪韵为白读，读同歌戈韵为文读，白读音大大超过文读音。忌浮《十四世纪大都方言的文白异读》（1991）对《中原音韵》古铎药觉三韵字读萧豪韵和歌戈韵进行了详细的统计，发现读歌戈韵的数量较少，由此认为：“在十三四世纪大都话里，古铎韵字大多数读萧豪韵，读歌戈韵的是少数。古药觉二韵字基本上读萧豪韵，读歌戈韵的很少。”① 至明代徐孝《合并字学集韵》，宕江摄入声字的文白异读出现了新变化，宕江摄文读逐渐占据优势。从《元韵谱》宕江摄入声字的读音来看，当时文读音已占优势，故乔中和保留了宕江摄入声字的文读音，舍弃了白读音。其依据有两个方面：一是道光十二年（1832）《内邱县志·方言》记载了当时内丘话一些入声字的读音，其中包括“乐呼作劳”、“落呼作劳”。宕摄入声字“乐落”读同效摄，即为白读音；二是今内丘话宕江摄入声字仍保留白读音，且文白异读仍处于竞争过程中。刘淑学《中古入声字在河北方言中的读音研究》（2000）收录了内丘话宕江摄常用入声字共79个，其读音情况如下表：

古韵摄		文读一读	白读一读	文白两读
		36	17	26
宕摄	铎韵	博托作错索各阁胳恶郭廓扩劐铎踱昨鹤莫膜幕莫洛	郝薄凿烙	搁摸络落骆乐（快乐）
	药韵	镬掠	绰焯脚嚼着勺芍若弱药钥	爵雀鹊削着酌却约略虐疟跃
江摄	觉韵	驳朴卓琢啄桌涿戳捉握浊镯	角雹	剥觉确壳学岳（五岳）岳（岳飞）乐（音乐）

① 忌浮：《十四世纪大都方言的文白异读》，载《中原音韵新论》，北京大学出版社1991年版，第39页。

仅有白读音的入声字有 17 个，占总数的 22%，文白异读竞争的趋势一目了然。

《元韵谱》宕江摄入声字读音与今内丘话文读音相比，［io］演变为［yɛ］。对于这项音变发生的时间，王力先生认为："药韵的非知照系字和觉韵喉音字转入车遮，则比较晚得多。发生的时代还没有能够考证出来，大约不会早于 18 世纪。在《圆音正考》里，'觉''决'还不同音。到底先变撮口呼然后改变主要元音呢，还是先改变主要元音然后改变韵头呢？我们以为前者合理。因为韵头带动主要元音的情形在汉语发展史中是比较常见的。"① 据周赛华先生考证，［io］韵的演变经历了一个漫长的时期，先演变为撮口呼［yo］，［yo］出现于《李氏音鉴》（1805）、《音泭》（1816）、《音韵逢源》（1840）等材料中。② 清末沙彝尊编著的官话著作《正音切韵指掌》中，宕江摄入声字"略爵鹊角学觉"与山摄入声字"曰雪劣绝缺血"分别归入约韵和曰韵，仍有对立，直到《官话萃珍》（1898）这项音变才完成。

二、曾摄入声字的读音

曾摄入声字，即中古德、职韵字，收录于《元韵谱》北佁，与中古蟹摄、止摄读音相同，其韵母为［ei、uei］。

《元韵谱》例字	《元韵谱》拟音	中古韵部	今内丘话	
			文读音	白读音
国或默	uei	德韵	uo、o	uei
北塞	ei	德韵	ɤ	ei
测色	ei	职韵	ɤ	ai

由上表可知，曾摄入声字在今内丘话中，文读音与果摄读音合流叠置，白读音与蟹摄、止摄读音合流叠置。《元韵谱》曾摄入声字的读音

---

① 王力：《汉语史稿》，中华书局 1980 年版，第 155 页。

② 周赛华：《合并字学篇韵便览研究》，湖北人民出版社 2005 年版，第 57—59 页。

与今内丘话白读音基本一致。《内邱县志·方言》（1832）载"墨呼作美"，曾摄入声字"墨"仍读白读音，与《元韵谱》曾摄入声字读音一脉相承。今内丘话中曾摄入声字存在文白异读，刘淑学《中古入声字在河北方言中的读音研究》（2000）共收录曾摄一等、曾摄三等庄组入声字23例，其读音情况如下表所示：

古韵摄		文读一读	白读一读	文白两读
		6	7	10
曾摄	德韵	则克国特	北忒塞黑贼墨肋	德得刻（时刻）刻（用刀刻）或惑默勒
	职韵	测啬		侧色

与《元韵谱》曾摄入声字的读音相比，文读音发展迅速，已与白读音势均力敌。

三、梗摄二等入声字的读音

梗摄入声字，即中古陌、麦韵字，收录于《元韵谱》百佸，与中古蟹摄读音相同，其韵母为 [ai、uai]。

《元韵谱》例字	《元韵谱》拟音	中古韵部	今内丘话	
			文读音	白读音
划虢搲	uai	陌韵	uo	ȝɛ
责策	ai	麦韵	ɤ	ɛ
百拍陌	ai	陌韵	ɤ	ɛ

由上表可知，梗摄入声字在今内丘话中，文读音与果摄读音合流叠置，白读音与蟹摄、止摄、假摄读音合流叠置。《元韵谱》梗摄入声字的读音与今内丘话白读音比较接近，不同的是复元音 [ai] 已演变成单元音 [ɛ] 了。根据语音学的原理，这与发音的动程长短有着密切的关系。"动程可长可短，在非常认真地读或是有意强调的时候，动程比较长，韵母的两端能够达到音标所记的位置。在日常随随便便谈话的时候，动程比较短；如果整个音节的音长很短，动程可以小到接近于一个

单元音，ai［æi］有可能读成接近于单元音［ɛ］的声音。"① 今内丘话
中梗摄二等入声字存在文白异读，刘淑学《中古入声字在河北方言中
的读音研究》（2000）收录梗摄二等入声字34例，其读音情况如下表：

古韵摄		文读一读	白读一读	文白两读
		7	13	14
梗摄	陌韵	格赫虢额	百柏拍拆窄踖白宅	伯迫魄客帛泽择陌
	麦韵	革隔扼	掰摘掴麦脉	责策册蝈核获

与《元韵谱》梗摄二等入声字相比，白读音仍占据优势，但文读
音有了一定的发展。

四、通摄合三入声字的读音

通摄合口三等入声字，即中古屋、烛韵字，收录于《元韵谱》卜
佸，与中古遇摄读音相同，其韵母为［u、y］。

《元韵谱》例字	《元韵谱》拟音	中古韵部	今内丘话	
			文读音	白读音
俶祝叔肉粥	u	屋韵合三	u	ou
六陆宿	y	屋韵合三	u	iou
畜菊曲	y	屋韵合三	y	
绿续	y	烛韵合三	y	

由上表可知，通摄合三入声字在今内丘话中，文读音与遇摄读音合
流叠置，白读音与流摄读音合流叠置。《元韵谱》通摄入声字读音与今
内丘话的文读音相一致。张新《〈元韵谱〉入声字文白异读探析》
（2010）依据《元韵谱》捸佸中收入一些通摄合口三等入声字（服福伏
覆畜宿肉），由此得出结论："这部分通摄入声字读音与流摄字读音合
流叠置，为白读音，韵基是［-ou］。那么，《元韵谱》卜佸和博佸一

---

① 林焘、王理嘉：《语音学教程》，北京大学出版社1992年版，第111页。

样，都存在文白两读。"实际上这部分通摄合口三等入声字与宕江摄入声字一样，在《五音集韵》中有两个读音，如"福伏覆畜宿"，分别收录于去声"宥韵"和入声"屋韵"；"服"，收录于上声"有韵"和入声"屋韵"；"肉"，收录于去声"宥韵"和入声"屋韵"，这只是一字多音现象，并不是文白异读。

今内丘话中通摄三入声字存在文白异读，刘淑学《中古入声字在河北方言中的读音研究》（2000）收录通摄合三入声字 59 例，除"缩"一字读［uo］韵母外，其余读音情况如下表所示：

古韵摄		文读一读 48	白读一读 5	文白两读 5
通摄	屋韵	福幅蝠腹复覆肃竹筑畜祝菊掬麹畜蓄郁服伏复逐淑目穆牧育	宿粥轴六肉	叔熟陆
	烛韵	足促粟烛嘱触束镯曲俗续赎蜀属局绿录辱玉狱欲浴		褥峪

白读音仅 5 例，文白两读也仅 5 例，其余都只有文读音，今内丘话文读音占据绝对优势，与《元韵谱》通摄合口三等入声字的读音基本一致。元代《中原音韵》通摄合三读同尤侯韵为白读，读同鱼模韵为文读，文读占绝对优势，由此可推断通摄合三入声字文读音的形成时间比较早。

五、深臻摄开三入声字的读音

深臻摄开三入声字，收录于《元韵谱》北恬，与中古蟹摄、止摄读音相同，其韵母为［ei］。具有文白异读的常用字如下表：

《元韵谱》深臻摄开三入声字的读音与今内丘话较为接近，应为白读音。

例字	《元韵谱》韵母拟音	中古韵部	今内丘话	今北京话
涩	ei	深摄辑韵	ai	ɤ
笔	ei	臻摄质韵	ei	i

续表

例字	《元韵谱》韵母拟音	中古韵部	今内丘话	今北京话
毕	ei	臻摄质韵	ei	i
日	ʐʅ	臻摄质韵	ʐʅ i	ʐʅ

综上所述，根据《元韵谱》入声字与阴声韵相配的情况，我们考察了《元韵谱》宕江摄、通摄、曾摄、梗摄、深臻摄入声字的读音情况，通过与今内丘话入声字读音的比较，我们认为《元韵谱》入声字的读音的确存在文白层次，曾摄一等、曾摄三等庄组、梗摄二等、深臻开三入声字为白读层，宕江摄、通摄三等入声字为文读层，文白两个层次在《元韵谱》音系中形成叠置。与今内丘话相比，宕江摄、通摄三等入声字文读音仍具有绝对优势，曾摄一等、曾摄三等庄组、梗摄二等入声字的文读音获得了一定的发展，甚至与白读音势均力敌。

第二节　《元韵谱》入声字与明清音韵文献之比较

入声字的文白异读在音系中形成叠置并非少见，只是以往学术界对入声字在同一音系中兼具文白异读的叠置现象比较关注，而对一些字只有文读、另一些字只有白读的叠置现象关注不够。王洪君《层次与断阶——叠置式音变与扩散式音变的交叉与区别》（2010）指出："以文白异读为主要表现形式的叠置式音变与连续式、扩散式的性质完全不同：叠置式音变是权威高的方言以文化教习为媒介进入权威低的方言而引发的音变，是已分化并有权威不同的两个姊妹方言音系接触而造成的不同（不同的字音分合关系）在一个共时音系中的层次叠置。"① "权威高的方言" 一般指当时影响比较大的官话基础方言，而 "权威低的方言" 则是指各地方言。因此，我们可以入声字的文

---

① 王洪君：《层次与断阶——叠置式音变与扩散式音变的交叉与区别》，《中国语文》2010 年第 4 期。

白层次作为研究视角，将《元韵谱》入声字的读音与明清时期有代表性的音韵文献，如徐孝《合并字学集韵》、樊腾凤《五方元音》、都四德《黄钟通韵》、裕恩《音韵逢源》、沙彝尊《正音切韵指掌》等进行比较，从而为确定音韵文献的语音性质提供重要参考。

《合并字学集韵》，明末顺天徐孝著，成书于1606年。关于《合并字学集韵》的音系性质，一般都认为反映了明末北京话。《合并字学集韵》入声韵消失，并入阴声韵，但入声字的读音存在文白异读，具体如下：宕江摄入声字归于效摄［au］和果摄［o］，读效摄的字少，读果摄的字多；通摄入声字大部分归于止摄和祝摄，只有"宿"字同时出现于流摄［ou］和祝摄［u］；曾摄一等入声字归于垒摄［ei］和拙摄［ε］，读垒摄的字少，读拙摄的字多；曾摄开口三等庄组字和梗摄开口二等字归入蟹摄［ai］和拙摄［ε］，读蟹摄的字少，读拙摄的字多。深臻摄开三庄组"涩"字归入拙摄［ε］，"毕笔"字归入止摄［i］。[①]

《五方元音》，清初尧山樊腾凤著，成书于顺治十一年（1654）至康熙三年（1664）之间。《五方元音》保留入声字，但与传统韵书不同，与阴声韵相配。根据入声字与阴声韵的相配情况，我们可了解《五方元音》入声字的读音情况。宕江摄入声字归于驼韵［o］，与果摄字读音相同；曾摄一等、曾摄三等庄组入声字归于地韵［ei］，与止蟹摄字读音相同；梗摄二等入声字归于豺韵［ai］，与蟹摄字读音相同；通摄合三入声字归于虎韵［u］，与遇摄字读音相同。

《黄钟通韵》，清乾隆都四德著，成书于1744年。《黄钟通韵》保留入声字，与阴声韵相配。通摄合三入声字归入鸣声［u］，与遇摄读音相同；宕江摄、曾摄一等、曾摄开三庄组、梗摄二等入声字归入哦声［ɤ］，与果摄、假摄读音相同。

《音韵逢源》，清道光裕恩著，成书于1840年。《音韵逢源》入

---

① 《合并字学集韵》依据材料出自高晓虹《北京话入声字的历史层次》，北京语言大学出版社2009年版。

声字消失，并入其他声调，宕江曾梗通深臻摄入声字存在文白异读。宕江摄入声字归于辰部［au］和申部［o］，读申部的多，读辰部的少；曾开三庄组和梗摄二等入声字归于巳部［ai］和申部［o］，读申部的多，读巳部的少；曾开一入声字归于未部［ei］和申部［o］，读申部的多，读未部的少；通摄三等入声字归于午部［ou］和戌部［u］，读戌部的多，读午部的少；深臻摄开三入声字"涩"归于申部［o］。

《正音切韵指掌》，清咸丰沙彝尊著，成书于 1860 年。《正音切韵指掌》保留入声字，与阴声韵相配。宕江摄入声字归于婀韵［o］、窝韵［uo］和约韵［yo］；梗摄二等、曾摄一等、曾摄三等庄组入声字归于婀韵［o］；通摄合三入声字归于乌韵［u］。

根据以上材料，我们列表如下：

	宕江摄		曾摄一等、曾摄三等庄组字		梗摄二等		通摄合三		深臻摄开三庄组	
	文读	白读	文读	白读	文读	白读	文读	白读	文读	白读
合并字学集韵	［o］	［au］	［ɛ］	［ei］	［ɛ］	［ai］	［u］	［ou］		［ɛ］
元韵谱	［o］			［ei］		［ai］	［u］			［ei］
五方元音	［o］			［ei］		［ai］	［u］			［ei］
黄钟通韵	［o］		［ɤ］		［o］		［u］			
音韵逢源	［o］	［au］	［o］	［ei］		［ai］	［u］	［ou］	［o］	
正音切韵指掌	［o］		［o］		［o］		［u］			

通过比较，我们发现宕江摄、通摄合三入声字大多读果摄和遇摄，一致性较强，只有《合并字学集韵》和《音韵逢源》兼具文白异读，但文读果摄和通摄占绝对优势，已处于文强白弱阶段，文白竞争已接近尾声，这说明宕江摄、通摄合三入声字文读层次形成的时间较早。高晓虹《北京话入声字的历史层次》（2009）研究北京话入声字的历史层次时指出北京话通摄合三入声字的文读音来自《蒙古字韵》所代表的元代北部官话，宕江摄入声字的文读音则是受到了金元

汴洛方言的影响。① 明清时期通摄合三、宕江摄入声字的文读音已成为主流，得到了人们的接受和认可，而白读音大多只保留在一些常用词或地名中。

曾摄一等、曾摄三等庄组、梗摄二等、深臻摄开三入声字读音差异较大，有的表现为文读音，有的表现为白读音，这应该与音韵文献的音系性质有关。《合并字学集韵》是以明末北京话为基础，白读音应来源于当时的北京话。关于文读音的来源，高晓虹《北京话入声字的历史层次》（2009）认为是受到以南京话为基础的明代官话的影响。《音韵逢源》反映了清末北京话，其入声字的文白异读与《合并字学集韵》一脉相承，基本一致。《正音切韵指掌》反映清代汉语官话音，其入声字的读音表现为文读音，这应是继承了明代官话入声字的读音。而反映方言性质的韵书则体现为白读音，表明明清官话音入声字的读音在方言读音中并未占据优势，甚至直到今内丘话中，文读音虽获得了一定的发展，但白读音仍占优势。因此，根据《元韵谱》入声字的文白层次，进一步说明《元韵谱》音系是以明末内丘方言为语音基础。

任何语言在发展过程中，都不可避免地与其他语言或方言发生接触、吸收和融合，从而在音系中形成不同的历史层次，现代如此，古代亦如此。因此，我们在考察音韵文献所反映的音系时，一定要结合方言材料，联系语言或方言发展的历史过程，离析音韵文献中不同的历史层次。同时，研究汉语方言，也要借助音韵文献记载，确定不同层次的形成时间、演变及发展特点。

---

① 高晓虹：《北京话入声字的历史层次》，北京语言大学出版社 2009 年版，第 156—163 页。

第七章

《元韵谱》与明清语音

　　明清两代是汉语语言学发展的重要时期，在文字、音韵、训诂各个方面，都取得了辉煌的成就。这一时期，也是汉语韵书发展的黄金时代，不仅韵书的数量多，① 而且编纂形式多样，作者旨趣各异，堪称汉语韵书史上的"百家争鸣"。乔中和《元韵谱》作为一部韵书韵图相配合的等韵化韵书，成书于万历三十九年，对明清汉语语音、汉语韵书史的研究都具有重要价值。本章我们将《元韵谱》置于明清语音研究的背景下，结合明清时期有代表性的音韵文献进行全面比较，综合考察《元韵谱》在汉语语音史、汉语韵书史上的重要价值。

第一节　《元韵谱》与《洪武正韵》

一、《洪武正韵》概况

　　《洪武正韵》，共十六卷，乐韶凤、宋濂编纂，成书于洪武八年（1375），明代的官修韵书。《太祖实录》洪武八年载："初，上以旧韵起于江左，多失正音，乃命翰林侍讲学士乐韶凤与诸廷臣以中原雅音校正之。至是书成，赐名《洪武正韵》，诏刊行之。"所谓"旧韵"，即指宋代的《礼部韵略》。从北宋至明代，已将近四百年，实际语音与《礼部韵略》相比已经发生了很大的变化；另外明代新政权的建立，也需要在文化领域建立新的官韵作为标准，在这样的历史

---

① 据甯忌浮《汉语韵书史》（明代卷）统计，明代出现的韵书至少有一百种。

背景下,《洪武正韵》应运而生。按照明太祖朱元璋的要求"以中原雅音校正之",《洪武正韵》编纂者首先要选择校正的对象。《凡例》第一条云:

> 按三衢毛居正云,《礼部韵略》有独用当并为通用者,平声如微之与脂、鱼之与虞、欣之与谆、青之与清、覃之与咸,上声如尾之与旨、语之与麌、隐之与轸、迥之与静、感之与嗛,去声如未之与志、御之与遇、焮之与稕、径之与劲、勘之与陷,入声如迄之与术、锡之与昔、合之与洽是也。也有一韵当析而为二者,平声如麻字韵自奢字以下,上声如马字韵自写字以下,去声如祃字韵自藉字以下是也。至于诸韵当并者不可概举。又按邵武黄公绍云,礼部旧韵所收有一韵之字而分数韵不能通用者,有数韵之字而混为一韵不相谐叶者。不但如毛氏所论而已。今并遵其说,以为证据,其不及者补之,其及之而未精者以中原雅音正之,如以冬钟入东韵、江入阳韵,挑出元字等入先韵,翻字、残字等入删韵之类。

由此可见,宋濂等人是以南宋毛晃父子《增修互注礼部韵略》作为校正的对象。甯忌浮先生指出:"《增韵》是《正韵》的蓝本,或者说,《正韵》是《增韵》的改并重编,也可以说,《正韵》是宋濂等人用中原雅音校正《增韵》的成果。"[1]《增韵》共二百零六韵,宋濂等人将其合并为七十六韵。

关于《洪武正韵》韵字和注释的来源,《凡例》和宋濂序均有说明。《凡例》第三条云:"旧韵元收九千五百九十字,毛晃增二千六百五十五字,刘渊增四百三十六字,今一依毛晃所载,有阙略者,以它韵参补之。"宋濂序云:"注释则一依毛晃父子之旧。"均以毛晃父子《增修互注礼部韵略》为基础。

---

① 甯忌浮:《汉语韵书史》(明代卷),上海人民出版社 2009 年版,第 20 页。

　　七十六韵本《洪武正韵》于洪武八年（1375）赐名刊行，但朱元璋对此次校正的成果并不满意，认为"其中尚有未谐协者"（《洪武正韵》八十韵本吴沉序），于洪武十二年（1379）命汪广洋等重修。重修后，仍为十六卷，但韵部由七十六增至八十韵，增加了"微尾未术"四韵。以往我们对八十韵本《洪武正韵》一无所知，直到1997年宁忌浮先生于北京图书馆发现《洪武正韵》尚有八十韵本，才使它得以重见天日，宁先生为我们找回了这段曾经逝去的历史。《洪武正韵》两度重修，都未达到预定的目标，但该书作为明代的官修韵书，在明代韵书发展史上产生了深远的影响，一些韵书或征引，或评议，或注疏，或编韵字索引，或增补，形成了《洪武正韵》一系韵书，宁忌浮《汉语韵书史》（明代卷）有详细考证，可参看。直到清代，对《洪武正韵》也给予了较高的评价。《御制康熙字典序》："自《说文》以后，字书善者，于梁则《玉篇》，于唐则《广韵》，于宋则《集韵》，于金则《五音集韵》，于元则《韵会》，于明则《洪武正韵》，皆流通当世，衣被后学。"

　　关于《洪武正韵》的音系性质，目前学术界观点不一。叶宝奎认为："《正韵》的语音基础是 14 世纪汉民族共同语的读书音，它代表的是明初官话音系，比较准确地说，是 14 世纪以读书音为基础的官话音系。"① 但宁忌浮先生认为："时音和旧韵并存，雅音与方言相杂，这就是《洪武正韵》。《正韵》不是单纯的、声谐韵协的、完整的语音系统，它不能代表明初的中原雅音（即明初的官话），也不是旧韵书的翻版，也不是江淮方言的反映，更不是什么读书音系统。"②

二、《元韵谱》与《洪武正韵》音系之比较

　　《洪武正韵》作为明代的官修韵书，在明代的文化领域影响很大，乔中和编纂《元韵谱》时也参考了《洪武正韵》，下面从声韵调三方

---

① 叶宝奎：《明清官话音系》，厦门大学出版社 2001 年版，第 44 页。
② 宁忌浮：《洪武正韵研究》，上海辞书出版社 2003 年版，第 161 页。

面考察两者之间的关系，《洪武正韵》的研究成果主要参考甯忌浮《洪武正韵研究》和叶宝奎《明清官话音系》。

声母方面，《洪武正韵》共三十一个声母，刘文锦《洪武正韵声类考》（1931）运用反切系联法有详细的考订："常取《正韵》反切上字依陈澧《切韵考》同用、互用、递用可以相联之例试加缀系。顾有反切上字不相系联而声实同类者，以《正韵》于一字两音者并不互注切语，故不能沿用陈氏系联《切韵》声类之变例。然考正纽四声相承之字声必同类，《正韵》部居虽与《广韵》不同而其四声相承则一，故凡《广韵》同纽四声相承者，《正韵》亦必同纽四声相承，今于《正韵》反切上字声实同类。而因两两互用不能系联者，即据此以证之。遍考全书，凡得三十有一类。"[1] 现将三十一个声母按照发音部位列举如下：

博 p	普 pʰ	蒲 b	莫 m	
方 f	符 v	武 ɱ		
都 t	佗 tʰ	徒 d	奴 n	卢 l
古 k	苦 kʰ	渠 g	五 ŋ	
呼 x	胡 ɣ	乌 ø	以 j	
子 ts	七 tsʰ	昨 dz	苏 s	徐 z
陟 ʧ	丑 ʧʰ	直 dʒ	所 ʃ	时 ʒ	而 ʑ

与中古三十六字母相比，非敷不分，知彻澄娘与照穿床泥合流。与《元韵谱》声母系统相比，差别在于保留全浊声母，如减去十个全浊声母，与《元韵谱》二十一母就非常接近了。元代《中原音韵》全浊声母已消失，而明代《洪武正韵》却保留全浊声母，那么全浊声母是否为实际语音的反映呢？叶宝奎认为保留全浊声母有两个原因：一是《洪武正韵》代表了读书音，其变化明显慢于口语音。尽管元代北方话口语音清浊对立已经消失，但传统读书音由于书面语的制约仍有可能保留浊音声母；二是《洪武正韵》音系中保持传统的

---

① 刘文锦：《洪武正韵声类考》，《历史语言研究集刊》三本二分，1931 年。

平上去入四个调位，延缓了浊音清化的进程。调位没有分化，则声母的清浊依然是区分不同音节（对比辨义）不可缺少的功能性差别。调位分化以后新产生的音高差别就可能取代清浊的辨义作用，导致清浊对立的消失。① 但甯忌浮先生考察《洪武正韵》的列字情况，发现中古十个全浊声母都有与清声母混同的例证，数量达六十二组之多。可见，无论是官话音，还是口语音，全浊声母都已消失了，《洪武正韵》编纂者力图保持传统的浊音格局，但由于受到实际语音的影响，无法将全浊音和清音区分得清清楚楚，反映时音的"疏漏"也就在所难免了。

　　韵母方面，《洪武正韵》对毛晃父子《增修互注礼部韵略》二百零六韵进行了大刀阔斧的合并，共七十六韵。《凡例》第三条云："旧韵上平声二十八韵、下平声二十九韵，平水刘渊始并通用者，以省重复，上平声十五韵、下平声十五韵，今通作二十二韵；旧韵上声五十五韵，刘氏三十韵，今作二十二韵；旧韵去声六十韵，刘氏三十韵，今作二十二韵；旧韵入声三十四韵，刘氏一十七韵，今作一十韵。盖旧韵以同一音者妄加分析，愈见繁碎，今并革之，作七十六韵，庶从简易也。"《洪武正韵》入声韵独立，并与阳声韵相配，保持入声的塞音韵尾。叶宝奎归纳了《洪武正韵》每韵所含的韵类，共60个韵母，其中19个入声韵，现列举如下表：

韵部	开		合	
	洪音	细音	洪音	细音
东（屋）			uŋ uk	iuŋ iuk
支	ɿ			
齐		i		
鱼		iɯ		
模			u	

① 叶宝奎：《明清官话音系》，厦门大学出版社2001年版，第31页。

续表

韵部	开		合	
	洪音	细音	洪音	细音
皆	ai		uai	
灰			uəi	
真（质）	ən	iəi iəi	uən iuən	iuən iuən
寒（曷）	ɔn ɔt		uɔn uɔt	
删（曷）	an at		uan uat	
先（屑）		iɑn iɑt		iuɑn iuɑt
萧		iɑu		
爻	ɑu			
歌	ɔ		uɔ	
麻	a		ua	
遮		iɛ		iuɛ
阳（药）	ɑŋ ɑk	iɑŋ iɑk	uɑŋ uɑk	
庚（陌）	əŋ ək	iəŋ iək	uəŋ uək	iuəŋ iuək
尤	əu	iəu		
侵（缉）		im ip		
覃（合）	am ap			
盐（叶）		iɛm iɛp		

　　《元韵谱》分五十四韵，共 50 个韵母，其中入声韵母 16 个。与中古音系相比，两者的韵母数大大减少了，均呈现合并的趋势，这与近代语音的发展是相一致的。但两者的韵母系统差别较大，主要表现在以下几个方面：第一，《洪武正韵》保留入声韵，且与阳声韵相配，保持中古入声塞音韵尾的传统格局。但《元韵谱》将入声改配阴声韵，说明当时的入声塞音韵尾 p、t、k 已消失，这是近代汉语语音系统中发生的一个重大变化；第二，《洪武正韵》保留侵、覃、盐三个闭口韵，说明 [m] 尾还未并入 [n] 尾中，而《元韵谱》中闭口韵已消失；第三，《元韵谱》中开口二等喉牙音已腭化，与三四等字合流，而《洪武正韵》开口二等牙喉音腭化的范围较小，仅限于江韵和耕韵部分字。

声调方面,《洪武正韵》保持传统的平上去入四声格局。平声不分阴阳,《凡例》第二条云:"按《七音韵》平声本无上下之分,旧韵以平声字繁,故厘为二卷,盖宋景祐间丁度与司马光诸儒作《集韵》始以平声上下定为卷目,今不从,唯四声为正。"全浊上声字仍列于上声中,未归入去声。吕坤《交泰韵》:"高庙召诸臣而命之云,韵学起于江左,殊失正音,须以中原雅音为定。而诸臣自谓从雅音矣,及查《正韵》,未必尽脱江左故习,如序、叙、象、像、尚、丈、杏、幸、棒、项、受、舅等字,俱作上声。此类颇多,与雅音异。"非常有趣的是,洪武十二年重修的八十韵本《洪武正韵》将全浊上声字基本上归并到去声了,仅隔四年,语音不可能变化如此之大,因此,"浊上归去"才是当时实际语音的真实反映。《元韵谱》调类五个,平声分为阴平、阳平,全浊上声归入去声,保留入声调,与《洪武正韵》差别较大。

综上所述,《元韵谱》与《洪武正韵》音系相比,两者在声、韵、调三个方面都存在较大的差异。《洪武正韵》虽为明代的官修韵书,但乔中和生活的时代已与《洪武正韵》相差两百多年,音系已产生了一定的差别。因此,乔中和编纂《元韵谱》时并未采用《洪武正韵》的音系框架,而是在易学思想指导下,根据实际语音重新建构其音系。但在《元韵谱》各韵的收字列字上,乔中和参考了《洪武正韵》的读音,现抄录如下:

花韵见母:佳,《正韵》音。(十卷)

寅韵彻母:辰,此下旧在审母,盖吴音也。今依《正韵》注之此。(十五卷)

互韵泥母:臡,兔子,《正韵》音。(四十八卷)

第二节　《元韵谱》与《韵略易通》

一、《韵略易通》概况

《韵略易通》成书于明正统壬戌(1442),是明代一部以童蒙识字为目的编撰的韵书，同时也是汉语韵书史上影响较大的通俗韵书。《自序》云："字出《五经》、《语》、《孟》者，先儒训释其义详矣，至于寻常方俗之语、日用事物之名，挥笔临书，罔之所措者，不可一二数。童蒙求我，得我无窘乎？虽备载《篇》《韵》等书，然简帙浩繁，形声同异，观者迭为可否？几何而不贻羊芋之笑哉？草堂吟啸之余，会群书，叶声律，去繁就简，集以称编，题曰《韵略易通》。极知鄙浅无益于人，姑置书林，颇以省检阅之劳云尔。"

作者兰茂，字廷秀，号止庵，云南嵩明人。《嵩明州志》载："兰茂，字廷秀，杨林人。性聪慧，过目成诵，年十三，通经史，长益嗜学，于濂、洛、关、闽之学焕如也。赋性简淡，不乐仕进，尝颜其轩曰止庵，因自号焉。留心经济，正统时，大司马王骥征麓川，咨其方略，遂底于平。所著有《元壶集》、《鉴例折衷》、《经史余论》、《韵略易通》、《止庵吟稿》、《安边条策》、《声律发蒙》诸书行于世。与安宁张维齐名，一时学者宗之。年八十，崇祀乡贤。"可见，兰茂在当时影响很大，成果丰硕，是明代云南地区颇负盛名的人物。

关于《韵略易通》的语音性质，学术界众说纷纭。主要三种：一是方言说，如《四库全书总目提要》："尽变古法，以就方音。"二是官话说，如赵荫棠认为："在我考察起来，兰书是他特为当时云南所写的官话读本，也就是当时标准音，并不是记载该地的方言，这到下文讲到本悟之书时则可证明。"[1] 三是"存雅求正"的官话，如张玉来认为："《韵略易通》是一部以中原官话为基础，经过了分析、归纳加以人工整理的书面语为主的音系系统，既不全是官话实际语音的记录，也不是作者虚构的体系。兰氏融合了《中原音韵》和《洪武正韵》的两种做法，是一个较折中的'存雅求正'的体系。"[2] 笔者认为《韵略易通》既然是为当时童蒙识字而作，其音系应反映了当时官话的语音系统。

---

[1] 赵荫棠：《中原音韵研究》，中华书局 1956 年版，第 59 页。
[2] 张玉来：《韵略易通研究》，天津古籍出版社 1999 年版，第 21 页。

二、《元韵谱》与《韵略易通》音系之比较

兰茂《韵略易通》在明代影响较大，乔中和编纂《元韵谱》时也曾参考了《韵略易通》，乔中和《自序》："兰廷秀氏删之为早梅二十字，似乎是然，而缺略者如故，且注入声之有无正相误。"《元韵谱·清浊释》："昔人于一音分四籁，曰清，曰次清，曰浊，曰次浊。试以口呼之，如东为清，通为次清，是已。至同为浊，农为次浊，可乎？盖通之清不及东，而农之浊甚于同也。今以一音分三籁，曰清，曰清浊半，曰浊。而东字之下虚一音以启同，农字之上虚一音以续通。其说曰：天有缺，地有倾，人中处焉，而会其全。《易》有之天终于九，地终于十，天清而地浊。人之能，亦天地之能耳。试合七音十九籁而数之，六清六半清非九耶？七浊六半浊非十耶？凡皆三籁之故也。四焉则至上去而夺清，至入声而拟平矣。此非我臆也，兰廷秀之早梅、杨升庵之《原训》，亦已先得，同然矣。"下面从声、韵、调三个方面对《元韵谱》和《韵略易通》进行比较。《韵略易通》的研究成果，主要参考张玉来《韵略易通研究》（1999）、叶宝奎《明清官话音系》（2001）。

声母方面，《韵略易通》非常明确，共二十类。《凡例》："《篇》、《韵》之字，或有音切隐奥，疑似混淆，方言不一，览者不知孰是。且字母三十有六，犯重者十六，似有惑焉。此编以早梅诗一首，凡二十字为字母，标题于上，即各韵平声字为子，叶调于下，得一字之平声，其上声、去声、入声字一以贯之，故曰韵略，一切字音皆可叶矣。"此外，兰茂还对二十字母的发音进行了描述，《凡例》："字母二十，其间'东早梅暖一枝无人见来'十字呼之，其气皆内而不出，及至'风破向开冰雪春从天上'十字呼之，其气皆出口，此即音有出入之异而两分之。"现将兰茂之"早梅诗"及其音值列举如下：

东 t	风 f	破 p^h	早 ts	梅 m
向 x	暖 n	一 ø	枝 tʂ	开 k^h
冰 p	雪 s	无 v	人 ʐ	见 k

春 tʂʰ 从 tsʰ 天 tʰ 上 ʂ 来 l

《韵略易通》的声母系统突破了传统韵书的束缚，与《中原音韵》比较接近。与《元韵谱》声母系统相比，一致性较多，如全浊声母清音化、知庄章合流、喻影合一等，这反映了明清北方读书音和口语基础音的共同特征。但两者声母系统仍有差异，《韵略易通》将疑母并入零声母，而《元韵谱》保留疑母，与零声母形成对立。乔中和《自序》："兰廷秀氏删之为早梅二十字，似乎是然，而缺略者如故。"即指兰茂对中古疑母的处理。

韵母方面，《韵略易通》分为二十部，《凡例》："各韵二十，如'东端侵廉咸居胡萧戈幽'十韵呼之，皆隐齿，或合唇；及至'江真山先庚支齐来遮麻'十韵呼之，或露齿，或开口，即韵有阴阳之异而两分之。"其中所谓"隐齿"、"合唇"、"露齿"、"开口"，则是兰茂对韵母音值的描述。与《元韵谱》韵母系统相比，差别较大，主要表现在以下几个方面：一是韵部的归并。乔中和《元韵谱》将韵母系统分为十二佸，即十二韵部。这可谓是大刀阔斧，此前并无十二韵分部法，这是乔中和的首创，对后世影响深远；二是闭口韵的消失。《韵略易通》保留三个闭口韵"侵寻"、"缄咸"、"廉纤"，［m］尾并未并入［n］尾中，与《中原音韵》一致。而《元韵谱》奔佸包括了《中原音韵》的真文韵和侵寻韵，般佸包括了《中原音韵》寒山、先天、桓欢、盐咸和廉纤，侵寻、盐咸、廉纤韵的［m］尾已不存在，与［n］尾合并，17世纪产生的韵书韵图中，已经找不到闭口韵的影子了；三是四呼观念的形成。《韵略易通》将鱼模分为呼模和居鱼两韵，说明当时［y］已产生。但《韵略易通》每韵下横列声母，同一声母下按照介音不同分成若干类，并没有形成四呼的观念。《元韵谱》每佸分为柔律、柔吕、刚律、刚吕四呼，四呼观念已很明确。耿振生先生指出："明确地从介音角度把韵母区别为四类的，大概以桑绍良《青郊杂著》（1581）为最早，该书没有用'开、齐、合、撮'的名称，而有其实际内容，用的名称叫'四科'，把开口呼叫做'轻科'，把齐齿呼叫做'极轻科'，把合口呼叫做'重科'，把撮口呼叫做'次重科'。"① 四是入声字的处理。《凡例》："古韵有四声全者，有止三声者，有入声字相似而不知所宗者，学者有未便焉。此编以四声全者十韵居前，无入声者十韵居后，此又声律有奇偶之异而两分之，览者必先融会此例方可检阅。"兰茂所谓"四声全者、止三声者"，是指传统韵书的入声配阳声韵，故平上去入四声俱全，而阴声韵无入声韵相配，故只有平上去三声。根据兰茂的论述，当时的入声已发生了变化，入声韵尾已出现合并的趋向，但为了使入声有所宗，兰茂仍沿用传统韵书的做法，将入声与阳声韵相配。张玉来认为："在明初的官话主流里存在入声是完全可能的，但绝不可能仍有 – m：– p、– n：– t、– ŋ：– k 这样的三尾对立。"② 我们赞成张玉来的观点，这是兰茂守旧的结果。乔中和也对兰茂的做法提出了批评，"兰廷秀氏删之为早梅二十字，……且注入声之有无正相误"。《元韵谱》将入声配阴声韵，改变了中古以来入配阳的格局，反映了实际语音的演变。乔中和在卷首专门写了一则"寄归释"，认为入声原来是"寄"在阳声韵里，今应"归"到阴声韵。

张玉来通过《韵略易通》二十韵所含韵母的分析，除入声韵外，共42个韵母。关于家麻韵的韵母，张玉来认为："这一韵最多有二项对立，今拟为两个韵母。"③ 叶宝奎则认为家麻韵有三个韵母，即［a、ia、ua］。的确，《韵略易通》家麻韵最多有两项对立，但不等于只有两个韵母，如"向"母下"䖟"小韵与"华"小韵的区别，和"暖"母下"拿"小韵与"牙"小韵的区别，不可能仅仅是开口和合口的区别。因此，笔者赞成叶宝奎先生的观点。遮蛇韵的韵母，与家麻韵相同，不能根据没有对立项，就拟为一个韵母，《中原音韵》包括 iɛ 和 iuɛ 两个韵母。关于西微韵的韵母，据笔者考察这一韵并不存在三项对立，且缺乏材料证明［ei］韵的存在。根据明清音韵文献材

① 耿振生：《明清等韵学通论》，语文出版社 1992 年版，第 62 页。
② 张玉来：《韵略易通研究》，天津古籍出版社 1999 年版，第 40 页。
③ 同上书，第 36 页。

料可知，[ei] 的出现较晚，明末徐孝《等韵图经》壘摄包括 [ei，uei] 两个韵类。综上所述，《韵略易通》的韵母共 43 个，列举如下表：

东洪			uŋ	iuŋ
江阳	ɑŋ	iɑŋ	uɑŋ	
真文	ən	in	uən	yən
山寒	an	ian	uan	
端桓			uɔn	
先全		iɛn		yɛn
庚晴	əŋ	iŋ	uəŋ	iuəŋ
侵寻	əm	im		
缄咸	am	iam		
廉纤		iɛm		
支辞	ɿ			
西微		i	ui	
居鱼				y
呼模			u	
皆来	ai	iai	uai	
萧豪	au	iau		
戈何	o		uo	
家麻	a		ua	
遮蛇		iɛ		iuɛ
幽楼	əu	iəu		

《元韵谱》除入声韵外，共 34 个韵母，与《韵略易通》相比，将 uəŋ 与 uŋ、iuŋ 与 iuəŋ 合并，减少了 əm、im、am、iam、iɛm、iɛn、yɛn、uɔn 八个韵母，增加了 yan 韵母。随着语音的演变，一些韵部的主元音和韵尾趋同，造成韵部的合并，这是造成韵母减少的原因，如东洪与庚晴的合并，真文与侵寻的合并，山寒、端桓、先全与缄咸、廉纤的合并。

声调方面，《韵略易通》表面上沿用传统的四声模式，但在平声列字上已按照清浊分列，中间用〇隔开，实际上平声已分化，共五个调类：阴平、阳平、上声、去声、入声。《元韵谱》也分五个调类，与《韵略易通》一致。

根据上面《元韵谱》与《韵略易通》音系比较可知，两者声母和声调基本一致，但在韵母系统上差别较大，这些变化体现了实际语音的演变。可见，乔中和在编纂《元韵谱》时虽参考了《韵略易通》，但并没有采用其音系框架，而是根据实际语音重新建构音系。但在《元韵谱》各韵的收字列字上，乔中和参考了《韵略易通》，并摘录了一些韵字，现抄录如下：

趴，小儿平行，出《易通》。（二十二卷）

呆，痴也，今通用，出《易通》。（二十三卷）

熰，火煨也，出《易通》。（二十六卷）

犰，迫也，出《易通》。又丘、求二音。（二十六卷）

蒯，草可为索，出《易通》。（三十三卷）

歹，本音遏，借作好歹字，出《易通》。（三十三卷）

脉，乳汁，出《易通》。（三十三卷）

犰，迫也，出《易通》。又丘、求二音。（二十六卷）

揞，揞勒，出《易通》。（三十七卷）

遂，往投人了，出《易通》。（三十九卷）

俸，春貌，出《易通》。（三十九卷）

糫，粥凝也，出《易通》。又音门。（三十九卷）

幠，贮也，出《易通》。（三十九卷）

㭪，以木撑屋，出《易通》。（四十卷）

劋，去禽势也，出《易通》。（四十卷）

諂，助言，出《易通》。（四十卷）

稻，上声，《易通》作去声。（四十一卷）

票，《易通》为票帖。（四十一卷）

象，大兽；像，形像；橡，橡斗栎实。以上三字本上声，《易通》通呼（去声）。（四十二卷）

上，国土，出《易通》。（四十八卷）

戊，旧在宥韵，《原训》、《易通》并入此韵，今从之。（四十八卷）

第三节 《元韵谱》与《韵林原训》、《韵谱本义》

杨慎《韵林原训》为"诗韵"系韵书，毛溱、范枓《韵谱本义》为"古今韵"韵书，两者编撰的目的主要是为文人雅士创作近体诗或古体诗选字押韵服务的，很少反映时音的内容，与《元韵谱》音系差别较大。但乔中和在编撰《元韵谱》时曾参考了《韵林原训》、《韵谱本义》，或为编撰形式上的影响，或为韵字收录的借鉴，故并为一节加以论述，关于《韵林原训》和《韵谱本义》的研究成果主要参考甯忌浮先生《汉语韵书史》（明代卷）。

一、《元韵谱》与《韵林原训》

《韵林原训》，共五卷，杨慎著，成书时间不详，目前仅见万历二十八年（1600）陈邦泰的重订本，现藏于南开大学图书馆。

杨慎，字用修，号升庵，四川新都人。

《韵林原训》是一部"诗韵"韵书，分韵一百零七韵，每韵下均注有"古通某"。《凡例》第二条云："古韵本宽，第取谐适。今于各题下必缀白古通某古通某，俾为古文词者可以通用。其韵本不谐，而古实相通者，皆系叶音，如江通东冬、佳通支微之类。"与《转注古音略》一致。《韵林原训》共五卷，上平、下平、上声、去声、入声各一卷，上平、下平均为平声，与近代阴平、阳平不同。《元韵谱》在音系上与《韵林原训》差别较大，但在编撰形式上可能受到了它的影响，如《凡例》第七条云："字除通用共识者不烦训释，唯稍僻者必加训义。"重订本的常用字一般没有注释。《元韵谱》常用字也不释义，其他注文也比较简单。《韵林原训》无反切，陈士元、甘雨《古今韵分注撮要·凡例》第一条云："今韵准杨氏《韵林原训》，然杨氏盖准黄氏《韵会》而无音切，兹增入《韵会》音切，而改定

《韵林》字圈之脱误者。"《元韵谱》继承了韩道昭的做法，将等韵学原理纳入到韵书的编纂中，故小韵不注反切，与《韵林原训》相同。此外，乔中和在韵字的收录和列字上，也参考了《韵林原训》，并摘录了一些韵字，如：

纶，青丝绶，别音，纶巾。升庵云：纶，从册。（四卷）

烜，取火于日，又举火也，出《原训》。（三十一卷）

熯，干也，又炙也，出《原训》。（四十卷）

扛，扛物，本俗用，出《原训》。（四十一卷）

巳，古上声，《原训》作去。（四十四卷）

祀，今音，出《原训》。（四十四卷）

伪，欺诈也，《集韵》在角音。《原训》注"为"字下，从之。（四十四卷）

汜，水别复入也，今音，出《原训》。（四十四卷）

縴，松縴，出《原训》。（四十五卷）

戊，旧在宥韵，《原训》、《易通》并入此韵，今从之。（四十八卷）

二、《元韵谱》与《韵谱本义》

《韵谱本义》，共十卷，毛溁、范科著，成书于万历三十二年（1604）。毛溁，字平仲，丹徒人；范科，字斗文，号天都山人，休宁人，两人生卒年不详。

《韵谱本义》是"古今韵"韵书，《凡例》第七条云："本书以唐韵列之于前，以古韵叶音续列于后。""唐韵"即"诗韵"，共一百六韵，"古韵叶音"则在个别韵部后标注，如平声"东"韵后标注："㈲二冬通用，三江转用㈿江姑红切杠○栙姑工切○邦卜工切崩……"据甯忌浮先生考证，其古韵通转照录于潘恩《诗韵辑略》。为什么要编纂"古今韵"韵书？《韵经·凡例》云："凡为齐梁近体、沈宋新声，从今韵可也。若骚、选、赋、诔、铭、赞、颂之类，则须从古韵为当。"由此可见，其目的是同时满足近体诗和古诗创作的需要。

《韵谱本义》韵字的收录以《说文》为主。《凡例》第一条云："《说文》为字学之祖，故本书惟以《说文》是主。《尔雅》、《释文》、《白虎通》、《风俗通》、蔡邕《独断》、元命苞《字林》、《小尔雅》、《广雅》、《博雅》、《埤雅》、《尔雅翼》次之，其旁引经传子史亦仿佛《说文》之意，稍为增广。"《韵谱本义》注音采用《说文》徐铉的反切。《凡例》第五条云："至若音切，则徐铉氏已宗之为定，不敢更为异同，以及字之词序亦遵其式，且胪列卷首以便检阅。"该书卷首按照一百零七韵的顺序，列出全部小韵首字，并标注《韵会》七音清浊，为读者检阅提供了便利。《韵谱本义》的注释以《古今韵会举要》为主。《凡例》第六条云："《韵会举要》引证既博，议论亦精，所收一万两千六百三十二字，足称妥确。然愚意不满者，若二冬'讼'字、七阳'庆'字之类，皆古之叶音。六麻'佳'字、七遇'妇'字之类，皆俗之谬呼，不当收载，亦滥及之，恐相传既久，永失其真。且援引稍繁，或间有未当处，则千百之一二耳，因为厘正。减其正文百之一二，增其百之三四；减其解说十之三四，增其十之二三，具列如左。"

乔中和《元韵谱》以《五音集韵》为蓝本，小韵不列反切，注释也较为简单，与《韵谱本义》差别很大。但在韵字的收录上，乔中和也参考了《韵谱本义》，《元韵谱》中有两例明确标注，列举如下：

印韵知母：朕，我也，出《本义》，今音。（卷三十九）

影韵彤母：统，系也，总也，纲也，绪也，抚御也。又大一统。旧韵皆去声，唯《玉篇》上声，今从之。按旧韵去声在宋韵，合次在此。《本义》入董韵，与"桶"合声，非是。（卷二十五）

第四节 《元韵谱》与《西儒耳目资》

一、《西儒耳目资》概况

《西儒耳目资》，意大利天主教耶稣会传教士金尼阁著，成书于1626年。该书对利玛窦等人的罗马字注音方案进行了修改补充。《自序》载："幸至中华，朝夕讲求，欲以言字通相同之理。但初闻新言，耳鼓则不聪，观新字目镜则不明。恐不能触理动之内意，欲救聋瞽，舍此药法，其道无由，故表之曰耳目资也。然亦述而不作，敝会利西泰、郭仰凤、庞顺阳实始之，愚窃比于我老朋而已。"该书分三个部分：《译引首谱》、《列音韵谱》和《列边正谱》。金尼阁在《译引首谱·列音韵谱答问》中详细说明："问曰：先生书分三谱，总表耳目资何？答曰：首谱图局问答，全为后来二谱张本。其第二《列音韵谱》，正以资耳，第三《列边正谱》，正以资目。盖音韵包言，边正包字，言者可闻，字者可览。是耳目之资，全在言字之列也。言既列，则分音韵；字既列，则分边正。故书虽分为三谱，总表之为耳目资也。"

《西儒耳目资》是为来华传教士学习汉语而作，故体例上能够突破传统韵书的束缚，记录实际语音，且用罗马字母标注汉语语音，是我们了解明末汉语语音实际音值的宝贵材料。关于《西儒耳目资》的音系性质，学术界众说纷纭。有方言说，以陆志韦、李新魁为代表。李新魁认为："金氏此书所记述的，主要是当时的山西方音，编纂时得到山西绛县人韩云的帮助。此书用罗马字母表音，对于我们了解当时山西语音的实际音值，有很大的作用。"[1] 有明代官话说，以鲁国尧、曾晓渝、孙宜志为代表。曾晓渝认为："《西儒耳目资》音系反映的是明代末期通行于全国的官话音系，它很可能是以当时的南京音为语音基础的。"[2] 笔者赞成鲁国尧诸先生的观点，《西儒耳目资》作为传教士学习汉语的教科书，其音系基础一定是能通行于全国的官话音系。

二、《元韵谱》与《西儒耳目资》音系之比较

声母方面，金尼阁将声母称为"同鸣字父"。何谓"同鸣"？《列

---

① 李新魁：《汉语等韵学》，中华书局 1983 年版，第 337 页。

② 曾晓渝：《试论〈西儒耳目资〉的语音基础及明代官话的标准音》，《西南师范大学学报》（哲学社会科学版）1991 年第 1 期。

音韵谱问答》："喉舌之间，若有他物陋之，不能尽吐，如口吃者期期之状，曰同鸣。夫同鸣者，既不能尽，以自鸣之音配之，或于前先或于其后，方能成全声焉。"同鸣，即指辅音，共二十个，每个声母用一个汉字作为代表字，并用罗马字母标注，现将其声母按照发音部位列举如下：

百 p	魄 p^h	麦 m	弗 f	物 v
德 t	忒 t^h	搦 n	勒 l	
格 k	克 k^h	黑 x	额 ŋ	
则 ts	测 ts^h	色 s		
者 tʂ	撦 tʂ^h	石 ʂ	日 ʐ	

此外，还有一个表中未列的零声母，实际声母则为二十一个，与《元韵谱》二十一母相同。与中古音相比，两者声母系统中全浊声母已清化，喻母归入影母，知庄章三组声母已合流，但《元韵谱》、《西儒耳目资》部分知章组字因韵母洪细的不同，还存在着声母发音的差异，从音位角度来看，两者是互补的，知庄章三组声母发展趋势是合流，可拟为一套声母。

《元韵谱》、《西儒耳目资》声母系统中都保留微母和疑母，但在具体的收字却存在差异。《元韵谱》保留疑母和微母，与影母不相混淆，保持对立，且微母还没有进一步演变成纯元音 u 的倾向。《西儒耳目资》微母和疑母的情况则较为复杂，额类除了疑母字外，还收入"爱哀蔼奥安欧恩为伟"等影喻母字，疑母和零声母出现混读。微母与影母也出现混读，"《耳目资》符方并为 f（弗），武类变成 v（物）。v 母而且已有从浊擦音进一步变成半元音 w 或纯元音 u 的倾向。在利玛窦的注音里，v 行收入喻母的'往'字，并且微母的'万'有 van 和 uan 两种拼法。金尼阁的音韵经纬全局里，微母的'微尾未'三字复见 ui、vi 两处，喻母的'汪'复见 vam、uam 两处。微母的'问'字，利氏拼作 vuɛn，金氏拼作 uɛn，喻母的'往'利氏拼作 vam，金氏拼作 uam，彼此参差不齐"①。《西儒耳目资》中疑微母与影母的混读，不能简单化地认为这是疑微母消亡征兆的显露。影喻母部分字并入疑母和微母中，巩固了微母和疑母在音系中的地位，有助于音系的稳定。现代汉语很多官话方言都有 [v] [z] [ɣ] [ŋ]等浊声母，刘镇发认为这些声母是在中古音清化以后，在清声母的基础上再发展而来的。关于其演变的动因，刘镇发从音系的角度进行了解释，"每个语言或方言都有一个独立的音位系统。这个系统一方面跟历史来源有关，另一方面也跟共时的发音稳定有关。如果一个音在音系中变成单独的一个，它便会通过语音的改变来跟其他语音凑成起码两个以上，以稳定整个音系的格局"②。从《西儒耳目资》疑微母收字情况来看，似乎说明现代汉语官话方言浊声母的产生不完全是在清声母的基础上再发展而来的，有可能明清时期疑、微、喻、影母字按照某种规律重新调整，有的零声母字归入疑微母，有的疑微母进入零声母，以此来巩固音系格局的稳定。

　　韵母方面，金尼阁首先设立了"自鸣"字母。何谓"自鸣"？《列音韵谱问答》："开口之际，自能烺烺成声，而不藉他音之助，曰自鸣。""自鸣"，即指元音，共五个。《西儒耳目资·释疑》："创定元音五声，又以元音配会，生万音万韵。"对五声又分为"甚"、"次"、"中"三等。何谓"甚"、"次"、"中"三等？《列音韵谱问答》："甚者，自鸣字之完声也；次者，自鸣字之半声也。减甚之完则成次之半，如药甚、欲次。同本一音，而有甚次之殊，又如叶甚、一次。""中者，甚于次，次于甚之谓也。假如数，甚也；事，次也，其中有音，不甚不次，如胥诸书是也。"甚、次的区别，金尼阁解释为开闭的不同。《列音韵谱问答》："开唇而出者为甚，略闭唇而出者为次，是甚次者，开闭之别名也。"可见，金尼阁对记音非常细致，

---

　　① 叶宝奎：《明清官话音系》，厦门大学出版社 2001 年版，第 118 页。
　　② 刘镇发：《从音系的角度看官话方言在元明以后增生的浊声母和次浊声母》，《语言研究》2009 年第 1 期。

对语音发音的差异均有详细的说明。

金尼阁将韵母分成五十摄，《列音韵谱问答》："余所定母五十，俱总母也，未开平仄、清浊、甚次中之全。既开平仄，每一成五，则五十总母，乘之生二百五十；既分甚次中之别，另有十五，总计全母二百六十有五。"实际上，很多韵母的发音比较接近，从汉语的角度来分析，并不存在音位的对立，可按照音位学进行合并，实际音节数并没有那么多。在前人研究的基础上，笔者归纳了《西儒耳目资》韵母系统，共有韵母48个，为便于比较，现按开、齐、合、撮四呼的顺序排列如下表：

开口呼	齐齿呼	合口呼	撮口呼
ɑŋ	iɑŋ	uɑŋ	
ən	in	uən	iuən
an	ian	uan	iuan
au	iau		
əŋ	iŋ	uəŋ	iuŋ
ɿ ɚ	i iʔ	ui	
ai	iai	uai	
a aʔ	ia iaʔ	ua uaʔ	
ɛ ɜ	iɛ iɜʔ		iuɛ iuɛʔ
		u uʔ	y yʔ
ɔ ɔʔ	iɔ iɔʔ	uɔ uɔʔ	
ɯe	iɯe		

金尼阁将"赀雌私紫此死恣刺泗"等字作为 u 的次音，将"质赤日实"等字作为 e 的次音。金尼阁之所以分"甚、次、中"，实际上是针对汉语一些特殊音无法标记而采取的一种变通的方式。这些字在《中原音韵》中列入支思韵，说明其音值已演变成舌尖元音。

与《元韵谱》韵母系统相比，两者一致性较多，如闭口韵的消变、入声改配阴声韵，等等。但在具体韵母的分类上存在一些差别。《西儒耳目资》将中古麻韵"遮者车蛇舍"、陌韵"白柏格客赫"、麦韵"厄搦"、德韵"德忒勒塞"、薛韵"撤热舌"等字合并为一韵，拟音为 [ɛ, ɛʔ]。《元韵谱》将这些字列入字佸齐齿呼 [iɛ]，保留 [i] 介音。"而尔二"等字，《西儒耳目资》用 ul 来标注，说明《西儒耳目资》音系中已出现 [ɚ] 韵，但《元韵谱》仍将这些字列于北佸日母下。此外，两者韵母系统的差别主要体现在入声字的读音上，金尼阁和乔中和在入声字的处理上突破了传统韵书的格局，根据时音将入声配阴声韵。入声配阴声韵，一方面说明当时的入声韵尾已混同，演变成一个喉塞音 [-ʔ]；另一方面也可根据入声与阴声韵的相配情况，考察其入声字的读音。《西儒耳目资》和《元韵谱》中入声与阴声韵的相配情况，有的相同，如山、深、咸、臻四摄；但有的差异较大，如宕、江、曾、梗、通摄，下面根据其入声与阴声韵相配的情况，将两者入声字的读音进行比较，列表如下：

	宕江摄		曾摄一三等		梗摄二等		通摄合三	
	略爵药角学		墨德塞国或		责策格虢获		俶祝叔	
	文读	白读	文读	白读	文读	白读	文读	白读
《元韵谱》	[o]			[ei]		[ai]	[u]	
《西儒耳目资》	[o]		[ɛ]	[o]	[ɛ]	[o]	[u]	

通过列表可知，宕江摄、通摄合三入声字均读为果摄和遇摄，高晓虹《北京话入声字的历史层次》（2009）利用不同时期音韵文献考察北京话入声字文白异读的历史层次时，指出北京话通摄合三入声字文读音来自《蒙古字韵》所代表的元代北部官话，宕江摄入声字文读音是受到了金元汴洛方言的影响。[①] 可见，宕江摄、通摄合三入声字的文读层形成时间较早，在明清北方汉语中已占据绝对优势。曾摄一三等、梗摄二等入声字的读音情况则较为复杂，《西儒耳目资》表现为文读层，《元韵谱》表现为白读层。文读层来源于以南京话为基

---

① 高晓虹：《北京话入声字的历史层次》，北京语言大学出版社 2009 年版，第 156—163 页。

础的明代官话音，白读层则来源于基础方言的口语音。因此，入声的存在与否，虽然不能作为区别官话音和基础方言口语音的标志，但可以成为我们观察明清韵书韵图音系性质的一个重要视角。

声调方面，《西儒耳目资》有清平、浊平、上、去、入五个调类，清平即阴平，浊平即阳平。金尼阁认为汉语的声调解决音少字多的矛盾，《列音韵谱问答》："中华所用之音极少，而字则极多，……音少必难免同音之乱，故中华先圣，出巧法以救之，每种音乘五声，则音虽少而能多矣。"此外，对声调的调值也进行了描述，《列音韵谱问答》："平声有二，曰清曰浊，仄声有三，曰上曰去曰入。五者有上下之别，清平无低无昂，在四声之中。其上其下每有二，最高曰去，次高曰入，最低曰浊，次低曰上。"《元韵谱》也有五个调类，与《西儒耳目资》相同。

通过《元韵谱》与《西儒耳目资》音系比较可知，两者声母系统基本一致，只是微母、疑母、影母的收字存在差异。韵母系统除个别韵母的差异外，主要表现在入声字的读音上，《西儒耳目资》体现了明代官话音的文读层，《元韵谱》则反映了明代基础口语音的白读层。两者调类一致。

第五节 《元韵谱》与《重订司马温公等韵图经》

一、《重订司马温公等韵图经》概况

《重订司马温公等韵图经》，简称《等韵图经》，成书于明万历三十四年（1606），该书为一部韵谱，是《合并字学篇韵便览》其中的一部分。除韵谱《等韵图经》外，《合并字学篇韵便览》还包括字书《合并字学集篇》、韵书《合并字学集韵》、反切总谱《四声领率谱》三个部分。关于其编撰者，一般认为是张元善和徐孝两个人。张元善自序云："余暇时涉猎诸书，日与通晓字义者相互阐发，稍知《篇》《韵》。于是博访韵轩徐子暨诸名士之工于《篇》《韵》者，殚精抽思，溯流穷源，删昔一十六摄为十三摄，改三十六母为二十二母，令母必统于摄，声必属于母，分摄宜而子母定。"《等韵图经》作为韵谱，比较集中反映了该书的音系，故我们选取《等韵图经》作为音系比较的对象，韵书《合并字学集韵》作为补充。

关于《等韵图经》的音系性质，一般都认为反映了明末北京话。因此，诸多考察北京话历时演变的研究成果，均以《等韵图经》作为明末北京话的材料，如高晓虹《北京话入声字的历史层次》等。目前学术界对于《等韵图经》的研究成果较多，本文主要参考周赛华《合并字学篇韵便览研究》（2005）和叶宝奎《明清官话音系》（2001）。

二、《元韵谱》与《等韵图经》音系之比较

声母方面，《等韵图经》卷首《字母总括》："见溪端透泥影晓，来照穿稔审精清，心心二母刚柔定，重唇上下帮滂明，非母正唇独占一，敷微轻唇不立形，抵腭点齿惟正齿，喉牙舌上不拘音。"《字母总括》共提及声母二十二个，但"敷微轻唇不立形"，说明敷、微并不存在。此外，心母分刚柔，一心母外加□。徐孝《凡例》对此进行了解释："复考音义以别刚柔，惟心母脱一柔音，见居吴楚之方，予以□字添心字在内为母，以领开合一四之音，口传读诵音韵，虽是叶合，至于设立反切不立其形焉。能固结垂后，于是又立思 腮 洗 性 松 苏 宣 须 八形，以为一百九十六音之领率，已上借立之形，俱用白字以别之。"可知心母为吴楚之音，明末北京音并没有这个声母。因此，《等韵图经》实际上只有十九母，现将其声母按照发音部位列举如下：

帮 p	滂 p^h	明 m	非 f
端 t	透 t^h	泥 n	来 l
见 k	溪 k^h	晓 x	影 ø
精 ts	清 ts^h	心 s	

照 tʂ　　　穿 tʂʰ　　　审 ʂ　　　稔 ʐ

《元韵谱》声母共二十一个，与中古音相比，两者声母系统都大大简化了，全浊声母已消失，并入到清声母中；喻影合一；知庄章合流，《元韵谱》部分知章组字因韵母洪细的不同，还存在着声母发音的差异，但从音位角度来看，两者是互补的，知庄章三组声母发展趋势是合流，可拟为一套声母，《等韵图经》则没有这种分别，知庄章三组声母已完全混同。这些语音演变反映了中古至明代北方汉语语音的发展。

两者声母系统的差异主要表现在微母和疑母。在明清韵书韵图所反映的音系中，微母和疑母的演变比较复杂，正处于一个动态演变中。有的保留疑母和微母，与影母形成对立，如方以智《切韵声原》；有的保留微母，疑母消失演变成零声母，如兰茂《韵略易通》、吕坤《交泰韵》；有的微母和疑母都消失，并入零声母，如樊腾凤《五方元音》、无名氏《五音通韵》。徐孝《等韵图经》中微母和疑母字都列于影母之下，说明这些字已变成零声母。《元韵谱》保留疑母和微母，与影母形成对立，且微母还没有进一步演变成纯元音 u 的倾向。

韵母方面，徐孝《等韵图经·韵图指南贴号》："通止祝蟹垒效果，假拙臻山宕流门。"可知韵分十三摄，此"摄"与中古十六摄概念不同，实际上指韵部。十三摄中，除祝摄为独韵，其余十二摄每摄分开合，因此共二十五图。《等韵图经》每图分为四等，称为"开口上等"、"开口下等"、"合口上等"、"合口下等"，实际上即是四呼。耿振生先生指出："明确地从介音角度把韵母区别为四类的，大概以桑绍良《青郊杂著》（1581）为最早，该书没有用'开、齐、合、撮'的名称，而有其实际内容，用的名称叫'四科'，把开口呼叫做'轻科'，把齐齿呼叫做'极轻科'，把合口呼叫做'重科'，把撮口呼叫做'次重科'。"① 《元韵谱》称"刚律"、"刚吕"、"柔律"、"柔吕"，虽名称各异，但表现的内容都是近代汉语的四呼系统。笔

---

① 耿振生：《明清等韵学通论》，语文出版社 1992 年版，第 62 页。

者参考了周赛华和叶宝奎的研究成果，归纳《等韵图经》韵母系统，共有韵母39个，列举如下表：

	开口上等	开口下等	合口上等	合口下等
通摄	əŋ	iŋ	uŋ	yŋ
止摄	ï ɚ	i		y
祝摄			u	
蟹摄	ai	iai	uai	
垒摄	ei		uei	
効摄	au	iau		
果摄	o	io	uo	
假摄	a	ia	ua	
拙摄	ɜ	iɜ	uɜ	yɜ
臻摄	ən	in	uən	yən
山摄	an	ian	uan	yan
宕摄	ɑŋ	iɑŋ	uɑŋ	
流摄	əu	iəu		

《元韵谱》与《等韵图经》相比，韵部更少，仅为十二佸，可谓是韵母系统中的"最简方案"了，十二韵分部法对后世影响很大，清代很多韵图韵书均采用十二韵。两者韵母系统的共同点表现在闭口韵的消失，即［m］尾韵并入到［n］尾中。反映明末官话语音系统的《西儒耳目资》中闭口韵也消失了，可见中古时期的闭口韵，无论在明代官话音，还是明末基础方言口语音中，都并入［n］尾了。

两者韵母系统的差异主要表现在入声韵的处理上，《等韵图经》将入声并入阴声韵中，入声消失；《元韵谱》则保留入声，将入声与阴声韵相配，改变了传统入配阳的格局，说明当时的入声韵尾已混同，演变成一个喉塞音［-ʔ］，因此《元韵谱》的韵母数量较多。无论入声韵并入阴声韵，或与阴声韵相配，都表明其读音与阴声韵的主元音相同或相近。因此入声字的读音情况，可以成为我们观察明清韵书韵图音系性质的重要视角。山深咸臻四摄入声字在两部韵书中读音基本一致，下面将宕江曾梗通摄入声字的韵母读音进行比较，为了便于考察，我们将反映明末官话音的《西儒耳目资》也纳入到比较的范围，列表如下：

	宕江摄		曾摄一三等		梗摄二等		通摄合三	
	略爵药角学		墨德塞国或		责策格虢获		俶祝叔	
	文读	白读	文读	白读	文读	白读	文读	白读
《元韵谱》	[o]			[ei]		[ai]	[u]	
《等韵图经》	[o]	[au]	[ɛ]	[ei]	[ɛ]	[ai]	[u]	[ou]
《西儒耳目资》	[o]		[ɛ] [o]		[ɛ] [o]		[u]	

通过列表可知，宕江摄、通摄合三入声字均读为果摄和遇摄，只有《等韵图经》尚存白读音，但白读音字数量较少，表明文白竞争已接近尾声。如高晓虹《北京话入声字的历史层次》（2009）所言北京话通摄合三入声字文读音来自《蒙古字韵》所代表的元代北部官话，宕江摄入声字文读音是受到了金元汴洛方言的影响。[①] 宕江摄、通摄合三入声字的文读层形成时间较早，在明末汉语中，无论官话音，还是基础方言口语中均占据绝对优势。曾摄一三等、梗摄二等入声字的读音情况则较为复杂，《等韵图经》所反映的明末北京话有文白两个层次，文读为 [ɛ]，白读为 [ei] [ai]。《西儒耳目资》与《等韵图经》文读层基本一致，可见《等韵图经》文读层可能来源于以南京话为基础的明代官话音。《元韵谱》曾梗摄入声字的读音与明代官话音差别较大，与《等韵图经》的白读层基本一致，进一步证明了《元韵谱》音系反映明末某种基础方言的口语音。

此外，两者韵母系统在 [ɛ]、[ɚ]、[ei] 等韵母上也存在细微差别。《等韵图经》将中古麻韵"遮者车蛇舍"、陌韵"白柏格客赫"、麦韵"厄搦"、德韵"德忒勒塞"、薛韵"撤热舌"等字收入

---

① 高晓虹：《北京话入声字的历史层次》，北京语言大学出版社 2009 年版，第 156—163 页。

拙摄开口上等，拟音为［ɛ］。《元韵谱》将这些字列入孛佸齐齿呼［iɛ］，保留［i］介音。《等韵图经》将"而尔二"等字列于影母下，《等韵图经·凡例》称："世俗久用至当之音，原韵虽系无形，亦用黑字领率：谓内而所他哈打雷之类。"说明《等韵图经》音系中已出现［ɚ］韵，但《元韵谱》仍将这些字列于北佸日母下。《元韵谱》尚无［ei］韵，《等韵图经》坐摄有［ei, uei］两个韵类，其中［ei］韵为中古灰韵唇音及泥来母字"雷飞肥"和德韵入声字"北黑贼"等，但"飞匪沸肥"仍读合口。《音韵阐微》也未分化出［ei］韵，"四支、五微、八齐、十灰四部中原合口细音，今皆读作合口呼，且在唇音声母前保持合口呼，尚未分出 ei 韵"①。可见基础方言口语音中［ei］韵正在形成过程中，并没有获得官方或者社会的普遍认可。

声调方面，《等韵图经》音系共有四个调类：平声、上声、去声、如声。《凡例》："设如声者，谓如平声也。谓以'同农模卢'之音取'胡斛霞匣'之例，与'夺箔局轴'相并，为后学易见，捷于影响。"如声，即相当于现代普通话的阳平，平声已分阴阳。《凡例》："上声旧有'动部旱荠视雉'之类，皆移于去声，今止存'耿董敢纪'诸音。"全浊上声归入去声。《元韵谱》调类为五个：上平、下平、上声、去声、入声。平声已分阴阳，全浊上声字归入去声，与《等韵图经》相同。《元韵谱》保留入声，《等韵图经》入声消失，明末官话音《西儒耳目资》保留入声，可见入声在明清时期韵书韵图中表现各异，说明入声正处于演变过程中。

通过比较可知，两者声母系统基本一致，差别主要表现在微母和疑母。韵母及声调系统的差异主要表现在入声字的处理上，《等韵图经》将入声韵归入阴声韵，入声消失了，《元韵谱》将入声保留，与阴声韵相配。此外，《等韵图经》记录［ɚ］、［ei］等韵母，均为"世俗久用至当之音"，值得称道。

---

① 叶宝奎：《明清官话音系》，厦门大学出版社 2001 年版，第 198 页。

第六节 《元韵谱》与《音韵阐微》

一、《音韵阐微》概况

《音韵阐微》，李光地、王兰生编纂，是清代一部重要的官修韵书，编纂于康熙五十四年（1715），雍正四年（1724）成书。该书卷首按语云："首列韵谱，定四等之轻重，每部皆从今韵之目而附载《广韵》之子部以存旧制，因以考其当合当分。其字以三十六母为次，用韩道昭《五音集韵》、黄公绍《韵会》之例，字下之音则备载诸家之异同，协者从之，不有心以立异，不协者改用合声，亦不迁就以求同。"可见，《音韵阐微》的音系结构未超出中古语音框架，声母采用传统三十六字母，韵部依照通行的平水韵，声调仍为平上去入四声，具有保守性。但在传统语音框架下编纂者也表达了实际的语音现象，如《凡例》载："如江韵之字古音与东冬韵近，今音与阳韵近；殷韵之字唐人多与真同用，宋以后乃与文同用，此声音部分之随韵而异者，皆详于各韵按语中。若疑微喻三母，南音各异，北音相同；知彻澄三母古音与端透定相近，今音与照穿床相近；又泥母与娘母、非母与微母古音异读，今声同读，此声音部分之随母而异者，皆按旧谱列之，而古今南北之别庶按母可辨，不敢意为离合也。"编纂者所要表达的时音特征是通过凡例和按语的形式表现出来的，也就是说《音韵阐微》包含了双重音系。叶宝奎先生认为："《音韵阐微》实际上包含两个语音层次：（1）与平水韵相近的传统读书音；（2）当时的官话音（凡声、今音）。"[①] 我们主要以《音韵阐微》体现的官话音为比较对象，其语音系统主要参考叶宝奎《明清官话音系》。

二、《元韵谱》与《音韵阐微》音系之比较

声母方面，《音韵阐微》表面上沿用传统的三十六字母，但实际

---

① 叶宝奎：《明清官话音系》，厦门大学出版社 2001 年版，第 191 页。

语音并非如此。《凡例》："若疑微喻三母，南音各异，北音相同；知彻澄三母古音与端透定相近，今音与照穿床相近；又泥母与娘母、非母与微母古音异读，今声同读。"此外，还可结合李光地的论述综合考察，李光地《榕村别集》卷一载："等韵凡三十六，今云二十一者，以京师江宁府及中州之声为凡也。"《榕村集》卷二十九载："等韵有三十六母，邵韵有四十八行，以今音对之，则今音所缺者多，即如疑微两母必不可缺者，而今京音无之，故满字亦无之，则此两字无音可对。"通过李光地的论述可知，当时的官话音有声母二十一，保留疑母和微母；官话音与北京音存在差异，据此可断定近代官话基础方言的转变，至少在清代前期还没有发生。叶宝奎先生通过分析《凡例》和按语，归纳了《音韵阐微》所代表的官话音声母系统，共有二十一个，现将声母按照发音部位列举如下：

帮 p	滂 pʰ	明 m	非 f	微 v
端 t	透 tʰ	泥 n	来 l	
见 k	溪 kʰ	晓 x	疑 ŋ	影 ø
精 ts	清 tsʰ	心 s		
照 tʂ	穿 tʂʰ	审 ʂ	日 ʐ	

与《元韵谱》相比，声母系统完全一致，体现了明清时期北方基础方言口语音的共同特征。明清时期声母系统的差异主要表现在微母和疑母上，《音韵阐微》所表现的清代官话音中保留微母和疑母，这与明代后期《西儒耳目资》反映的明代官话音是一致的。清初官话音继承了以南京话为基础的明代官话音，两者一脉相承。《音韵阐微·凡例》称："若疑微喻三母，南音各异，北音相同。"微母、疑母在南北方言中存在差异，南方大多保留，而在清初北音中已失去了独立地位，包括北京音也是如此，反映明末北京话的《等韵图经》已揭示了这一语音现象。

韵母方面，《音韵阐微》韵部依照通行的平水韵，共分一百一十二韵。《凡例》云："唐虞三代以及秦汉所传既无韵书，故古韵部分言者各殊，究无定论，今按其收声以别之。平声分为六部，上去二声与平声同，入声分为三部，皆与国书十二字头之部分相对。歌麻支微鱼虞为一部，皆直收本字之喉音，凡诸韵之声皆从此出，与十二字头'阿厄衣'一部之音相对；佳灰与支微齐为一部，同收声于衣字，与十二字头'艾厄矣'一部之音相对；萧肴豪尤与鱼虞为一部，同收声于乌字，与十二字头'傲欧优'一部之音相对；东冬江阳庚青蒸为一部，收鼻音，与十二字头'昂罌英'一部之音相对；真文元寒删先为一部，收舌齿音，与十二字头'按恩因'一部之音相对；侵覃盐咸为一部，收唇音，与十二字头收声于母字者相对；至入声屋沃觉药陌锡职为一部，乃东冬江阳庚青蒸之入声，其音宜与十二字头上收声于克字者相对，以皆收声于鼻音也；质物月曷黠屑为一部，乃真文元寒删先之入声，其音宜与十二字头收声于忒字者相对，以皆收声于舌齿也；缉合叶洽为一部，乃侵覃盐咸之入声，其音宜与十二字头之收声于卜字者相对，皆收声于唇音也。至十二字头之收声于勒，收声于思，收声于尔者，其音为汉文所无，不能对音者也。"根据以上《凡例》可知，《音韵阐微》根据收声的不同将韵部分为九类，其中舒声六类，促声三类，并与国书十二字头相对应。该音系框架表面上与传统的中古音系格局基本一致，但事实上编纂者已将实际语音隐含在传统的音系框架之下，正所谓"音虽从时，而其部伍则犹仍旧"。编纂者所要表达的时音特征则通过凡例和按语的形式表现出来，如《凡例》云："依韵辨音，各有呼法，旧分开合二呼，每呼四等。近来审音者于开口呼内又分齐齿呼，于合口呼内又分撮口呼，每呼二等，以别轻重，二呼共居一幅，共分四等，名目加详，其实无二。今于每韵内分注开口呼、齐齿呼、合口呼、撮口呼各若干音，以为按母分音之据，乃呼法也。"在个别韵后还有按语加以说明，如四支合口三等韵按语："以上三十九音共分三等，其居第二等者为合口呼，居第三等第四等者按韵谱宜作撮口呼，今音读作合口呼。"又如九佳开口二等韵按语："以上十一音，韵谱例属开口呼，今读作齐齿呼。"《音韵阐微》表面上继承传统的两呼四等，实际上通过《凡例》和按语表现了近代汉语中的四呼系统。又如："古人有闭口韵，乃今诗韵侵覃盐咸四部，在满字则阿木额木依木一头是也。浙江、江西、闽广间，此音尚存，直隶及他省皆无之。邵子七声中后两行即是侵覃盐咸之韵，如对以京音，则与真寒删先等相复，似应以阿木额木依木一头之字对之。"又覃韵按语："覃韵之音与寒韵相近，盐韵之音与先韵相近，咸韵之音与删韵相近。但寒韵先收声于舌齿，覃盐咸收声于闭口。"实际语音中侵覃盐咸韵之［m］尾已消失，与真寒删先之［n］尾没有区别了。

叶宝奎先生结合《凡例》和按语，归纳了《音韵阐微》官话音的韵母系统，共48个，其中入声韵13个。但《音韵阐微》入声韵的情况较为复杂，正如叶宝奎先生所言："入配阳转变为入配阴的变化却与《阐微》入配阳、开合洪细的语音框架格格不入，编纂者很难在入配阳的框架中表现入声韵的具体变化，亦不便明言。因此我们归纳的入声韵与阴声韵配搭不甚整齐，这一方面可看作是韵母系统由入配阳变成入配阴转化过程中的正常现象，另一方面也是由于韵书缺少明确说明和提供资料来证实入声韵的某些具体变化。"[1] 在入声韵的问题上，编纂者无法在传统的框架下体现时音，无奈之下只能保存旧制，维持入配阳的格局，放弃反映入声韵的实际变化。对于入声配阴声韵，竺家宁认为："当入声韵尾转为喉塞音之后，前后的元音所担负的功能便相对的增强，因此，在语音的近似度上来说，配阴声比配阳声更为合适。这是宋代语料普遍以入配阴的理由。"[2] 中古一些韵图，如《切韵指掌图》、《四声等子》、《切韵指南》等，把入声韵既排在阳声韵之下，又排在阴声韵下，这就是"阴阳兼配"或"入配阴阳"。对于这种现象，甯忌浮先生认为："它们不是共时的语音现象，入配阳是因袭旧韵旧图，入配阴是现实语音在韵图上的反映。"[3] 虽然我们根据近代汉语韵母系统的发展情况，可推断当时的入声韵尾

---

① 叶宝奎：《明清官话音系》，厦门大学出版社2001年版，第200页。

② 竺家宁：《宋代入声韵的喉塞音韵尾》，载《近代音论集》，台湾学生书局1994年版，第216页。

③ 甯忌浮：《〈切韵指南〉入声韵兼配阴阳试析》，《语言研究》1991年增刊。

已混同，但从《音韵阐微》入配阳的格局中无法了解当时入声字韵母的读音情况。因此，笔者认为与其勉强将入声与阴声韵相配，以推测其韵母读音，不如放弃入声韵韵母的构拟，就现有材料讨论问题，尽量避免掺入主观成分。除入声韵外，《音韵阐微》共有韵母 35 个，现按照开、齐、合、撮四呼的顺序列举如下表：

开口呼	齐齿呼	合口呼	撮口呼
əŋ	iŋ	uŋ	yŋ
ən	in	uən	yn
an	iɛn	uan	yɛn
ɑŋ	iɑŋ	uɑŋ	
ou	iou		
au	iau		
o		uo	yo
ï	i	u	y
ai	iai	uai	
a	ia	ua	
	iɛ		
		uei	

与《元韵谱》韵母系统相比，除入声韵不同外，基本一致，只有个别韵母的音值存在差异。如 [yo] 韵，《音韵阐微》五歌合三按语："以上戈韵五音撮口呼。"《元韵谱》拟为 [yɛ]，为撮口呼，大同小异。《音韵阐微》日母三等韵尚未演变为 [ɚ] 韵，与《元韵谱》一致。而明末代表官话音的《西儒耳目资》用 ul 来标注，说明《西儒耳目资》音系中已出现 [ɚ] 韵。明末代表北京话的《等韵图经》也将"而尔二"等字列于影母下，《等韵图经·凡例》称："世俗久用至当之音，原韵虽系无形，亦用黑字领率：谓内而所他哈打雷之类。"可见，[ɚ] 韵作为一种明末清初刚刚产生的新韵母，并未获得社会的认可，而金尼阁《西儒耳目资》作为外国传教士不受传统意识的束缚，故能客观地记录 [ɚ] 韵的存在。《音韵阐微》尚未分

化出［ei］韵，四支合口三等韵按语："以上三十九音共分三等，其居第二等者为合口呼，居第三等第四等者按韵谱宜作撮口呼，今音读作合口呼。"五微合口三等韵按语："以上十音韵谱例属撮口呼，今皆读作合口呼。"《西儒耳目资》音系中也没有［ei］韵，清初官话音继承了这一语音现象。《元韵谱》音系也未体现［ei］韵的存在，但《等韵图经》垒摄有［ei，uei］两韵，其中［ei］韵为中古灰韵唇音及泥来母字"雷飞肥"和德韵入声字"北黑贼"等，徐孝称之为"世俗久用至当之音"，但"飞匪沸肥"等字仍读合口。可见基础方言口语音中［ei］韵正在形成过程中，与［ə］韵的情况基本相同，并未获得社会的接受和认可。

声调方面，《音韵阐微》表面上只列"平上去入"四声，与中古声调系统一致，但在语音材料中已体现了声调系统的变化。如"平声诸韵清浊之辨甚显，故收声之字必分清浊。"编纂者利用反切用字的清浊，来体现平声的分化。又如全浊上声字的演变，《音韵阐微》上声董韵按语："上声浊母中字，今多读若去声，如'动'读如'洞'，'杜'读如'渡'之类是也。今于翻切第二字，多借清母中字用之，使人审切音而知其为上声。至所以辨其母之清浊者，专为翻切之上一字，仍不悖古人切法之旧也。"既体现了全浊上声字的变化，又不悖古法，可谓妙哉！《元韵谱》声调也为五：上平、下平、上声、去声、入声，与《音韵阐微》所体现的官话音基本一致。

综上所述，两者在语音系统上基本一致。可见明清时期北方汉语中，无论是官话音，还是基础方言口语音，在语音的整体框架上基本上是一致的。正如叶宝奎先生所言："这一阶段基础方言口语音的势力与影响在不断增大，官话音受口语音影响而不断地向口语音靠近。"① 两者的差别主要表现在入声字的处理上，《元韵谱》以实际语音为依据，将入声与阴声韵相配，一方面体现了入声韵尾的变化，另一方面也为我们展示了入声韵母的读音情况。但《音韵阐微》继承

---

① 叶宝奎：《明清官话音系》，厦门大学出版社 2001 年版，第 180 页。

了传统的人配阳格局，无法展现人声字的读音情况，体现了其守旧的一面。

第七节 《元韵谱》与《五方元音》

一、《五方元音》概况

《五方元音》，樊腾凤著，不载成书时间。龙庄伟先生根据隆尧县文物保管所的调查记录和樊腾凤第十代孙樊中文先生抄存的碑文，推断该书成书于顺治十一年（1654）至康熙三年（1664）之间。作者樊腾凤，字凌虚，河北尧山人，生于明万历二十九年（1601），卒于康熙三年（1664）。关于樊腾凤的生平事迹，记载较少。康熙十二年（1673）《唐山县志》仅载："《五方元音》，樊腾凤著。"光绪七年（1881）重修《唐山县志》，根据樊腾凤后裔樊景泰、樊景云的叙述，增补樊腾凤传记。摘录如下：

> 樊腾凤，字凌虚，西良村人。相貌魁梧，声音洪钟，嗜学不屑时艺，精易数，占休咎，验如桴鼓。时当明季，四海鼎沸，凤夙有拨乱反正志，然静验已运，难以有为，遂闭户潜修，留心韵学，乃曰：古文篆隶，随时递变，至汉许子《说文》，重义而略于音。自西域以三十六字为母而四声七音遂传于江左诸儒，而后之讲韵学者，因以为宗，故自梁迄明，如《玉篇》、《广韵》、《集韵》、《正韵》诸书出后，学者若有皈依，然总未有计及于五方者。尝考《管子》书载五方之声，清浊高下，各象其川原泉壤，故五方必所偏得而非所谓元音也。因将古之干根庚冈，易为天人龙羊等十二字为母，将古之见溪晓影，易为梆袍木风等二十字为反切，合成一帙，名曰《五方元音》。其传于当时，而衣被后学者，较之前人韵学诸书不简约，而便于翻阅哉。《元音》外，所著犹有他书，惜后人为微，俱归散佚。

　　今人张稼农根据有关记载及传说撰写《〈五方元音〉作者樊腾凤传略》，载于《隆尧文史资料选辑》（第二辑），可参看。

　　《五方元音》是明清时期一部韵书韵图相配合的等韵化韵书，是近代汉语语音研究的宝贵资料。樊腾凤《自序》："自童年淡志功名，痴心韵学，流（浏）览诸韵书，见《海篇直音》法穷而涉于粗浅，等韵门法错杂而又过于深微，学辄苦于难知置而弗讲，因按《韵略》一书，引而伸之，法虽浅陋，理近精详，但从前老本韵拘二十，重略多槩，声止有四，错乱无门，且母失次序，韵少经纬。余不辞借，窃妄行删补于韵之重叠者裁之，减二十为十二，以象时月世会，与天地之一元相配，而不可增损。于声之错乱者而叙之，添四声为五声，以象行数方音，与天地之五位相当而并行无遗。"可见，樊腾凤编纂《五方元音》时是以兰茂《韵略易通》为蓝本。赵荫棠认为："设若你要把他（按：樊腾凤）的书与兰氏的对照住一看，你便知道他的字数与注解处处是仍兰氏之旧。"① 此外，樊腾凤在编纂过程中，还参考了乔中和的《元韵谱》。《五方元音·五声释》："如乔氏《韵谱》，实发所未发，其中辩论说邵子《经世》用力虽云精苦，而唇舌未免牵合；《指南》虽夺造化之巧，而呼上如去、呼入为平，纷纭多故，亦不无复且略也；兰廷秀早梅诗删繁就简，似觉洒然，而缺略无统，且入声有无，法欠自然，俱未备天地之元音。而蓄疑已久，如《指南》之三十六并之止该十九，韵谱之七十六四分之，亦止十九。"樊腾凤对河北同乡乔中和的《元韵谱》赞赏有加，由此可见两者之间的密切关系。赵荫棠认为《五方元音》十二韵应十二律"亦渊源有自，远者且不论，近者即受乔中和《元韵谱》的影响，是由《韵谱》的'十二佸应十二律圆图'脱胎而来"②。龙庄伟认为："《五方元音》的编纂，直接受兰茂的《韵略易通》和乔中和的《元韵谱》的影响，它的音系框架是从《元韵谱》脱胎而来，所收韵字是从

---

① 赵荫棠：《中原音韵研究》，商务印书馆1956年版，第77页。
② 同上书，第80页。

《韵略易通》中撷取的，从音系角度说，《五方元音》跟《元韵谱》的关系更为密切。"①

《四库全书总目提要》对《五方元音》进行了介绍和评述，现抄录如下：

> 《五方元音》，二卷，浙江巡抚采进本，国朝樊腾凤撰。腾凤，字凌虚，尧山人。是书论切字之法，以阴平、阳平析四声为五，犹属旧例。其部分则并为二十：曰一天、二人、三龙、四羊、五牛、六獒、七虎、八驼、九蛇、十马、十一豺、十二地。字母则并为十二：曰梆、匏、木、风，斗、土、鸟、雷，竹、虫、石、日，剪、鹊、系、云，金、桥、火、蛙。皆纯用方音，不究古义。如覃、盐、咸之并入天，庚、青、蒸之并入龙，其变乱韵部，又甚于《洪武正韵》矣。

由此可见，《四库全书》对《五方元音》的评价并不高，但"皆纯用方音，不究古义"，正说明了樊腾凤突破了传统语音的框架，以实际语音为基础，对近代汉语语音研究具有重要的研究价值。

何谓"五方元音"？《五方元音·自序》："按《皇极经世》，天地终始，理数推迁，悉本时月世会，次舍支辰，以至黄钟律吕，俱以十二积成一元。故声之一响一应，各由性生，何非天地之元音也？"又《五方元音·十二释》："一元有十二会，一运有十二世，一岁有十二月，一日有十二时，日月一年有十二会，黄钟一年有十二律。韵亦十二，出于自然，增之不可，减之不可，谓非天地之元音亦不可。"可见，樊腾凤所说的"元音"，即指天地初始之音，与乔中和"非天地之元音"、"未备天地之元音"中"元音"是一样。元音，即正音。"元音"前冠以"五方"，更能体现作者非囿于一方之音。《五方元音·五方释》："伊川云：字非有异同，音有异同；音非有异同，人

---

① 龙庄伟：《〈五方元音〉音系研究》，《语言研究》1989 年第 2 期。

有异同；人非有异同，方有异同，谓风土殊而声气异也。如东方之音
在齿舌，西方之音在腭舌，南方之音在唇舌，北方之音在喉舌。便于
喉者，不利于唇；便于齿者，不利于腭。由是讹正牵乎僻论，是非出
乎曲说，繁然殽乱，不有正音，五方之失，焉能正之耶？噫！知其说
者，从天地之道而不为私焉，始可与言声音矣。"《五方元音》的目
的在于"正"五方之失。

关于樊腾凤《五方元音》的音系性质，有的认为体现了清初标准
语音体系，如王力《汉语语音史》（1985）；有的认为表现了明清口
语语音体系，如李新魁《汉语等韵学》（1983）、王平《小学系韵书
之后殿——〈五方元音〉》（1996）；有的认为反映了河北方言音系，
如陆志韦《记〈五方元音〉》（1948）①、耿振生《明清等韵学通论》
（1992）、龙庄伟《〈五方元音〉与〈元韵谱〉》（1996）。可见，诸家
观点不一，众说纷纭。《五方元音》在清代影响很大，出现了很多增
补本和修订本，如年希尧康熙四十九年（1710）增补本、雍正五年
（1727）重校增补本，以及后来赵培梓的改订本，即《剔弊广增分韵
五方元音》。据阳海清等编《文字音韵训诂知见书目》统计，《五方
元音》增补本和改订本竟有四十五种之多，时间跨度从康熙四十九
年，直至民国初年，由此可见其传播之广、影响之大。实际上，我们
目前所见《五方元音》大多为年希尧和赵培梓的增补本，原本则很
难见到。即使在清代前期，樊腾凤《五方元音》也不多见。年希尧
序云："如字学一书，书不一家，近世之所流传而人人奉为拱璧者莫
如《字汇》，盖以笔画之可分类而求，悉数而得也。于是老师宿儒蒙
童小子莫不群而习之，而独不知有所谓《五方元音》者，其审音叶
韵一览了然，几几乎驾《字汇》而上之。是书也，尧山樊君腾凤所
辑也，坊本不多见，予偶得之，按其大略，考其精详，固有妙谛存
焉。"从目前所见版本来看，年希尧对《五方元音》的"重加删定"，

①　载《燕京学报》1948 年第 34 期，现收录于《陆志韦近代汉语音韵论集》，商务印
书馆 1988 年版。

更适应了当时社会的需求，扩大了该书在清代的影响，从而使其广泛传播。通过将樊腾凤原本与年希尧增补本进行全面的比较，我们发现年希尧的"重加删定"是有深意的，是以当时官话为标准。这从另一个方面为我们认识樊腾凤《五方元音》的音系性质提供了一个新的视角，正由于《五方元音》的方言性质，故"坊本不多见"、"书之湮没不彰"。年希尧为适应当时社会童蒙正音教学的需求，"重加删定"，使《五方元音》音系更接近官话音，得到了社会上的肯定和接受，因此书商竞相刊刻，广为流传，使该书在清代风靡一时。关于年希尧《五方元音》增补本在汉语语音史和韵书史上的重要价值，我们拟专文进行讨论。

二、《元韵谱》与《五方元音》韵图结构之比较

樊腾凤《五方元音》是以兰茂《韵略易通》为蓝本，同时参考了乔中和的《元韵谱》。关于《元韵谱》的版本流传，前已提及，康熙辛未年（1692）之前，只刊刻了《元韵谱》韵图部分。据龙庄伟考证，《五方元音》成书时间大致在清顺治十一年至康熙三年之间，即1654—1664年。因此，樊腾凤所参考的《元韵谱》，应该是只有韵图的刊本。下面我们将《元韵谱》、《五方元音》的韵图结构进行比较，来考察两者之间的密切关系。

1. 韵图韵部之比较

由于语音系统的演变，明清时期韵母系统大大简化，《韵略易通》分韵二十，将《中原音韵》鱼模韵分为居鱼、呼模二韵，《韵略汇通》分韵十六，至《等韵图经》则进一步简化，分韵十三部。《元韵谱》分十二佸，即十二韵部。十二韵分部法是乔中和的首创，对此耿振生先生评价较高，"《元韵谱》十二韵部的分部法是本书的创举，它恰好能够概括近代北方话的韵母系统，后来成为清代北方韵书、韵图中流行的分部模式"①。《五方元音》也分十二韵，与《元韵谱》十

① 耿振生：《明清等韵学通论》，语文出版社1992年版，第180页。

二佸之数一致。我们将两者对十二韵部的说明文字进行比较，更能体现两者之间承继关系。现分别抄录如下：

《五方元音·十二韵释》："一元有十二会，一运有十二世，一岁有十二月，一日有十二时，日月一年有十二会，黄钟一年有十二律，韵亦十二，出于自然，增之不可，减之不可，谓非天地之元音亦不可。胡以韵名？以一声而摄众声，以众声而从一声，无遗无复，纵横不爽。一人之口、千万人之口，同一时之声、千万世之上千万世之下之声，又无不同，不以韵名，又乌乎可？"

《元韵谱·十二佸释》："宫十二，佸亦十二，增之为十三不得，减之为十一不得，非天地之元音尔耶！胡名佸？以一声而摄众声，以三百六十声而从一声，取会计之一，且一元之数会十二，恰有十二韵，而无遗无复，故名之。又象形一人之口、十人之口也，以一人之舌四从五横，而俨然一古人，其寓也。"

通过文字对比，我们发现樊腾凤对十二韵的说明与《元韵谱》有若干雷同之处，这不可能是巧合吧。樊腾凤对十二韵部的名称进行了改易，即一天、二人、三龙、四羊、五牛、六獒、七虎、八驼、九蛇、十马、十一豺、十二地。除了一天、二人、十二地外，都采用动物的名称。樊腾凤不仅改易了韵部的名称，而且对韵部的排列也进行了调整，下面以《元韵谱》十二佸为坐标，尽量做到一一对应，以此比较两者韵部的排列差异。

一骈	二探	三奔	四般	五褒	六帮
三龙	五牛	二人	一天	六獒	四羊
七博	八北	九百	十八	十一孛	十二卜
八驼	十二地	十一豺	十马	九蛇	七虎

樊腾凤虽对韵部的排列作了调整，但前六韵和后六韵的分界井然有序，与《元韵谱》是相同的。

《五方元音》将十二韵与十二地支、十二律吕进行搭配，并制成"十二韵应十二律图"。通过对比，我们发现与《元韵谱》"十二佸应律圆图"完全一致。如下图所示：

《元韵谱》   《五方元音》

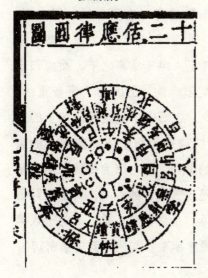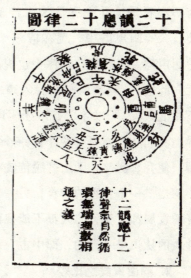

　　乔中和《元韵谱》将入声改配阴声韵，前六韵不列入声，后六韵
五声俱全，这说明了入声韵与阴声韵之间的密切关系。在《广韵》
系韵书或韵图中，入声韵是配阳声韵，并且严守［－k］配［－ŋ］，
［－t］配［－n］，［－p］配［－m］的条例，直到明初《洪武正韵》
还是如此，后来《韵法直图》、《韵略易通》也都沿袭《洪武正韵》
的做法，以入声韵配阳声韵，但其排列已经出现混乱。樊腾凤《五方
元音》是以《韵略易通》为蓝本改并而成，但《韵略易通》入声配
阳声韵，而《五方元音》却配阴声韵。樊腾凤《自序》："卷分上、
下册，配两仪，前六韵入声俱无，轻清上浮以象天，后六韵入声全
备，重浊下凝以配地。"《五方元音·十二韵目》也有相关论述："前
六韵轻清象天，其入声字音重浊，不便混入，俱寄形于后韵中，故别
为上卷。后六韵重浊象地，其入声字音亦皆重浊，取同类相从，五声
备具，故别为下卷。"很明显，《五方元音》入声配阴声韵也是承袭
了《元韵谱》的做法。前贤也指出了这一点，樊腾凤"这样处理是

继承和发展了乔中和的'寄归'理论"①，"樊氏之所以将入声改配阴声韵，是从乔中和的《元韵谱》中继承来的"②。但两人对"寄归"有不同看法，乔中和认为入声韵原来是"寄"在英、忧、殷、烟、要、央等阳声韵中，现在应该"归"回到诃、灰、虺、花、些、呼等阴声韵。崔数仞在其序中也提道："正入声于本声之下，而咸归于后六韵也。"樊腾凤则认为入声本来配阳声韵，但因为"字音重浊，不便混入"，所以才"寄"于阴声韵中。之所以出现这种认知上的差异，我们认为原因有两个：一个是传统韵书入声配阳声韵观念的束缚，使乔、樊二人无法摆脱传统观念的影响，都力图为传统入声配阳声韵提供一个合理的解释；另一个则是现实语音的影响，对于实际语音的发展和演变，二人都不能视而不见。总之，乔、樊二人对于入声性质的认识是一致的，即中古入声已发生演变，与阴声韵关系密切。

2. 韵图声类之比较

对于声母的排列，两部韵图都采用了横列声母的做法。《元韵谱》横列十九声母，即帮、滂、门、端、退、农、雷、钻、存、损、中、揣、谁、戎、翁、怀、光、孔、外（以柔律为例）。这十九母是按照发音部位排列的，从右向左依次是唇音、舌音、半舌音、下齿音、上齿音、半齿音、喉音、牙音。除了按发音部位排序外，在同一发音部位内部也有一定的排序标准，即按照"清、清浊半、浊"的顺序排列。乔中和并未维护传统的格局，能够从实际语音出发，取消全浊声母，反映了乔中和的时音意识。

《五方元音》声母二十，从右向左的顺序为：梆、匏、木、风、斗、土、鸟、雷、竹、虫、石、日、箭、鹊、系、云、金、桥、火、蛙。大致也是按照发音部位来排列的，即唇音、舌音、半舌、正齿、半齿、齿头、牙音、喉音。这是对《韵略易通》声母的重新排序，

---

①　龙庄伟：《〈五方元音〉音系研究》，《语言研究》1989 年第 2 期。
②　王平：《〈五方元音〉韵部研究》，《郑州大学学报》（哲学社会科学版）1996 年第 5 期。

樊腾凤认为兰茂《韵略易通》早梅诗"母失次序"。因此，对声母的排列重新按照发音部位来进行。这种安排与《元韵谱》声母的排序也是一致的，只不过在顺序上略有差异。樊腾凤将齿头音，即乔中和所说的"下齿"音列于正齿、半齿之后；喉音列于牙音之后。

在韵图声母的排列上，两者还存在一个较大的差异，即声母与介音关系的处理上。《五方元音》只有一套声母，横列于每张图的上面。《元韵谱》为了区别柔律、柔吕、刚律、刚吕四呼，将同一声母又分为四个"小母"，共七十二母。乔氏的七十二母实际上就是把声母和介音结合起来，按不同的呼分成"小母"，这是明清时期声母体系中比较流行的"声介合母"现象。"明清时代等韵学中的声母体系有一种影响颇大的分类法，就是把声母辅音和介音结合起来，按不同的呼分成'小母'。"① 这也反映出当时在分析语音结构方面的进步。

3. 韵图等呼之比较

《元韵谱》十二佸中，每佸又分柔律、柔吕、刚律、刚吕四等，即"四响"。四响，即四呼。《七十二母释》："兹于见字外，别立光倦庚三母，而四响各用，如光奔为昆，倦奔为君，庚奔为根，见奔为巾。"四母声母相同，介音有异。乔中和用声介合母来体现声母系统，同时也说明了柔律、柔吕、刚律、刚吕四呼的格局，只是没有采用合、撮、开、齐四呼的名称罢了。《元韵谱》十二佸中每佸皆如此，固定四呼格局，体例一致，清晰明了，这种做法是比较科学的。

《五方元音》每韵也纵分四等，实为开、齐、合、撮四呼。李清桓先生认为："《五方元音》韵图四类的格局虽然没有完全按现今'开、齐、合、撮'顺序排列，但四类的观念已经形成。因此单从韵图表现四呼的格局就可看出《五方元音》在韵图史上的贡献。"② 实际上，四呼形成的年代较早，明初《韵略易通》将鱼、模分韵，标志着介音［y］的形成，四呼正式形成。但是四呼概念的明确则是在

---

① 耿振生：《明清等韵学通论》，语文出版社 1992 年版，第 58 页。
② 李清桓：《〈五方元音〉韵图研究》，《北方论丛》2005 年第 6 期。

明末，"明确地从介音角度把韵母区别为四类的，大概以桑绍良《青郊杂著》（1581）为最早，该书没有用'开、齐、合、撮'的名称，而有其实际内容，用的名称叫'四科'，把开口呼叫做'轻科'，把齐齿呼叫做'极轻科'，把合口呼叫做'重科'，把撮口呼叫做'次重科'"①。之后，徐孝《等韵图经》把四呼称为"开口上等"、"开口下等"、"合口上等"、"合口下等"；袁子让《字学元元》称为"上开"、"下开"、"上合"、"下合"；乔中和《元韵谱》则称"刚律"、"刚吕"、"柔律"、"柔吕"。虽然名称各异，但表现的内容则是近代汉语的四呼系统。因此，不能对《五方元音》四呼格局在韵书史上的贡献评价过高。

《五方元音》虽有四呼之实，但樊腾凤并没有给四呼命名，这最终导致了韵图制作的纰漏。由于对四呼没有一定的规范，因此韵字在四呼的处理上则缺乏统一的标准。李清桓先生对天、人、龙韵图的四呼具体排列情况进行分析，认为："从'人'、'龙'韵的四呼排列可看出，此二（案：原文为'三'，误）韵的四呼排列顺序都不同'天'韵的排列顺序，它们四者之间也各不相同，就是同一韵部的不同字母其四呼排列顺序也有不一致的地方。也就是《五方元音》的等韵图对四呼安排在其12个韵部没有统一的标准，这是其不精当之处。"② 为了便于直观观察，我们以天韵、人韵为例：

天韵梆母：齐、合；　　　　　　人韵梆母：合、齐；

天韵匏母：齐、合；　　　　　　人韵匏母：合、齐；

天韵木母：齐、合；　　　　　　人韵木母：合、齐；

天韵风母：合；　　　　　　　　人韵风母：合；

天韵斗母：齐、合、开；　　　　人韵斗母：合；

天韵土母：齐、合、开；　　　　人韵土母：合开；

天韵鸟母：齐、合、开；　　　　人韵鸟母：合、开、齐；

---

① 耿振生：《明清等韵学通论》，语文出版社1992年版，第62页。

② 李清桓：《〈五方元音〉韵图研究》，《北方论丛》2005年第6期。

天韵雷母：齐、合、开；　　　　人韵雷母：合、齐、撮；

天韵竹母：齐、合、开；　　　　人韵竹母：合、齐、开；

天韵虫母：齐、合、开；　　　　人韵虫毋：合、齐、开；

天韵石母：齐、合、开、撮；　　人韵石母：合、齐、开；

天韵日母：开、合；　　　　　　人韵日母：合、开；

天韵剪母：齐、合、开、撮；　　人韵剪母：合、齐、开；

天韵鹊母：齐、合、开、撮；　　人韵鹊母：合、齐、撮；

天韵系母：齐、合、开、撮；　　人韵系母：合、齐、撮；

天韵云母：齐、撮；　　　　　　人韵云母：合、齐；

天韵金母：齐、开、合、撮；　　人韵金母：合、齐、撮、开；

天韵桥母：齐、开、合、撮；　　人韵桥母：合、齐、撮、开；

天韵火母：齐、开、合、撮；　　人韵火母：合、齐、撮、开；

天韵蛙母：开、合；　　　　　　人韵蛙母：合、开；

　　天韵基本上以齐、合、开、撮为序，而人韵基本以合、齐、撮、开为序，整体上缺乏统一标准。但李清桓先生通过分析，认为《五方元音》四呼排列"又不是完全呈现出凌乱的状态。因为《五方元音》对四呼的排列在各自韵部中基本上还是有统一的标准（只是'牛韵'图的四呼排列稍微有点乱），如天韵是齐、合、开、撮，人韵是合、齐、开、撮，特别是各韵对四呼的排列更是按照声母发音部位而分类依序排列的，如天韵唇音（梆、袍、木、风）是按齐、合的顺序，舌头音（斗、土、鸟）是按齐、合、开的顺序，齿头音（剪、鹊、系）是按齐、合、开、撮的顺序，正齿音是按齐、合、开的顺序，喉牙音是按齐、开、合、撮的顺序。因此同一韵部内的四呼排列是有序的"①。诚如李清桓先生所言，《五方元音》虽在整体上缺乏统一的标准，但在每个韵部内部的排列基本上是有序的。但我们有一个疑问，即使韵部内部四呼排列有序，这对于韵图的制作来说，是进步还是倒退呢？韵图制作的目的就是便于人们查找每个字的语音情况，如果体

---

① 李清桓：《〈五方元音〉韵图研究》，《北方论丛》2005 年第 6 期。

例不统一，没有一定的标准，势必影响使用效果。很显然这并不是一种进步，而是倒退。樊腾凤虽然参考了《元韵谱》的韵图，但是却没有采用其中比较科学的四呼格局，从而导致了四呼排列的不一致，大大削弱了韵图的功用。

4. 韵图调类之比较

《元韵谱》每呼又纵分五行，即上平、下平、上声、去声、入声。这里的"上平、下平"即是阴平、阳平。樊腾凤《五方元音》也分为五声，即上平、下平、上声、去声、入声，与《元韵谱》一致，特别是平声二类的名称，也与《元韵谱》无别。《五方元音》有一篇《五声释》，将其与《元韵谱·五声释》进行对比，更能体现樊腾凤对《元韵谱》的承袭关系。

《元韵谱·五声释》：

> 五行之在干支也，无弗具。声之有五，亦犹音之有五也。……天地以五行化万物，物各具一五行，何独于声而四之？

《五方元音·五声释》：

> 五行之在天地间，无徃不具。声之有五，亦犹行之有五也。天以五行化生万物，物各具一五行，何独于声而四之耶？

通过《元韵谱》、《五方元音》韵图结构的比较，发现两者基本一致，其韵图结构的共同特点有如下四点：第一，以韵部分图；第二，每图横列声母，基本按发音部位排列；第三，每图纵分四呼，四呼概念比较明确；第四，每呼之中分五声，入声配阴声韵。此外，两部韵图在一些细节方面也略有差异，如韵部、声母、四呼的排列次序等等，但这不影响韵图整体的结构。韵图的结构，即韵图的框架，是考察韵图承袭关系的一个重要方面。通过上面的详细比较和分析，对于《五方元音》韵图与《元韵谱》韵图的关系已经不言而喻了，樊腾凤在制作韵图时，基本上参考了《元韵谱》韵图的结构。

三、《元韵谱》与《五方元音》音系之比较

声母方面，《五方元音》卷首列有"二十字母"图，即：梆匏木风斗土鸟雷竹虫石日剪鹊系云金桥火蛙。每个字母下都有两个或四个代表字，如"梆"母下列"奔班冰边"、"匏"母下列"盆攀平偏"、"木"母下列"门蛮民绵"、"风"母下列"分番"等等。但关于云母和蛙母的拟音，学术界普遍认为两者都是零声母，如陆志韦认为："云是齐、撮母，蛙是开、合母。"[①] 王平认为："樊氏将 [v] 母取消后，将兰氏的'一'母分为两部分，'一'母的开口呼、合口呼字归在《五方元音》的'蛙'母下，'一'母的齐齿呼、撮口呼归在《五方元音》的'云'母下，这也就是樊氏所讲的'云蛙二母相近实相分'的含意。实际上，《五方元音》的声母只有 19 个，因为'云'、'蛙'两母都是零声母字。"[②] 耿振生认为："云、蛙二母只是一个零声母的两个变体，云母用于齐齿、撮口，蛙母用于开口、合口。"[③] 既然都是零声母，为何要二分呢？应裕康认为："其所以分云、蛙为二母者，实以五声为经，四排为纬，五四二十，必欲凑成天地自然之数，其迂由此可见矣。"[④] 耿振生也持此观点，"《五方元音》形式上有二十字母，但'云、蛙'二母事实上都是零声母，因作者要附会'理数'而分立"[⑤]。笔者认为这可能与方言有关。在现代河北方言中，零声母字有读成 [ŋ] 和 [v]，且方言中的 [ŋ] 声母字相当于普通话的开口呼零声母字，[v] 声母字相当于普通话的合口呼零声母

① 陆志韦：《记〈五方元音〉》，载《陆志韦近代汉语音韵论集》，商务印书馆 1988 年版。

② 王平：《〈五方元音〉音系研究》，《山东师范大学学报》（社会科学版）1989 年第 1 期。

③ 耿振生：《明清等韵学通论》，语文出版社 1992 年版，第 181 页。

④ 应裕康：《清代韵图之研究》，弘道文化事业有限公司 1972 年版，第 351 页。

⑤ 耿振生：《音韵通讲》，河北教育出版社 2001 年版，第 420 页。

字。发现零声母开口呼、合口呼的声母有别于其他零声母字，故将这部分字分离出来，由于齐齿、撮口为一类，即云母，所以将开口、合口也合为一类，即蛙母。此时蛙母中的开口呼字可能已经读［ŋ］母，合口呼可能已经读［v］母了。樊腾凤所说的"相近"，是指云、蛙母字都是来源于中古的影母、云母、以母、疑母和微母，来源一致。"而实相分"则是指它们之间存在的声母差异。实际上，不仅基础方言口语中存在这种现象，即使是明清官话中零声母的演变也较为复杂。如前面提到《西儒耳目资》中微母、疑母与影母均有混读现象，额类除疑母外，还收入"爱哀蔼奥安欧恩为伟"等影喻母字；微母字一般有微母和影母两种读法，如"金尼阁的音韵经纬全局里，微母的'微尾未'三字复见 ui、vi 两处，喻母的'汪'复见 vam、uam 两处。微母的'问'字，利氏拼作 vuɛn，金氏拼作 uɛn，喻母的'往'利氏拼作 vam，金氏拼作 uam，彼此参差不齐"①。这只是一个假说，在没有充分材料论证之前，我们暂且赞成目前学术界通行的观点。因此，《五方元音》共有声母十九个，现按发音部位列举如下：

梆 p	匏 pʰ	门 m	风 f
斗 t	土 tʰ	鸟 n	雷 l
金 k	桥 kʰ	火 x	云、蛙 ø
剪 ts	鹊 tsʰ	丝 s	
竹 tʂ	虫 tʂʰ	石 ʂ	日 ʐ

　　与《元韵谱》二十一母相比，差异表现在微母和疑母。《元韵谱》保留疑母和微母，与影母形成对立。《五方元音》微母、疑母已失去独立地位，与影喻母相混。正如李光地《音韵阐微·凡例》云："若疑微喻三母，南音各异，北音相同。"疑、微母在清代北方基础方言口语中先行一步，与影母合流，包括北京音也是如此。而官话音则继承了明代官话音的特征，保留了微母和疑母。

　　韵母方面，樊腾凤以《韵略易通》为蓝本，将二十韵删减为十二

---

① 叶宝奎：《明清官话音系》，厦门大学出版社 2001 年版，第 118 页。

韵。樊腾凤《自序》："因按《韵略》一书,引而伸之,法虽浅陋,理近精详,但从前老本韵拘二十,重略多弊,声止有四,错乱无门,且母失次序,韵少经纬,余不辞僭,窃妄行删补,于韵之重叠者裁之,减二十为十二,以象时月世会,与天地之一元相配,而不可增损。"十二韵的命名较通俗,如一天、二人、三龙、四羊、五牛、六獒、七虎、八驼、九蛇、十马、十一豺、十二地。除天、人、地外,均采用动物的名称。《五方元音》每韵也纵分四等,虽未立名目,实则为开口、齐齿、合口、撮口四呼。樊腾凤将入声与阴声韵相配,樊腾凤《自序》:"卷分上、下册,配两仪,前六韵入声俱无,轻清上浮以象天,后六韵入声全备,重浊下凝以配地。"《五方元音·十二韵目》也有相关论述:"前六韵轻清象天,其入声字音重浊,不便混入,俱寄形于后韵中,故别为上卷。后六韵重浊象地,其入声字音亦皆重浊,取同类相从,五声备具,故别为下卷。"根据对《五方元音》十二韵的分析和归纳,共48个韵母,其中入声韵母14个,现按照四呼顺序列举如下表:

	开口呼	齐齿呼	合口呼	撮口呼
天韵	an	ian	uan	yan
人韵	ən	iən	uən	yən
龙韵	əŋ	iəŋ	uəŋ	yəŋ
羊韵	aŋ	iaŋ	uaŋ	
牛韵	əu	iəu		
獒韵	au	iau		
虎韵			u uʔ	y yʔ
驼韵	o oʔ	ioʔ	uo uoʔ	
蛇韵		iɛ iɛʔ		yɛ yɛʔ
马韵	a aʔ	ia iaʔ	ua uaʔ	
豺韵	ai aiʔ	iai	uai uaiʔ	
地韵	ï	i iʔ	uei ueiʔ	y yʔ

与《元韵谱》韵母系统相比,基本一致。两者在入声字读音也基

本相同，如宕、江摄入声字读为果摄，通摄合三入声字读为遇摄，曾摄一三等、梗摄二等入声字读为蟹摄、止摄。通过入声字的读音情况，推断《元韵谱》音系反映了明末清初北方某个基础方言的口语音是可以成立的。

声调方面，《五方元音》共五个调类，樊腾凤《自序》："添四声为五声，以象行数方音，与天地之五位相当，而并无失遗。"与《元韵谱》相同。樊腾凤《五声释》："五行之在天地间，无往不具。声之有五，亦犹行之有五也。天以五行化生万物，物各具一五行，何独于声而四之耶?"与《元韵谱·五声释》的内容基本相同，甚至樊腾凤对声调的命名，也与《元韵谱》所用术语相同，即上平、下平、上声、去声、入声，两者之间的密切关系可见一斑。在入声调类上，《五方元音》所反映的基础方言口语音，保留入声；《音韵阐微》所体现的官话音，也保留入声，因此入声调类的存在与否，不能作为区别官话音和基础方言口语音的标志。

综上所述，《元韵谱》无论与明清时期的官话音相比，还是与明清时期北方基础方言口语音相比，在音系上都大同小异，差别不大。声母系统的差异主要表现在微母和疑母上，这也是明清时期声母系统的主要差异；韵母系统主要表现在入声韵的处理上，声调则表现为入声调类的保留与否。由此可见明清时期北方汉语中，无论是官话音，还是基础方言口语音，在语音的整体框架上基本上是一致的。但官话音与基础方言口语音还是存在一定的差异，突出表现在入声字的读音上。因此考察入声字的读音情况，可以成为我们观察明清韵书韵图音系性质的一个重要视角。通过入声字读音的分析，《元韵谱》与明清官话音差别较大，而与《等韵图经》《五方元音》所表现的基础口语音基本一致，这表明《元韵谱》是一部具有方言性质的韵书，反映了明末清初北方基础方言口语音。

第八章

《元韵谱》与内丘方音的古今演变

近年来，明清语音的研究取得了很大成就，学术界对于明清时期的诸多韵书及韵图都进行了深入全面的考察和研究。但学者们大多从标准音的角度进行探索，而忽略了它们的方音性质。耿振生先生曾指出："对于近代书面音系，应该注意从方音史的角度去研究它们，而不要把注意力局限于所谓'官话'或'通语'范围之内，也不要孜孜于寻找所谓'标准音系统'。"① 汉语语音史包括汉语通语史和汉语方音史两个部分，以往我们比较关注通语史的研究，但由于汉语音韵文献材料的复杂性，都具有不同程度的方言特征，因此，汉语方音史的考察更值得关注。"在语音史研究不断深入的同时，研究的触角开始横向辐射至不同历史层面的方言语音，原来专注于通语史的单线研究传统逐渐被突破，由此开拓出历史方音的新领域，形成各别方音史与通语语音史多线条有机结合研究的模式。这种'散点多线'式的研究思路，企图通过方言语音的历时探讨与横向比较，以立体地展现汉语历史语音丰富多彩的存在方式及发展演变途径，达到全方位地描写汉语语音历史发展的目的。"② 汉语通语史与方音史的综合考察，更符合汉语语音发展的实际情况。

---

① 耿振生：《论近代书面音系研究方法》，载《北京大学百年国学文粹·语言文献卷》，北京大学出版社 1998 年版，第 356 页。

② 刘晓南：《音韵学读本》，上海交通大学出版社 2011 年版，第 313 页。

第一节　河北内丘概况

一、河北内丘的发展沿革

今河北省邢台市内丘县，位于河北省西南部，地处太行山东麓，东与隆尧县、任县相连，南与邢台县接壤，西与山西省昔阳县交界，北与临城、赞皇两县毗邻。东经 113°56′43″—114°38′16″之间，北纬 37°9′11″—37°26′39″之间。东西长 61 公里，南北宽 31.2 公里，总面积七百多平方公里。

根据《内邱县志》、《畿辅通志》和《河北通志县沿革表》等文献材料记载，内丘县始立于汉代，称"中丘县"，《太平寰宇记》载："西北有蓬山，丘在其间，故名中丘。"晋末因战乱废置，并入柏人县。北魏太和二十年（496），中丘县复置，县治迁于城关。隋开皇初年，隋文帝杨坚因避父名讳，改为内丘县。宋代，内丘县隶属河北西路信德府。金代，内丘县改隶于河北西路邢州。元代，内丘县属顺德府，公元 1265 年升府为路。明代，内丘县属顺德府，隶北平布政司，永乐改直隶。清代雍正四年（1726）因避孔子名讳，改"内丘"为"内邱"，属直隶省顺德府。新中国成立后，内丘县隶属于邢台市。

内丘的人口记载始见于明代。据 1996 年《内邱县志》统计，洪武年间（1368—1398），全县 1107 户，共 7270 人；永乐年间（1403—1424），2092 户，共 9115 人；成化年间（1465—1487），2171 户，共 17487 人；弘治年间（1488—1505），2171 户，共 23468 人；正德年间（1506—1521），2411 户，共 25485 人；嘉靖年间（1522—1566），2311 户，共 25112 人；万历年间（1573—1620），2495 户，共 25885 人；崇祯十年（1637），2495 户，共 34486 人。明代人口发展比较稳定，年平均增长率为 1.08%。此外，明永乐二年（1404），山西洪洞县有大批移民进入内丘。清初，丁税征收只统计

"人丁户口"，并无人口详细记载。直到乾隆三十七年（1772）废除"编军"制度，至此人口有了详细的记载。光绪九年（1883），全县17460 户，76077 人；光绪三十二年（1906），18085 户，79666 人。民国初，人口有所增加，民国 17 年（1928），全县人口 114945 人。后来由于灾荒、瘟疫以及抗日战争，人口下降，至民国 35 年（1946），全县仅有 60000 人。新中国成立后，人口有所增加，1949年，全县人口 105291 人，至 1994 年底人口总数为 248787 人，年平均增长率为 1.93%，人口发展较为稳定。

二、内丘话研究概况

按照官话方言区的划分，今内丘话属于冀鲁官话区石济片邢衡小片。自 50 年代以来，为了推广普通话，全国开展方言普查工作。1961 年河北北京师范学院和中国科学院河北省分院语文研究所在方言普查工作的基础上，出版了《河北方言概况》。该书从河北方言的声母、韵母、声调三个方面，简要记录了全省一百五十五个方言点的语音状况，使我们初步了解了河北方言的一般情况。

"文革"后，河北方言的研究又有了新的发展，取得了显著的成就。在方言点的调查研究上，出版了陈淑静《获鹿方言志》、陈淑静、许建中《定兴方言志》、陈淑静《平谷方言研究》、盖林海《平山方言志》等，陈章太、李行健主编的《普通话基础方言基本词汇集》中收录了河北的承德、唐山、平山、阳原等九个方言点的语音状况；在河北方言的专题研究上，出版了刘淑学《中古入声字在河北方言中的读音研究》，对中古入声字在河北方言中的读音情况做了比较细致的研究。此外，近年来河北省各县市陆续出版了地方志，其中基本上都设有专章记录各县市的方言情况，为我们研究河北方言提供了宝贵的材料。如 1996 年中华书局出版《内邱县志·方言》，对内丘方言的语音、词汇和语法进行了全面深入的调查和研究，并将内丘方言的语音特点概括为以下四个方面：第一，没有入声。古入声字按声母的清浊分别派入阴平、阳平、去声。古清音声母的入声字在今内邱方言归阴平，如答塌插甲涉八瞎拨刮质骨着则摘扑粥促等是。古全浊声母入声字今归阳平，如狭匣捷蛰习铡别活夺绝实疾核铎贼石席熟局等是。古次浊声母入声字今归去声，为纳腊业页立辣孽列月袜密日药墨翼麦历等是；第二，声母分尖团。古精组声母（精清从心邪五母）与今细音韵母相拼时，仍读 ts、ts^h、s（尖音），古见晓组声母（见溪群晓匣五母）与今细音（齐撮两呼）韵母相拼时读 tɕ、tɕ^h、ɕ（团音），内邱方言精 ≠ 京、清 ≠ 轻、星 ≠ 兴；第三，古日母字今声母一分为三。古日母字在今合口呼韵母前读 l 声母，如汝儒乳等，在其他韵母前白读零声母，文读 ʐ 声母，如人任日儿然等读零声母，热肉等读 ʐ 声母；第四，古山摄阳声韵（寒桓山删先元仙七韵）字及咸摄阳声韵（覃谈咸衔盐严添凡八韵）字今韵母读 æ、iæ、uæ、yæ，失去鼻韵尾。[①] 以上四点突出概括了内丘方言与邻近方言，如晋方言和北京官话的主要区别，使我们对今内丘话的现状和语音特点有了较为清晰的认识。

2005 年，河北省地方志编纂委员会编辑出版了《河北省志·方言志》，这是第一部专门记述河北方言的志书，全面客观地反映了河北省的方言分布面貌及语言特征。书中采取区域性方言调查报告的形式，选取了张家口、邯郸、鹿泉、廊坊、唐山、保定、石家庄、衡水、沧州、魏县十个方言代表点，分别代表了晋语、北京官话、冀鲁官话、中原官话的方言情况。对以上十个方言代表点做了重点的描写和分析，内容包括声韵调及配合关系、连续变调、儿化、文白异读、与普通话语音比较，并列有十个方言点 1000 个常用字字音对照表。该书除了方言点的重点描写外，还有面上的描写，书中列出河北省 126 个点声韵调的对照表，其中包括内丘话的声韵调系统。该书还选取保定、魏县、廊坊、石家庄四个方言代表点，考察河北方言语音与古音之间的差异。此外，该书对河北方言的文白异读、特殊字音进行了详细的论述。由此可见，关于河北方言的共时描写已取得了一些研

---

① 河北省内邱县地方志编纂委员会：《内邱县志》，中华书局 1996 年版，第 897 页。

究成果。相比较而言，河北方言的历时研究则明显滞后。邵荣芬《〈中原雅音〉研究》认为亡佚韵书《中原雅音》的语音基础大致是当时河北井陉一带的方言，刘淑学也持这一观点。① 刘淑学《中古入声字在河北方言中的读音研究》认为《中原音韵》也有可能记录的是当时河北顺平一带的方音。究其原因，主要是方言文献材料的匮乏，很难摸清其历史演变的轨迹，且"现代方音调查以活的语言为对象，取材比较容易，而古代方音的研究，大多只能从传世的书面文献中进行整理，因此，难度较大"②。因此，我们要充分挖掘能够反映河北不同历史时期语言面貌的文献材料，如古韵书韵图、方言辞书、方志、笔记、民俗资料及外国人学习汉语的教科书等等，勾勒河北各地不同历史时期的语言面貌，加强河北方言的历时演变研究，为今后河北方音史的研究奠定基础。

第二节 内丘方音的古今演变

《元韵谱》是明末内丘乔中和编撰的一部等韵化韵书，关于它的音系性质，我们在前面通过作者的编纂主旨、语音系统的比较，特别是《元韵谱》中个别入声字的读音情况，考察了《元韵谱》与今内丘话之间的密切关系。因此我们认为《元韵谱》的音系基础是明末的内丘话，反映了 17 世纪初期河北内丘的语音情况，为我们研究内丘方音的发展演变、河北方音史提供了宝贵的材料。此外，道光十二年（1832）施彦士等续修《内邱县志》，在原本基础上增设"方言"部分，记载了当时内丘话的若干情况，弥足珍贵。因此，我们主要以《元韵谱》音系为基础，结合清代内丘方志资料及现代方言研究成果，考察内丘方音的古今演变。

---

① 邵荣芬：《〈中原雅音〉研究》，山东人民出版社 1981 年版，第 92 页；刘淑学：《井陉方言是〈中原雅音〉音系的基础》，《语言研究》1996 年增刊。

② 李无未编：《汉语音韵学通论》，高等教育出版社 2006 年版，第 249 页。

一、声母系统的演变

《元韵谱》声母系统大大简化，共有二十一个声母，反映了 17 世纪初内丘话的声母状况，也大致反映了当时官话方言区的声母面貌。"十九母、二十母、二十一母三种类型相差不大，区别在于有没有微母和疑母，三种类型反映官话方言区的声母面貌。"[1] 据《内邱县志·方言》（1996）和《河北县志·方言志》（2005），今内丘话共有 23 个声母（含零声母），现列表进行比较：

《元韵谱》		内丘话		《元韵谱》		内丘话	
声母	例字	声母	例字	声母	例字	声母	例字
帮 p	波跛李鳔	p	布杯暴白	中 tʂ	中捉众坠	tʂ	支庄主责
滂 pʰ	喷潘盆盘	pʰ	帕喷皮拍	揣 tʂʰ	宠篡充酝	tʂʰ	池产长吃
门 m	瞒满幔毛	m	马门米密	谁 ʂ	涮水绳谁	ʂ	生书水杀
非 f	粉翻凡梵	f	方飞冯法	戎 ʐ	人忍刃然	ʐ	人然柔热
微 ʋ	文吻问未			光 k	昆广近窘	k	古根广国
端 t	端短队豆	t	党等代得	孔 kʰ	堪葵勤钦	kʰ	亏开矿哭
退 tʰ	汀听庭挺	tʰ	梯田土脱	怀 x	缓换孝荒	x	孩灰红黑
农 n	农馁妠嫽	n	牛女南纳	外 ŋ	刖瓦兀輓	ŋ	爱饿安恶
雷 l	龙弄乱论	l	兰如龙律	翁 Ø	煨帷云盐	Ø	软危英月
钻 ts	总尊井净	ts	增兴祖节			tɕ	家举减菊
存 tsʰ	村聪存丛	tsʰ	崔齐参七			tɕʰ	庆去求客
损 s	送算邪寻	s	先醒索习			ɕ	兴虚训吸

通过比较发现，明清至今内丘话的声母格局发生了演变，由二十一个声母演变成二十三个声母，主要表现在舌面音 ［tɕ、tɕʰ、ɕ］ 的产生和微母的消失。此外，通过《元韵谱》和今内丘话声母的收字情况，也可以发现声母的发展演变，如古精组字在细音韵母前仍读尖音、一部分日母字读 ［l］、今内丘声母 ［ŋ］ 为古开口一等零声母字

---

[1] 耿振生：《明清等韵学通论》，语文出版社 1992 年版，第 142—143 页。

等等，下面分别考察声母系统的演变规律及轨迹。

1. 微母的消变

由于受到象数易学思想的影响，乔中和将中古微母列于明母之下，但从收字来看，微母仍保持独立地位，与影母、疑母形成对立。也就是说微母还没有出现演变成纯元音 u 的倾向，仍是一个半元音 [ʋ]。丁锋先生统计的十八种明代官话音系材料中，微母消失的仅有四种，可见微母独立存在是明代官话的普遍特征。今内丘话中古微母已失去了独立声母的地位，与零声母合流了。关于中古微母字的演变过程及演变时间，王力先生认为："微母本来是属于唇音之列的。在《切韵》时代，它是明母的一部分，读 m；到了唐末宋初，明母分化了，除了东韵三等字之外，它的合口三等字变为唇齿音ɱ(mv)。ɱ的发音方法与 m 相同，但是发音部位和 v 相同，于是在北方话里逐渐变为一个 v。这个 v 从 14 世纪《中音原韵》时代起，一直保持到 17 世纪，然后才变为半元音 w，最后成为元音 u（韵头或全韵）。它是到了这个阶段，才和喻疑合流了的。"[①] 王力先生认为 14 世纪至 17 世纪是微母向零声母演变的过渡期。孙建元通过对《四声通解》的研究，认为："《四声通解》成书于 1517 年。因此，中古影、喻、疑、微诸母在北京音系里全面合流的年代至迟不晚于《四声通解》成书的年代，当在明代中叶以前。"[②] 孙建元将微母合流的下限提前至 16 世纪初。金基石以朝鲜文献中的谚文对音为依据，探讨了中古微母字在近代的演变过程，认为："《译训》（1455）到《通解》（1517）时期是微母演变为零声母的过渡期。崔世珍'微母作声近似于喻母'的说明，充分说明了这一点。朝鲜汉语学家们历来十分重视著录中国北方现实音，即自己直接'所得之音'，所以他们所著录的当时北方音是较为可信的。从《翻老朴》（16 世纪初）对音中也可以看出，当时微

---

① 王力：《汉语史稿》，中华书局 1980 年版，第 131 页。

② 孙建元：《中古影、喻、疑、微诸纽在北京音系里全面合流的年代》，《广西师范大学学报》1990 年第 3 期。

母还处于混用状态。如对同一个'物'字，《翻译朴通事》（上）里一处用微母来注音，一处则用喻母来注音。因此，把那个时期看成微母从半元音过渡到元音的完成期更为确切。"① 通过以上诸家的考察，中古微母字演变成零声母的下限大致应在 16 世纪初。但这里忽略了一个重要的问题，即空间因素。将微母字演变成零声母的下限确定在 16 世纪初，其依据主要是 16 世纪初的朝鲜文献，即《四声通解》、《翻译老乞大》、《翻译朴通事》的对音材料。诸家均认为这些朝鲜文献中的对音材料反映了当时汉语的北方音。但"汉语北方音"的概念过于笼统，它可能是指当时的北京话，如孙建元认为《四声通解》反映的即是当时的北京音系。即使不是指当时的北京话，也可能是指当时的北方通语。朝鲜汉学家编撰这些朝鲜文献，对汉语语音进行全面的描写和论述，其目的则是学习当时的汉语。那么其依据的语音基础一定是当时北方的通语或者居于强势地位的一种汉语。可见，对于中古微母字演变成零声母的时间确定在 16 世纪初，仅仅是指当时北方的通语或者居于强势的一种汉语，而北方各地方言的情况则不能纳入其中。微母字在方言中的演变可能并不是与通语同步，而是略晚于通语。如成书于 17 世纪初的汉语韵书，如《交泰韵》（1613）、《韵通》（1621—1644）、《西儒耳目资》（1626）、《切韵声原》（1641）、《韵略汇通》（1642）等等，均保留微母。可见，《元韵谱》（1611）所处的时代，即 17 世纪初，也正处于微母向零声母演变的过渡时期。

2. 疑母的消变

《元韵谱》疑母保持独立，分成外、元、吾、疑四个小母，分别代表了合口、撮口、开口、齐齿四呼，在列字上，疑母与影喻母形成对立，说明 17 世纪初内丘话中疑母仍是一个独立的声母，拟音 [ŋ]。关于中古疑母字的演变，从 14 世纪已经开始了。在《中原音韵》音系中大部分疑母字已经与影母合流，但仍有一小部分保持独立

---

① 金基石：《朝鲜对音文献中的微母字》，《语言研究》2000 年第 2 期。

地位，这说明 14 世纪在北方官话中疑母正在向影母转化。丁锋《琉汉对音与明代官话音研究》一书中所统计的 18 种明代音系中，其中保留疑母的有 14 种，疑母消失的有 4 种，这说明疑母仍处于演变的过渡时期。

今内丘话声母系统中存在鼻辅音声母 [ŋ]，但其收字不同于中古的疑母，基本上等同于今普通话零声母的开口呼字，如影母的"安暗袄欧沤恩"等，疑母的"碍饿熬藕昂"等。这一现象并非内丘话所特有，河北省中部及西部的大部分地区，开口呼零声母字都有 [ŋ] 声母，如武安、永年、平山、南皮、丰宁、万全等等。实际上，汉语其他方言也存在这一语音现象，如下表所示：①

	额	恶	哀	癌	袄	傲	欧
济南	ŋɤ	ŋɤ	ŋɛ	ŋɛ	ŋɔ	ŋɔ	ŋou
西安	ŋei	ŋɤ	ŋæ	ŋæ	ŋau	ŋau	ŋou
武汉	ŋɤ	ŋo	ŋai	ŋai	ŋau	ŋau	ŋou
成都	ŋe	ŋo	ŋai	ŋai	ŋau	ŋau	ŋəu
长沙	ŋɤ	o	ŋai	ŋai	ŋau	ŋau	ŋəu
双峰	ŋe	ʊ	ŋe	ŋa	ŋɤ	ŋɤ	ŋe
南昌	ŋiɛt	ŋɔk	ŋai	ŋan	ŋau	ŋau	ŋiɛu

在这些方言点中，济南、西安、武汉、成都代表官话，长沙、双峰代表湘语，南昌代表赣语。此外，我们可再补充一部分方言资料。如山西方言，"五台片的忻州、定襄、五台、原平、岢岚、神池、宁武、五寨、代县、繁峙、河曲、偏关，云中片的天镇、阳高、右玉共十五处读 [ŋ]"②。"北京零声母开口呼字（'二耳'等卷舌韵除外）如'暗岸'，本区（按：山西中区）一律读舌根音。除太原一点读舌

① 方言材料参考了北京大学中国语言文学系语言学教研室编《汉语方音字汇》，语文出版社 2003 年版。

② 侯精一、温端政、田希诚：《山西方言的分区》，《方言》1986 年第 2 期；又载侯精一《现代晋语的研究》，商务印书馆 1999 年版。

根擦音［ɣ］外，本区其他20个点都读舌根鼻音［ŋ］。"① 河南方言，灵宝和陕县西部地区零声母开口呼字前有［ŋ］。② 安徽方言，岳西、太湖、潜山、宿松、望江、怀宁、东至、贵池西部等地，"古开口一、二等疑、影母字，今音为洪音韵时，声母是 ŋ"③。云南方言，"ŋ 主要分布在滇西大理州、宝山地区，滇南文山州，以及滇东北昭通地区的一些县、市。读 ŋ 声母的字大多来自古疑母，部分来自影母"④。

可见，零声母开口呼字产生［ŋ］声母的现象分布较广，不仅涵盖了官话的大部分地区，如山东、河北、河南、陕西、湖北、四川、云南等，而且还出现于晋方言、湘方言、赣方言中，已成为汉语方言中较为普遍的语音现象。但有一点不能忽视，在汉语方言中，零声母开口呼发生演变，不只产生鼻辅音［ŋ］声母一种形式，还存在其他演变的方式。如河南方言，"开口呼韵母自成音节时，郑州市和河南省的绝大部分县市有或明显或微弱的舌根浊擦音［ɣ］声母，从而显得音质较硬"⑤。即使在同一方言区中也有不同的演变方式。以河北方言为例，"普通话开口呼零声母字（'而儿耳二'除外）在河北各地方言中大多有声母，这些字的声母主要有三个：n、ŋ 和 ɣ。其中 n 分布在河北东部、东北部地区，如武邑、献县、蠡县、涿州、固安、大城、丰南、遵化、秦皇岛、抚宁、平泉、围场等地；ɣ分布在邯郸中部、南部地区，如成安、临漳、大名、广平等地；ŋ 分布在除以上地区之外的大部分地区，如涉县、武安、永年、邢台、沙河、灵寿、

---

① 侯精一：《山西中区方言》，载《山西方言调查研究报告》，山西高校联合出版社1993年版；载侯精一《现代晋语的研究》，商务印书馆1999年版。

② 河南省地方史志办公室编：《河南省志·方言志》，河南人民出版社1995年版，第16—17页。

③ 安徽省地方志编纂委员会编：《安徽省志·方言志》，方志出版社1997年版，第195页。

④ 云南省地方志编纂委员会、云南省语言学会编：《云南省志·汉语方言志》，云南人民出版社1989年版，第35页。

⑤ 河南省地方史志办公室编：《河南省志·方言志》，河南人民出版社1995年版，第32—33页。

平山、枣强、景县、南皮、东光、容城、涞水、滦县、乐亭、丰宁、崇礼、万全等地。另外，武强、深州两地声母为ŋ；怀安部分字（古果流二摄）为ȵ，其余字为ŋ"①。山东方言也存在类似现象，"普通话读开口呼零声母的字（来自古影、疑二母）在山东方言中有ø、ŋ、ɣ三种读法。东区昌邑、高密、胶南以东读零声母；西南区全部以及中北区西南部临近西南区的荏平、聊城、冠县、肥城等地读为ɣ声母；其余中北区以及东区东潍片读为ŋ声母"②。在山西方言中，"疑母、影母开口一二等字，例如'岸疑安矮影'等，潞安小片读［ŋ］或［ɣ］（长治市、长治县读［ø］除外）。沁州小片读［ŋ］或［ȵ］（襄垣读［ø］除外）。泽州小片的晋城、阳城读［ø］，高平、陵川读［ɣ］"。"影、疑母开口一二等字，五台、云中两个片读鼻音声母［n］或［ŋ］。五台片的灵丘、平鲁、朔县、应县、浑源，云中片的大同市、大同县、左云、怀仁、山阴等十处读［n］。五台片的忻州、定襄、五台、原平、岢岚、神池、宁武、五寨、代县、繁峙、河曲、偏关，云中片的天镇、阳高、右玉共十五处读［ŋ］。"③可见，零声母开口呼字演变的方式多样，大致有［ŋ］、［ɣ］、［ȵ］、［ɲ］、［n］五种语音形式。

开口呼零声母滋生出新的浊声母，的确是汉语方言中非常普遍的语音现象。开口呼零声母前为什么会滋生［ŋ］或其他声母呢？如何解释其演变的动因和机制？有人认为这种现象是受到少数民族语言或其他方言的影响，如"ŋ声母在云南方言中出现，主要是受到少数民族语言和其他方言的影响。如滇西片，汉族与白族、纳西族等兄弟民族杂居，而白话、纳西语中都有辅音声母（白语'我'音ŋo、'我

---

① 河北省地方志编纂委员会编：《河北省志·方言志》，方志出版社2005年版，第7页。

② 山东省地方史志编纂委员会编：《山东省志·方言志》，山东人民出版社1993年版，第60页。

③ 侯精一、温端政、田希诚：《山西方言的分区》，《方言》1986年第2期；载侯精一《现代晋语的研究》，商务印书馆1999年版。

们'音 ŋɑ，纳西语'挨'音 ŋa、'我家'音 ŋa)，对汉语自然产生了影响。滇南片主要是受粤方言影响，滇东北片则受四川方言的影响"①。这种观点是站不住脚的。开口呼零声母滋生新的声母，是汉语方言中的普遍现象，云南滇西片与少数民族杂居，所以产生 ŋ 声母，但其他地区并不与少数民族杂居，为什么也会产生 ŋ 声母呢？粤方言保留中古疑母，但滇南片 [ŋ] 声母的来源并不仅仅是中古疑母，而且还有中古影母，两者来源是不一致的。所以，滇南片受到粤方言的影响也很难成立。只有滇东北片受到四川方言的影响还说得通，但四川方言中的 [ŋ] 又是如何产生的呢？这又回到了问题的起点。我们认为开口呼零声母前产生新的声母，是由于语言结构的不平衡性所引起的。"语言结构的不平衡性是语言系统自发地进行自我调整、改进机构的内在杠杆和机制，是语言保持活力的一个条件。"②也就是说相对平衡、相对对称的语言结构，由于处于相互制衡的结构关系中，能够"和睦共处"，不易发生演变，而相对不平衡、相对不对称的语言结构，则失去了这种结构间的制衡关系，容易引起演变。为了量化语言结构的不平衡性，陈保亚提出了"协合度"的概念，在衡量音系方面有一个可量化的标准。其计算方式为：矩阵中某单位所在聚合群实际出现的单位数和应该出现的单位数的比。为了验证以上观点，我们采用北京话的声母矩阵：③

p	pʰ	m	f	□	○
t	tʰ	n	○	○	l
ts	tsʰ	○	s	□	○
tʂ	tʂʰ	□	ʂ	ʐ	□

---

① 云南省地方志编纂委员会、云南省语言学会编：《云南省志·汉语方言志》，云南人民出版社 1989 年版，第 35 页。

② 徐通锵：《结构的不平衡性和语言演变的原因》，载《汉语研究方法论初探》，商务印书馆 2004 年版。

③ 转录于陈保亚《20 世纪中国语言学方法论》，山东教育出版社 1999 年版，第464 页。

tɕ tɕʰ □ ɕ □ ○

k kʰ □ x □ □

"□"表示从生理上讲可以出现的声母，"○"表示从生理上讲不可能出现的声母。首先列出几种主要的协合度：

声母系统的协合度 = 21/30 = 0.7

清音聚合群的协合度 = 17/17 = 1

浊音聚合群的协合度 = 4/13 = 0.31

舌根音聚合群的协合度 = 3/6 = 0.5

舌面音聚合群的协合度 = 3/5 = 0.6

唇音聚合群的协合度 = 4/5 = 0.8

鼻音聚合群的协合度 = 2/5 = 0.4

声母ʐ的协合度 = 4/10 = 0.4

声母 m 的协合度 = 5/9 = 0.55

声母 n 的协合度 = 4/7 = 0.57

根据这些数据，我们就可以观察语言结构是否平衡。从清浊角度来看，浊音的协合度较低；从发音部分来看，舌根音、鼻音的协合度较低；从某个声母的角度来看，声母ʐ的协合度较低，整个声母系统的协合度为0.7。

ʐ声母的协合度较低，在语言结构中处于不平衡的位置上，具有相对的独立性，容易发生变化。徐通锵先生认为："变异的方式大体上可以分成两类：一、通过变异而使它消失；二、促使别的音位系列也产生一个或几个可与它一起构成'浊音'系列的新音位。武汉话采用第一种办法（或消失，或与其他音位交替），北京话采取第二种办法，使合口呼零声母产生 w/v 变异。在山西、河北等地的方言中，合口呼零声母产生新声母 v 的，音系中一定有一个浊音音位ʑ或 z。"[1]开口呼零声母前产生 [ŋ]、[ŋ]、[ɲ]、[ɣ] 均是浊音，它们正是适

① 徐通锵：《结构的不平衡性和语言演变的原因》，载《汉语研究方法论初探》，商务印书馆2004年版。

应z母的结构需要而产生的，从而与声母$z_{\centerdot}$一起构成浊音的新系列。浊音聚合群的协合度由原来的 0.31 变成 0.38，协合度增高。［ŋ］、［ȵ］、［ɲ］不仅是浊音，而且还是鼻音，这些声母产生后，鼻音聚合群的协合度也由原来的 0.4 变成 0.6，协合度增高；［ɣ］不仅是浊擦音，而且是舌根音，［ɣ］的出现，不仅使浊音聚合群的协合度增高，而且使舌根音聚合群的协合度由原来的 0.5 变成 0.67，声母z的协合度也由原来的 0.4 变成 0.5。如果我们考虑到合口呼零声母产生的 v 声母，那么浊音聚合群的协合度提高到 0.46，声母z的协合度也提到 0.6，这样整个声母系统的协合度则明显提高，声母系统更趋于平衡。至于开口呼零声母选择哪种演变方式，则具有偶然性。但无论选择哪种演变方式，其演变目的则是相同的，即增强语言结构的平衡性。因此，开口呼零声母前产生［ŋ］、［ȵ］、［ɲ］或［ɣ］声母，是由z母、$z_{\centerdot}$母所在的浊音聚合群及整个声母系统的协合度低所引起的，即由语言结构的不平衡性所引起的。

以上我们分析了开口呼零声母产生［ŋ］、［ȵ］、［ɲ］、［ɣ］声母的现象，是由于语言结构的不平衡性引起的。但在一些汉语方言中，如河北东部及东北部、山西北部部分地区，开口呼零声母产生了［n］。在这些地区的音系中，［n］音位原来是存在的。开口呼零声母产生［n］后，浊音音位及鼻音音位的数目并没有增加，所以声母系统的协合度也并没有提高。那么，开口呼零声母怎么会产生［n］呢？从这些地区所处的位置来看，与东北或北京地区比较接近，而现东北方言或北京话中没有［ŋ］、［ȵ］、［ɲ］声母。因此，我们推测这些地区开口呼零声母曾经历了产生［ŋ］、［ȵ］或［ɲ］声母的过程，但由于所处的地理位置，受到东北方言及北京话的影响，从而将声母［ŋ］、［ȵ］或［ɲ］与一个相近的音位合并，［n］即是浊音，又是鼻音，所以开口呼零声母产生的［ŋ］、［ȵ］或［ɲ］便与［n］音位合并，这也符合语言交际的经济性原则。刘镇发也认为："东北一些方言如佳木斯、白城的影疑母的开口字读［n］，可以看成是［ŋ］合并到［n］的现象。这是北方音系在增生扩张以后，到后期产生的简略。原因可能是附近的方言没有［ŋ］而受到'同化'。"①

3. 日母的分化与演变

《元韵谱》日母独立存在，并没有出现与其他声母相混的现象。今内丘话中，日母字的读音则比较复杂，"少数字为ʐ声母，多数字为ø声母或l声母，如涉县、邢台、内邱、任县、丘县等地"②。下面根据《内丘县志·方言》提供的语音材料，归纳中古日母字在内丘话中的读音情况。内丘话日母字的读音主要受到韵母的制约，分为两种情况：第一种，在合口呼韵母前读［l］声母，如"辱汝入儒"等，读音为［lu］。第二种，在其他韵母前，存在文白异读，白读为零声母，文读为［ʐ］声母，如"人忍任刃衽"等，文读［ʐən］，白读［in］；"日"，文读［ʐʅ］，白读［i］；"戎茸"等，文读［ʐuŋ］，白读［yŋ］；"惹"等，文读［ʐɤ］，白读［iɛ］；"若"，文读［ʐɔ］，白读［iɔ］；"然"，文读［ʐæ］，白读［iæ］。可见，中古日母字在今内丘话中由于受到韵母的影响而出现了分化。实际上，日母字在内丘话中的读音分化，并非近代刚刚产生，道光十二年（1832）《内邱县志》"方言补"记录了三个日母字的读音情况，现抄录如下：

日 呼作 异

如 呼作 虏

客人 呼作 怯嬴

虽只有三个字，但很有典型性，齐齿呼"日"读零声母，开口呼"人"读零声母，合口呼"如"读l声母，与今内丘话日母字的读音完全一致。由此我们可推测《元韵谱》日母字读音可能反映了当时的官话读音，即文读层次。

总体而言，日母字的读音在河北方言中较为复杂，"普通话ʐ声母字在河北方言中有ʐ、ø、l、z四种读法，其中ø、l两个声母分布在

---

① 刘镇发：《从音系的角度看官话方言在元明以后增生的浊声母和次浊声母》，《语言研究》2009年第1期。

② 河北省地方志编纂委员会编：《河北省志·方言志》，方志出版社2005年版，第8页。

河北中南部地区，z 声母分布在西北部地区"[1]。下面用表格形式展现日母在河北方言中的读音情况：

普通话	日母的分化		河北方言点
ẓ	ẓ	l（少）	柏乡 沙河
		ø（少）	新河 高邑 大名 冀州 故城 海兴 沧县 文安 大城
		ø、l（少）	馆陶 南和 临城
	ẓ(少)	ø、l	涉县 邢台 内丘 任县 丘县
	z		涞源 张北 尚义 康保 沽源 万全 怀安
	ø		平乡
	l		清河 魏县 临西 广宗
	ø、l		南宫 巨鹿

　　日母字的分化和演变，也是汉语方言普遍存在的语音现象，如下表所示：[2]

	若	乳	绕	任	闰	茸
北京	zuo	zu	zau	zən	zuen	zuŋ
济南	luɤ	lu	zɔ	zẽ	yẽ	luŋ
西安	vo	vu	zau	zẽ	vẽ	vəŋ
太原	zəʔ 文 zaʔ 白	zu	zau	zəŋ	zuŋ	zuŋ
武汉	io	y	nau	nən	yn	ioŋ
成都	zo	zu	zau	zən	zuen	zoŋ
扬州	laʔ	lu	lɔ	lən	lən	loŋ
苏州	zɒʔ	zʅ	zæ 文 ȵiæ 白	zən	zən 文 jyn 白	zoŋ
温州	jia 文 dʑia 白	zʅ	jie 文 ȵie 白	zaŋ	jyoŋ	zoŋ
长沙	io	y	zau iau	zən	yn	in
双峰	iu	y	iɤ	iɛn	yɤn	iɛn

---

　　① 河北省地方志编纂委员会编：《河北省志·方言志》，方志出版社 2005 年版，第 8 页。

　　② 根据北京大学中国语言文学系语言学教研室编《汉语方音字汇》，语文出版社 2003 年版。

续表

	若	乳	绕	任	闰	茸
南昌	lɔk	ə	lɛu	lən	lən	luŋ
梅县	iɔk	i	ȵiau	im	iun	iuŋ
广州	jœk	jy	jiu	jɐm	jøn	juŋ
潮州	ziak 文 zieʔ 白	zu	ziəu	zim	zuŋ	zoŋ
福州	yɔʔ 文 nuɔʔ 白	y	nau	eiŋ	nouŋ	yŋ
建瓯	ci	y	niau	iIŋ	nœyŋ	œyŋ

从上表可知，日母字在汉语方言中变化多端，非常复杂。为什么日母字在汉语方言中如此活跃呢？徐通锵、陈保亚认为这是由于语言结构的不平衡性引起的。日母"既在非线性结构中处于不平衡的地位上，而组合的能力又比较弱，能与之组合的韵母不多，因而它的结构地位就不大稳固，现在在不少方言中它都处于积极的变异状态中"[1]。其变化的方式有两种：一种是促使别的音位系列也产生一个或几个可与它一起构成"浊音"系列的新音位，如 v 的产生；另一种则通过变异而消失，如沈阳、汉口、长春、桂林方言中没有日母，即属于这种情况。无论采取哪种方式，其最终目标只有一个，即提高声母系统的协合度，加强声母系统的平衡性和稳定性。今内丘话中，大部分日母已经发生分化，与 l、ø 等音位合并，其演变方向则是吞噬日母，从而提高声母系统的协合度。音系中有一小部分字读 ʐ，且为文读音，很明显这不是该方言中原有的读音，而是受到官话或普通话的影响。

4. 舌面音 [tɕ、tɕʰ、ɕ] 的产生

舌面音 [tɕ、tɕʰ、ɕ] 的产生，是近代汉语中一项重要的语音演变。对于其产生的时间，学者众说纷纭。罗常培《唐五代西北方言》根据《开蒙要训》中的注音材料，认为唐五代时期已经出现了腭化的痕迹。由于例证仅有 10 例，说服力不强。赵荫棠、甯忌浮、黎新

---

① 徐通锵：《结构的不平衡性和语言演变的原因》，《中国语文》1990 年第 1 期；徐通锵：《汉语研究方法论初探》，商务印书馆 2004 年版。

第等先生则认为应起源于宋元时期。① 而在文献上最早记录这一现象的是清无名氏《圆音正考》，成书于乾隆癸亥年（1743）。根据此书所反映的语音情况，我们可以肯定至迟在 18 世纪中叶，尖团音已经完全合流了。② 而此前的宋元时期，仍处于舌面音产生的过渡时期。根据《圆音正考》所反映的材料，18 世纪中叶尖团音已经合流，但这只是一种语音演变的完成。由于我国地域广阔，方言众多，在语音演变上并不是同步进行的。正如王力先生所言，"可以设想，见系的分化在方言里先走一步，在北京话里则是清代后期的事情"③。因此，尖团音完全合流于 18 世纪中叶，并不能代表汉语中所有的方言。

舌面音 [tɕ、tɕʰ、ɕ] 有两个来源：一为舌尖音精组的齐、撮呼字；二为舌根音见组的齐、撮呼字。舌根音见组字、舌尖音精组字由于受到舌面元音 [i] 和 [y] 的影响而向前或向后移动，从而变成舌面前辅音 [tɕ、tɕʰ、ɕ]，这被称为舌面化，又称腭化。根据《元韵谱》所反映的语音现象来看，17 世纪内丘话中，无论是精组，还是见组，都没有发生腭化。乔中和《释目·七十二母释》提道："兹于见字外，别立光倦庚三母，而四响各用，如光奔为昆，倦奔为君，庚奔为根，见奔为巾。"四响即四呼，"见"为齐齿呼，此外，别立"光""倦""庚"三字，分别为合口呼、撮口呼、开口呼，而且被切字"巾""昆""君""根"也分别是齐齿、合口、撮口、开口字，一一对应。这四母声母相同，只是介音不同，以此区别四呼。因此，舌根音见组并未发生腭化，声母仍为 [k、kʰ、x]。同样，舌尖音精组"钻、遵、臧、精"等也是介音不同，声母仍为 [ts、tsʰ、s]，也

① 赵荫棠：《中原音韵研究》，商务印书馆 1956 年版，第 88—93 页；甯忌浮：《古今韵会举要及相关韵书》，中华书局 1997 年版，第 27—35 页；黎新第：《见精组声母合流应已见于明清以前的方言口语》，中国音韵学研究会第十四届学术讨论会暨汉语音韵学第九届国际学术研讨会论文，2006 年于南京大学。

② 邹德文、汪银峰：《论〈黄钟通韵〉的潜在音系特征》，《广东技术师范学院学报》2006 年第 2 期

③ 王力：《汉语语音史》，中国社会科学出版社 1985 年版，第 394 页。

未发生腭化。由此可见，无论是精组细音，还是见组细音，都没有发生腭化的迹象。

今内丘话中舌面音 [tɕ、tɕʰ、ɕ] 已经产生，但与普通话的表现并不一致。普通话舌面音 [tɕ、tɕʰ、ɕ] 有两个来源，即见组、精组的齐齿、撮口呼字。而今内丘话中舌面音 [tɕ、tɕʰ、ɕ] 仅有一个来源，即见组的齐齿、撮口呼字。如下表所示：

例字	《广》声母	《广》等第	《广》韵部	《广》反切	摄	内丘话	普通话
居	见	三	鱼	九鱼	遇	[tɕy]	[tɕy]
家	见	二	麻	古牙	假	[tɕia]	[tɕia]
奸	见	二	删	古颜	山	[tɕiæ]	[tɕian]
巾	见	三	真	居银	臻	[tɕin]	[tɕin]
轻	溪	三	清	去盈	梗	[tɕʰiŋ]	[tɕʰiŋ]
腔	溪	二	江	苦江	江	[tɕʰiaŋ]	[tɕʰiaŋ]
欣	晓	三	欣	许斤	臻	[ɕin]	[ɕin]
休	晓	三	尤	许尤	流	[ɕiou]	[ɕiou]
劫	见	三	严	居怯	咸	[tɕiɛ]	[tɕiɛ]
怯	溪	三	严	去劫	咸	[tɕʰiɛ]	[tɕʰiɛ]
决	见	四	先	古穴	山	[tɕyɛ]	[tɕyɛ]
缺	溪	四	先	苦穴	山	[tɕʰyɛ]	[tɕʰyɛ]
血	晓	四	先	呼决	山	[ɕie]	[ɕiɛ]

今内丘话精组声母与今细音韵母相拼时，仍保留舌尖前的发音部位，并未发生演变。如下表所示：

例字	《广》声母	《广》等第	《广》韵部	《广》反切	摄	内丘话	普通话
尖	精	三	盐	子廉	咸	[tsiæ]	[tɕian]
接	精	三	盐	即叶	咸	[tsiɛ]	[tɕiɛ]
瞧	从	三	宵	昨焦	效	[tsʰiɔ]	[tɕʰiau]
秋	清	三	尤	七由	流	[tsʰiou]	[tɕʰiou]

续表

例字	《广》声母	《广》等第	《广》韵部	《广》反切	摄	内丘话	普通话
心	心	三	侵	息林	深	[sin]	[ɕin]
星	心	四	青	桑经	梗	[siŋ]	[ɕiŋ]
即	精	三	蒸	子力	曾	[tsi]	[tɕi]
戚	清	四	青	仓历	梗	[tsʰi]	[tɕʰi]
籍	从	三	清	秦昔	梗	[tsi]	[tɕi]
息	心	三	蒸	相即	曾	[si]	[ɕi]
席	邪	三	清	祥易	梗	[si]	[ɕi]

　　由此可见，精组声母的齐齿、撮口呼字还没有腭化，仍读为尖音；而见组声母的齐齿、撮口呼字已经发生腭化，读作团音，所以今内丘话中，声母分尖团音，即精≠京、清≠轻、星≠兴。由此可见，精组和见组细音的腭化并不是平行发展，体现了不同的演变过程，但一般情况下见组细音早于精组细音。根据《河北省志·方言志》，我们列出十个方言代表点中见组、精组细音的读音情况：

方言点	蟹开四平齐见	果开三平戈群	效开二去效匣	山开四入屑清	效开三上小心	山开四入屑精	山开四平先清
	鸡	茄	校	切	小	节	千
廊坊	[tɕi]	[tɕʰiɛ]	[ɕiau]	[tɕʰiɛ]	[ɕiau]	[tɕiɛ]	[tɕʰian]
唐山	[tɕi]	[tɕʰiɛ]	[ɕiau]	[tɕʰiɛ]	[ɕiau]	[tɕiɛ]	[tɕʰian]
保定	[tɕi]	[tɕʰiɛ]	[ɕiau]	[tɕʰiɛ]	[ɕiau]	[tɕiɛ]	[tɕʰian]
沧州	[tɕi]	[tɕʰiɛ]	[ɕiɔ]	[tɕʰiɛ]	[ɕiɔ]	[tɕie]	[tɕʰiæ]
魏县	[tɕi]	[tɕʰiɛ]	[ɕiau]	[tɕʰiɛ]	[ɕiau]	[tɕie]	[tɕʰian]
张家口	[tɕi]	[tɕʰiɛ]	[ɕiau]	[tɕʰiɛ]	[ɕiau]	[tɕie?]	[tɕʰian]
石家庄	[tɕi]	[tɕʰiɛ]	[ɕiau]	[tsʰiɛ]	[siau]	[tɕie]	[tɕʰian]
衡水	[tɕi]	[tɕʰiɛ]	[ɕiau]	[tsʰiɛ]	[siau]	[tɕie]	[tɕʰiã]
鹿泉	[tɕi]	[tɕʰiʁ]	[ɕiɔ]	[tsʰiʌ]	[siɔ]	[tsiʌ]	[tɕʰiæ]
邯郸	[tɕi]	[tɕʰiɛ]	[ɕiau]	[tsʰiʌʔ?]	[siau]	[tɕie?]	[tɕʰiæ]

　　从河北十个方言代表点中见组、精组细音的读音情况可见，河北

方言中见组的齐齿、撮口呼字均已经腭化，读作 [tɕ, tɕʰ, ɕ]，而精组的齐齿、撮口呼字，有六个方言代表点已经腭化，仍有四个方言点仍未完全腭化。所谓"未完全腭化"，指一部分精组的齐齿、撮口呼字已腭化，如上表中的"节、千"等字，而另一部分仍读为尖音，如表中的"切、小"等字。从河北方言尖团音腭化的趋势来看，见组细音早于精组细音，这与大部分官话方言是一致的。"一般认为，见组细音腭化往往早于精组细音。这从发音的角度可以得到合理的解释。舌根音与细音韵母相拼较舌尖音更为困难，也就比舌尖音更容易发生腭化。从官话方言分尖团音的情况来看，大部分方言都是团音腭化快于尖音，如石家庄、单县、保山等；也有尖音、团音腭化基本同步的，如烟台；仅有少数方言是尖音腭化快于团音，如柳州。应该说，官话方言的尖团音情况基本证实了见组细音腭化早于精组细音的推断。"① 总体而言，尖团合流是语言发展的趋势。

二、韵母系统的演变

《元韵谱》韵母系统分为十二佸、五十四韵，表面上每韵四呼俱全，但这不符合语音的实际情况，通过对每个韵的分析，共归纳 50 个韵母，其中包括 16 个入声韵母，反映了 17 世纪初内丘话的韵母系统。据《内丘县志·方言》（1996）和《河北县志·方言志》（2005），今内丘话共有 36 个韵母，② 入声韵母已消失，并入舒声韵母中，故以下列表中未列出入声韵母。

通过比较发现，明清至今内丘话的韵母系统主要是入声韵的消变，从而使韵母数减少，由原来 50 个韵母缩减至 36 个。此外，个别韵母或韵母音值也发生了演变，如 [iai]、[ɚ] 韵等等。如不考虑入声韵的消变，总体上韵母系统的格局较为稳定。

---

① 钱曾怡编：《汉语官话方言研究》，齐鲁书社 2010 年版，第 22 页。

② 孟蓬生《内丘县志·方言》归纳内丘话共 35 个韵母，吴继章《河北县志·方言志》将 [ɚ] 独立，共 36 个韵母，今从《河北县志·方言志》。

《元韵谱》		内丘话		《元韵谱》		内丘话	
韵母	例字	韵母	例字	韵母	例字	韵母	例字
ɿ	子慈思词	ɿ	资此私字	uai	歪乖坏快	uɛ	乖外摔快
ʅ	支差史纸	ʅ	知迟尸十	iɛ	些车奢耶	iɛ	解街茄夜
i	低梯泥里	i	齐细奇七	yɛ	靴瘸	yɛ	掘脚雪月
u	都徒努祖	u	五虎书入	an	丹贪南兰	æ	三千山难
y	朱须羽句	y	居取许续	ian	边篇眠天	iæ	眼前贤咸
a	拏诈楂沙	a	大沙拿塔	uan	般端湍卵	uæ	弯团宣涮
ia	鸦虾家赂	ia	家下牙压	yan	专宣鸳涓	yæ	卷权远软
ua	宨花寡跨	ua	瓜耍抓刮	ən	怎吞参恩	nə	根陈神深
o	多罗歌何	ɤ	菠个河各	in	心真身殷	in	紧勤阴林
uo	锁倭和戈	uɤ	多果火活	uən	奔教尊村	uən	准困顺轮
au	刀滔劳早	ɔ	高好找勺	yn	谆旬熏君	yn	军群训迅
iau	挑聊椒悄	iɔ	咬笑巧嚼	əŋ	登能增层	əŋ	更灯层生
ou	兜偷楼走	ou	狗收周粥	iŋ	兵平丁庭	iŋ	扔行颖星
iou	丢谬刘酒	iou	酒丘丢六	uŋ	东通农笼	uŋ	公红中宗
		ei	背煤谁贼	yŋ	雍胸恭穹	yŋ	勇雄穷凶
uei	雷内堆推	uei	龟腿虽塞	aŋ	当汤襄郎	aŋ	钢长响浪
		ɚ	耳尔儿贰	iaŋ	良娘将墙	iaŋ	将强向羊
ai	胎乃来宰	ɛ	改太矮麦	uaŋ	窗双汪荒	uaŋ	庄光双王
iai	挨谐皆楷						

1. ［ɚ］韵的产生

［ɚ］韵的产生是现代汉语中的一项重要语音现象，也是目前广大北方方言中普遍存在语音现象之一。对于［ɚ］韵，王力先生认为："舌尖元音［ɚ］是北京话及某些汉语方言里的一种特殊的元音，发音时舌头的位置比中部元音［ə］稍前，舌尖向硬腭前部翘起，带有卷舌的［r］的色彩。"[①]［ɚ］韵，是指止摄开口三等的一部分日母字，如"儿、而、二、耳、尔、侎、迩"等一系列字。这些字在中古时期属日母，随着语音的演变，归入影母中，并带有卷舌的成分，

---

① 王力：《汉语音韵》，中华书局1991年版，第3页。

从而形成了一个新的舌尖元音，即 [ɚ]。[ɚ] 韵最早产生于何时？目前学术界众说纷纭，莫衷一是。《元韵谱》将止摄开口三等"而尔二儿饵耳"等字列于北佸日母下，并没有影母一读，说明其读音仍为 [ʐɿ]，还没有出现 [ɚ] 韵。明清时期很多反映北方语音的韵书韵图，如兰茂《韵略易通》、毕拱辰《韵略汇通》、阿摩利谛《谐声韵学》、李登《书文音义便考私编》、樊腾凤《五方元音》等等，都将这些字列于日母之下，并没有影母一读。

据笔者所知最早将"而尔二"等字列于影母下，始于明末徐孝《等韵图经》（1606）。陆志韦先生认为："'尔二而'已经列在影母之下，正同《西儒耳目资》的'ul'，大概就是今国音的'ɚr'。"①对于这些字的性质，徐孝也有说明，《凡例》称："世俗久用至当之音，原韵虽系无形，亦用黑字领率：谓内而所他哈打雷之类。"可见，"而尔二"列于影母则是俗音。金尼阁《西儒耳目资》（1626）用 ul 来标注这些字，说明《西儒耳目资》音系中已出现 [ɚ] 韵。根据周赛华先生的研究，河北易水赵绍箕《拙庵韵悟》（1674）、大兴徐鉴《音泮》（1817）也都记录了"而二尔"读 [ɚ] 韵这一语音现象，并且均指出这种现象为时俗音，这与《等韵图经》的情况基本是一致的。同时，周赛华先生通过考察与《等韵图经》相配合的韵书《合并字学集韵》，发现耳、二等字仅有影母一读 [ɚ]，茻等字仅稔（日）母一读 [ʐɿ]，尔、而、儿等字却有稔（日）母和影母两读。因此认为："'耳二'等字稔母音读已经被影母音读所吞没，口语音已经取代了读书音。而'而尔儿'诸字稔母读音、影母音读并存，这说明稔母读音正在逐渐趋于消失，[ɚ] 音正在逐步扩散，即正处于音变过程之中，音变还没有最后完成。可是'茻'等字只有稔母音读，说明音变还没有开始。《图经》里的这种音变状况表明 [ɚ]

---

① 陆志韦：《记徐孝〈司马温公等韵图经〉》，载《陆志韦近代汉语音韵论集》，商务印书馆 1988 年版。

音正在形成之中。"① 也就是说在 17 世纪 [ɚ] 韵正在形成过程中，至少还没有得到官方的认可和社会的承认，只是"世俗久用至当之音"。这就不难理解为什么明清时期很多韵书韵图仍将这些字列于日母之下的原因了。

随着语音的演变，[ɚ] 韵逐步扩散，影母字的读音逐步取代了日母字的读音，口语俗音逐步取代了读书音，并得到了社会的认可，从而发展成为今天普通话及大部分方言中的情况。关于此项音变的动因，唐作藩先生认为："'儿'类字音由 [ʐ̩] 演变为 [ɚ]，是由于卷舌声母 [ʐ] 和卷舌韵母 [ɻ] 发音近似，互相影响，声母 [ʐ] 的辅音性质弱化与韵母 [ɻ] 结合，元音变成混元音 [ə] 带一个卷舌尾音 [ɻ]（或作 [r]）。所以 [ɚ]（或作 [ər]）确实具有复韵母的性质。"② 从发音原理解释语音的演变，是可信的。

2. [ai]、[uai]、[au]、[iau] 等复元音韵母的演变

所谓"复元音韵母"，是指在一个音节里，由两个或三个元音结合在一起构成的韵母。普通话中共有十三个复元音韵母，并且根据组合元音音长和音高的不同，分为前响复韵母、后响复韵母和中响复韵母三类。《元韵谱》所反映的 17 世纪内丘音系中，也存在复元音韵母，如 [ai]、[ei]、[ou]、[au]、[iau]、[ia]、[ua]、[uo]、[uai]、[uei] 等等。今内丘话复元音韵母的数目减少了，有些复元音韵母发生了演变，如 [ai] 演变为单元音 [ɛ]，[uai] 演变为 [uɛ]；[au] 演变为单元音 [ɔ]，[iau] 演变为 [iɔ]。

我们发现复韵母出现演变的多为前响复韵母和中响复韵母，而后响复韵母则不易发生，如何解释这种现象呢？实际上，这与发音的动程长短有关。在发前响复韵母时，"动程可长可短，在非常认真地读或是有意强调的时候，动程比较长，韵母的两端能够达到音标所记的位置。在日常随随便便谈话的时候，动程比较短；如果整个音节的音

---

① 周赛华：《徐孝〈等韵图经〉中卷舌元音之再探》，《语言研究》2003 年第 2 期。
② 唐作藩：《普通话语音史话》，语文出版社 2000 年版。

长很短，动程可以小到接近于一个单元音，ai［æi］有可能读成接近于单元音［ɛ］的声音"①。同样，由前低非圆唇［a］向后高圆唇［u］的动程，如果音长很短，动程接近于一个单元音，［au］将可能读成单元音［ɔ］。中响复韵母从结构关系来看，只是由韵头加前响复韵母组成的，［uai］里的［ai］、［iau］里的［au］的性质与前响复韵母完全相同。因此，如果整个韵母的动程缩短，韵母将读成［uɛ］和［iɔ］。而后响复韵母则不同，元音的舌位较为稳定，"整个韵母的动程也比较稳定，无论是认真读还是随便读，后响复韵母的动程都不大会受到影响，不像前响复韵母，动程能够缩短到接近于单元音"②。因此，从发音原理来看，前响和中响复韵母容易发生演变，而后响复韵母较为稳定，不容易发生转化。

复元音韵母演变的音理解释，在汉语方言中也得到了验证，如下表所示：

	胎	来	怪	抛	刀	庙	钓
北京	［tʰai］	［lai］	［kuai］	［pʰau］	［tau］	［miau］	［tiau］
济南	［tʰɛ］	［lɛ］	［kuɛ］	［pʰɔ］	［tɔ］	［miɔ］	［tiɔ］
西安	［tʰæ］	［læ］	［kuæ］	［pʰau］	［tau］	［miau］	［tiau］
合肥	［tʰE］	［lE］	［kuE］	［pʰɔ］	［tɔ］	［miɔ］	［tiɔ］
扬州	［tʰɛ］	［lɛ］	［kuɛ］	［pʰɔ］	［tɔ］	［miɔ］	［tiɔ］
苏州	［tʰE］	［lE］	［kuE］	［pʰæ］	［tæ］	［miæ］	［tiæ］

前响、中响复韵母比后响复韵母容易演变，但前响、中响复韵母在各地方言中的演变也不平衡。为了便于讨论，我们只讨论前响复韵母，因中响复韵母只是在前响复韵母前加上介音而已，性质相同。今内丘话中，前响复韵母［ai］、［au］发生演变，而［ei］、［ou］未发生演变。下面我们列举前响复韵母在其他方言中的情况，如下表所示：

---

① 林焘、王理嘉：《语音学教程》，北京大学出版社1992年版，第111页。

② 同上书，第112页。

	胎	刀	贝	斗
北京	[tʰai]	[tau]	[pei]	[tou]
苏州	[tʰE]	[tæ]	[pE]	[tY]
合肥	[tʰE]	[tɔ]	[pe]	[tɯ]
扬州	[tʰɛ]	[tɔ]	[pəi]	[tɣɯ]
济南	[tʰɛ]	[tɔ]	[pei]	[tou]
西安	[tʰæ]	[tau]	[pei]	[tou]
南昌	[tʰai]	[tau]	[pi]	[tɛu]
梅县	[tʰɔi]	[tau]	[pi]	[tɛu]

苏州、合肥的前响复韵母全部演变为单元音，而扬州、济南、西安、南昌、梅县等只是部分演变为单元音。可见，前响复韵母在各地方言中的演变也具有不平衡性。

3. [iai] 韵的消变

[iai] 韵，指《元韵谱》百佸的齐齿呼字，这些字主要来源于蟹摄开口二等牙喉音字。关于开口二等牙喉音字产生 i 介音的现象，前贤已有诸多研究，兹不赘述。而其产生的时间，一般认为应该在宋元时期。《中原音韵》中，蟹摄开口二等牙喉音字已经读为 [iai] 韵。在《元韵谱》中，蟹摄开口二等牙喉音字与"猜豺哀债"等字同属一韵，且为齐齿呼字。可见，这些字的韵母仍为 [iai] 韵。

关于这种音变完成的时间，郭力先生认为应在清末，"在《李氏音鉴》中，皆、佳韵的牙喉音字自成一韵，与读 iɛ 韵母的麻韵三等字划然两类，当仍读 iai 韵母。到《官话萃珍》中，情况才大变，原读 iai 韵的皆、佳韵字（如'街皆揩解鞋懈蟹'等）都失去了 iai 音，与 iɛ 韵的麻韵三等字（如'姐些斜邪写谢'等），咸摄入声（如'接捷劫'等），山摄入声（如'揭疖竭洁结杰歇蠍楔褻'等）字读为同韵了"①。今北京话中，[iai] 韵已经消失，基本上演变为 [iɛ]。

---

① 郭力：《〈司马温公等韵图经〉研究》，载《古汉语研究论稿》，北京语言大学出版社 2003 年版，第 53—54 页。

今内丘话中，蟹摄开口二等牙喉音字也演变为［iɛ］韵，与"结街姐谢歇"等字同韵了。此外，在河北方言中，一部分地区仍保留［iai］韵，并没有发生演变，如沧州、南皮、东光、阜城、景县、清河、临西、广宗、魏县、馆陶、大名等地。

如何解释［iai］韵的演变呢？王力先生认为："自从佳皆喉音字插入了韵头 i 之后，很快地就起异化作用，排斥了韵尾 i，同时韵头 i 也使主要元音的发音部位提前，变为 e。"① 从［iai］韵的舌位发音来看，则是"高—低—高"的模式，如此发音便形成了介音［i］和韵尾［i］的矛盾。解决这种矛盾的方式有两种：一种是使韵尾［i］消失；另一种是使介音［i］消失。今北京话及大部分方言则选择了第一种方式，排斥韵尾［i］，同时介音［i］使元音高化，变成［ɛ］、［e］或者［E］。如下表所示：

	皆	街	解	介	蟹	鞋	戒
北京	［tɕie］	［tɕie］	［tɕie］	［tɕie］	［ɕie］	［ɕie］	［tɕie］
济南	［tɕiɛ］	［tɕiɛ］	［tɕiɛ］	［tɕiɛ］	［ɕiɛ］	［ɕiɛ］	［tɕiɛ］
西安	［tɕie］	［tɕie］	［tɕie］	［tɕie］	［ɕie］	［xæ］	［tɕie］
太原	［tɕie］	［tɕie］	［tɕie］	［tɕie］	［ɕie］	［ɕie］	［tɕie］
合肥	［tɕiE］	［tɕiE］	［tɕiE］	［tɕiE］	［ɕiE］	［ɕiE］	［tɕiE］
扬州	［tɕiɛ］	［tɕiɛ］	［tɕiɛ］	［tɕiɛ］	［ɕiɛ］	［ɕiɛ］	［tɕiɛ］

但其中个别字则发生了另一种演变，如影母"矮挨崖隘"等、溪母"楷"等字，今北京话及各地方言则读［ai］，介音［i］消失。［iai］韵在汉语方言中的演变，说明任何语音演变规律都存在例外。

4.［an］类韵母韵尾的消变

［an］类韵母，指［an］、［ian］、［uan］、［yan］四个韵母，主要来源于中古的山摄和咸摄，即中古的元、寒、桓、删、山、先、仙、覃、谈、盐、添、咸、衔、严、凡韵字。《中原音韵》中，这部

---

① 王力：《汉语史稿》，中华书局 1980 年版，第 153 页。

分韵字分为五个韵部，即寒山、先天、桓欢、盐咸、廉纤，其拟音为：寒山韵 [an，ian，uan]，桓欢韵 [uɔn]，先天韵 [iɛn，iuɛn]，盐咸 [am，iam]，廉纤 [iɛm]。其差别在于主元音及韵尾的不同，寒山、桓欢、先天之间主元音不同，寒山与盐咸、先天与廉纤则是韵尾不同。随着语音的演变，[-m] 尾并入 [-n] 尾，韵部也相应地进行合并。《元韵谱》音系中将此五韵并为一个韵部——奔佸。可见，在 17 世纪的内丘话中，中古山摄和咸摄已经合并为四个韵类，即 [an]、[ian]、[uan]、[yan]。今内丘话中，[an] 类韵母的音值发生了变化，失去了鼻音韵尾，且主要元音高化，音值为 [æ]、[iæ]、[uæ]、[yæ]。

　　在汉语方言中鼻音韵尾都发生了不同程度的演变，下面以《汉语方音字汇》中收录的 20 个方言点为例：

	泛	男	丹	馆	身	婚	当
北京	[fan]	[nan]	[tan]	[kuan]	[ʂən]	[xuən]	[taŋ]
济南	[fæ̃]	[næ̃]	[tæ̃]	[kuæ̃]	[ʂē]	[xuē]	[taŋ]
西安	[fæ̃]	[næ̃]	[tæ̃]	[kuæ̃]	[ʂē]	[xuē]	[taŋ]
太原	[fæ̃]	[næ̃]	[tæ̃]	[kuæ̃]	[ʂəŋ]	[xuŋ]	[tɒ̃]
武汉	[fan]	[nan]	[tan]	[kuan]	[ʂən]	[xuən]	[taŋ]
成都	[fan]	[nan]	[tan]	[kuan]	[ʂən]	[xuən]	[taŋ]
合肥	[fæ̃]	[læ̃]	[tæ̃]	[kũ]	[ʂən]	[xuən]	[tɒ̃]
扬州	[fæ̃]	[liæ̃]	[tiæ̃]	[kuõ]	[sən]	[xuən]	[taŋ]
苏州	[fE]	[nø]	[tE]	[kuø]	[sən]	[huən]	[tɒŋ]
温州	[fa]	[nø]	[ta]	[ky]	[saŋ]	[çy]	[tcu]
长沙	[fan]	[lan]	[tæ̃]	[kõ]	[sən]	[fən]	[tan]
双峰	[xua]	[læ̃]	[tan]	[kua]	[çiɛn]	[xuan]	[tɒŋ]
南昌	[fan]	[lan]	[tan]	[kuɔn]	[sən]	[fən]	[tɔn]
梅县	[fam]	[nam]	[tan]	[kuɔn]	[sən]	[fun]	[tɔŋ]
广州	[fan]	[nam]	[tan]	[kun]	[ʃɐn]	[fɐn]	[tɔŋ]
阳江	[fan]	[nam]	[tan]	[kun]	[ʃɐŋ]	[fɐn]	[tɔŋ]
厦门	[ham]	[lam]	[kuan]		[siɛn]	[hun]	[tɔŋ]
潮州	[huam]	[lam]	[taŋ]	[kueŋ]	[siŋ]	[huŋ]	[tɯŋ]

续表

	泛	男	丹	馆	身	婚	当
福州	［xuaŋ］	［naŋ］	［taŋ］	［kuaŋ］	［siŋ］	［xuɔŋ］	［tauŋ］
建瓯	［xuaŋ］	［naŋ］	［tu iŋ］	［ku iŋ］	［seiŋ］	［xɔŋ］	［tɔŋ］

上表所列的各方言中，鼻音韵尾都发生了不同程度的演变，梅县、广州、阳江、厦门保存最完整，共有三个鼻音韵尾［m］、［n］、［ŋ］，潮州有［m］、［ŋ］两个鼻音韵尾，也有一些方言只有一个，如济南、西安、太原、温州、福州、建瓯只有［ŋ］尾，合肥、长沙只有［n］尾，而大部分方言都和北京话一样，有［n］、［ŋ］两个鼻音韵尾。关于鼻音韵尾的演变，有的方言是鼻音韵尾的合并，如福州等；有的方言是鼻音韵尾的脱落，如温州、苏州等；也有的方言韵母变成了鼻化元音，如济南、太原等。可见，鼻音韵尾演变的情况错综复杂。但从历时的角度来看，汉语鼻音韵尾的发展则呈现由繁趋简的趋势。由中古汉语的三个鼻音韵尾［m］、［n］、［ŋ］，发展至近现代汉语的两个或一个鼻音韵尾。其中［m］尾最容易演变，［n］尾次之，［ŋ］最为稳定。张琨先生指出："汉语方言中低元音后的鼻尾较高元音后的鼻尾易消失，前鼻音 - n 尾较后鼻音 - ŋ 尾易消失。"① 从今内丘话来看，［n］尾的演变也不是同步的，［ən］类韵母未发生演变，而［an］类韵母的鼻音韵尾则已经脱落，即［an］类先于［ən］类演变。

可见，在汉语方言中［an］类韵母较容易演变，那么其演变的途径有哪些呢？下面以河北方言为例：

	敢	变	断	宣
保定	［an］	［ian］	［uan］	［yan］
衡水	［an］	［ian］	［uan］	［yan］

---

① 张琨：《汉语方言中鼻音韵尾的消失》，《历史语言学所集刊》，1983 年第五十四本第一分。

续表

	敢	变	断	宣
赞皇	[ãn]	[iãn]	[uãn]	[yãn]
高邑	[ãn]	[iãn]	[uãn]	[yãn]
涿鹿	[ã]	[iã]	[uã]	[yã]
清河	[ã]	[iã]	[uã]	[yã]
康保	[æ̃]	[iæ̃]	[uæ̃]	[yæ̃]
南和	[æ̃]	[iæ̃]	[uæ̃]	[yæ̃]
曲阳	[ɛ̃]	[iɛ̃]	[uɛ̃]	[yɛ̃]
井陉	[ɛ̃]	[iɛ̃]	[uɛ̃]	[yɛ̃]
灵寿	[æ]	[iæ]	[uæ]	[yæ]
平山	[æ]	[iæ]	[uæ]	[yæ]

通过上表可以看出，[an] 类韵母在河北方言中演变的方式共有五种：第一种，[n] 尾未消失，但主元音发生鼻化，如赞皇、高邑；第二种，[n] 尾脱落，主元音发生鼻化，如涿鹿、清河；第三种，[n] 尾脱落，主元音高化为 [æ]，且元音鼻化，如康保、南和；第四种，[n] 尾脱落，主元音高化为 [ɛ]，且元音鼻化，如曲阳、井陉；第五种，[n] 尾脱落，主元音高化为 [æ]，元音未鼻化。由此可推断 [an] 类韵母鼻音韵尾的演变途径，如下图所示：

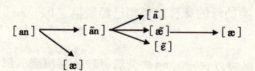

[an] 类韵母演变的第一条途径是韵母由于受到 [n] 尾的影响，元音产生鼻化；然后 [n] 尾脱落，主元音或不变或高化，且元音保持鼻化；最后主元音鼻化色彩消失。另一种途径则是鼻音韵尾脱落，元音产生高化，并未带有鼻化色彩。

5. [o]、[uo] 类韵母的演变

[o]、[uo] 类韵母来源于中古的果摄开、合口一等字。在《元

韵谱》博恬仍分为开合两类，但所收韵字发生了变化，中古果摄开口一等"多、拖、佗、那"等字归入［uo］韵，转为合口字，这与《中原音韵》是一致的。在今普通话中，果摄合口一等唇音字失去了［u］介音，变成了开口［o］韵。同时，果摄戈韵合口一等牙喉音字也失去了［u］介音，与果摄歌韵开口一等字合流，并且元音［o］由圆唇转化为非圆唇［ɤ］。

今内丘话中，［o］韵已不存在，不仅果摄歌戈韵牙喉音字演变为［ɤ］，而且果摄戈韵合口一等唇音字也转化为［ɤ］，［o］韵均由圆唇转化为非圆唇［ɤ］。今内丘话中，中古假摄开口三等舌音字也失去了介音［i］，且元音由半低前元音非圆唇［ɛ］变成半高后元音非圆唇［ɤ］，与果摄歌戈韵演变成［ɤ］韵的字韵母相同，这与普通话一致。

关于［uo］韵，今内丘话元音［o］变成了非圆唇［ɤ］，［uo］韵演变为［uɤ］韵，与［ɤ］韵配套存在。

6. 入声韵的消失与演变

从《元韵谱》所反映的音系来看，17世纪初内丘话中还保留入声韵，但此时的入声韵已不同于中古的入声韵，入声韵尾［-p］［-t］［-k］已经混同，当时的入声韵可能保留一个喉塞音［-ʔ］，或者只是一个短促的调子。随着语音的演变，今内丘话中，入声韵已经消失，与阴声韵合并。但由于语言接触或受到权威方言的影响，中古入声韵在今内丘话中存在文白两个层次，这是我们要特别关注的。文白异读是汉语方言中较为常见的语言现象，徐通锵先生指出："'文'与'白'代表两种不同的语音系统，大体说来，白读代表本方言的土语，文读则是以本方言的音系所许可的范围吸引某一标准语（现代的或古代的）的成分，从而在语音上向这一标准语靠拢。"① 根据方言中的文白异读现象，更能清晰地辨析中古入声韵的演变。今内丘话的材料主要参考刘淑学先生《中古入声字在河北方言中的读音研究》，同时参考《河北省志·方言志》。下面以中古韵摄为单位，考

---

① 徐通锵：《历史语言学》，商务印书馆2001年版，第384页。

察入声韵在内丘话中的发展演变。

（1）宕摄入声韵的演变

宕摄入声韵，包括中古入声铎韵、药韵，在《元韵谱》中列于博佸，韵母为［o、io、uo］。在今内丘话中，宕摄入声韵的读音情况如下表所示：

中古入声韵	开合	古声母	例字	内丘话		普通话
				文读	白读	
铎	开	帮系	博	ɤ		o
		端系	络	uɤ	ɔ	uo
		见系	各	ɤ		ɤ
	合	见系	郭	uɤ	①	uo
药	开	知系	酌	uɤ	ɔ	ou
		除知系外	却	yɤ	iɔ	yɛ
	合	见系	镬	yɤ		yɛ

由上表可知，宕摄入声韵在今内丘话中，与普通话读音有差异，存在文白两个层次。其中文读层与果摄读音叠置，如"博各"与"波哥"韵类相同，读［ɤ］；"郭络酌"与"多拖"韵类相同，读［uɤ］；"镬却"与"靴瘸"韵类相同，读［yɤ］。白读层与效摄读音叠置，如"络搁"与"抛毛刀"韵类相同，读［ɔ］；"爵却鹊"与"巧肴"韵类相同，读［iɔ］。汉语方言中的文白异读，由于文白层次的竞争，并非所有字都具有文白两读，有的只有白读，有的只有文读。通过比较可知，《元韵谱》宕摄入声韵的读音为文读层，说明当时宕摄入声韵的文读层已占优势，故乔中和保留了文读音，舍弃了白读音，文白竞争中白读层已处于劣势。与《元韵谱》同时期的徐孝《合并字学集韵》，其宕摄入声字的文读也占据优势。宕摄入声韵的白读音并没有退出历史舞台，道光十二年（1832）《内邱县志·方言》记载了当时内丘话一些入声字的读音，如"乐呼作劳"、"落呼

---

①　空白，表示无白读音，下同。

作劳"。宕摄入声字"乐落"读同效摄，即为白读音，上表所示今内丘话宕摄入声韵的读音也证实了这一点。刘淑学《中古入声字在河北方言中的读音研究》（2000）收录了内丘话宕摄常用入声字共57个，其中仅有白读音为17个，文白竞争的趋势一目了然。此外，[io] 由于音系中没有相对应的合口，在开合对称格局制约下，主要元音 o 对其前的介音 [i] 发生同化作用，使其圆唇化，演变为 [yo]，最终演变为 [yɛ]。高晓虹、刘淑学在讨论北京话 o uo e ie ye 两组韵母的形成时推测，"从《音韵逢源》到《京音字汇》，由韵母 o 又分化出 e 来。这固然可以看作是所拼声母不同引起的变异，但也可能是韵母 o 向 e 发展的结果。在许多官话方言中，与唇音声母相拼的是不圆唇的 e 韵母，因此，北京话拼唇音声母的 o 韵母在今后可能会变为不圆唇的 e，与其他声母后的 e 韵母合并，若是，则与之相应，合口的 uo 韵母也可能会变为 ue，从而实现 e ie ue ye 开合、四呼均对称的格局"①。今内丘话 [o] 变为不圆唇 [ɤ]，合口 [uo] 也变为 [uɤ]，这样在音系格局中与 [iɛ]、[yɛ] 形成了开齐合撮四呼对称的平衡格局。②

（2）江摄入声韵的演变

江摄只有一个入声韵，即中古觉韵。在《元韵谱》中列于博佸，主元音为 [o]。在今内丘话中，江摄入声韵的读音情况如下表所示：

中古入声韵	开合	古声母	例字	内丘话		普通话
				文读	白读	
觉	开	帮系	剥	ɤ	ɔ	o
		知系	桌	uɤ		uo
			捉			
		见系	角	yɛ	iɔ	yɛ
			确			

① 高晓虹、刘淑学：《北京话韵母 o uo e ie ye 溯源》，《语言教学与研究》2008 年第 1 期。

② [ɤ] 与 [ɛ] 音值虽有差异，但分布互补，在今内丘话中可合并为一个音位，从而在音系中形成了对称平衡的格局。

由上表可知，江摄觉韵在今内丘话中也存在文白两个层次，其中文读层与果摄读音合流叠置，如"剥"与"波"韵类相同，读 [ɤ]；"桌捉"与"多拖"韵类相同，读 [uɤ]；"角确"与"瘸靴"韵类相同，读 [yɛ]。白读音与效摄读音合流叠置，如"雹"与"刀毛"韵类相同，读 [ɔ]；"觉角确"与"巧肴"韵类相同，读 [iɔ]。《元韵谱》觉韵读音为文读层，今内丘话则存在文白两个层次，觉韵的演变途径与宕摄铎韵、药韵是一致的。刘淑学《中古入声字在河北方言中的读音研究》（2000）收录了内丘话江摄常用入声字共 22 个，其中仅有白读音为两个，文读音占绝对优势。

（3）曾摄入声韵的演变

曾摄入声韵，包括中古入声德韵和职韵。在《元韵谱》中列于北佸，韵母为 [i、uei]，在今内丘话中的读音情况如下表所示：

中古入声韵	开合	古声母	例字	内丘话		普通话
				文读	白读	
德	开	帮系	北	ɤ	ei	ei
		端、见系	德			ɤ
	合	见系	或	uɤ	uei	uo
职	开	帮、精、见系	逼	i①		i
		知、章系	职	ʅ		ʅ
		庄系	色	ɤ	ɛ	ɤ
	合	见系	域	y		y

由上表可知，曾摄德韵和职韵庄系在今内丘话中存在文白两个层次，其中文读层与果摄读音合流叠置，如"墨德刻得"与"波磨"韵类相同，读 [ɤ]；"国或惑"与"多拖"韵类相同，读 [uɤ]。白读层与蟹摄、止摄读音合流叠置，如"刻得勒"与"蓓非枚"韵类相同，读 [ei]；"或国惑"与"腿对归锐"韵类相同，读 [uei]。《元韵谱》中曾摄入声韵的读音为白读层，说明 17 世纪初内丘话曾摄

---

① 表示无文白异读，下同。

入声韵的白读层仍占据优势。《内邱县志·方言》（1832）载"墨呼作美"，曾摄入声字"墨"仍读白读音，与《元韵谱》曾摄入声字的读音一脉相承。刘淑学《中古入声字在河北方言中的读音研究》（2000）共收录曾摄入声字 23 例，文白两读 10 例，仅有文读 6 例，仅有白读 7 例，与《元韵谱》相比，文读层发展迅速，已与白读音势均力敌。

（4）梗摄入声韵的演变

梗摄入声韵，包括中古陌韵、麦韵、昔韵和锡韵。在《元韵谱》中列于百佸，韵母为 [ai、uai]，在今内丘话中的读音情况如下表所示：

中古入声韵	开合	古声母	例字	内丘话		普通话
				文读	白读	
陌、麦	开	帮、知、庄系	伯	ɤ	ɛ	o
		见系	客	ɤ	iɛ	ɤ
	合	见系	掴	uɤ	ɜu	uo
昔、锡	开	帮、端、精、见系	昔	i		i
		知、章系	尺	ʅ		ʅ
	合	见系	役	i		i

由上表可知，梗摄陌、麦韵的入声字在今内丘话存在文白两个层次，其中文读层与果摄读音合流叠置，如"伯客"与"波磨"韵类相同，读 [ɤ]；"掴获"与"多拖"韵类相同，读 [uɤ]。白读层与蟹摄、止摄、假摄读音合流叠置，如"伯陌迫"与"排埋"韵类相同，读 [ɛ]；"掴获"与"衰帅拐坏"韵类相同，读 [uɛ]；"客"与"爹些"韵类相同，读 [iɛ]。昔、锡韵的入声字在今内丘话中只有一读，与止摄、蟹摄韵类合流叠置，如"脊昔惜"与"梨低"韵类相同，读 [i]；"只赤尺"与"支师史"韵类相同，读 [ʅ]，与今北京话是一致的。通过比较不难看出，《元韵谱》梗摄陌、麦韵入声字的读音与白读层基本一致，只是由复元音 [ai] 演变成单元音 [ɛ]

了。刘淑学《中古入声字在河北方言中的读音研究》（2000）收录梗摄陌、麦韵的入声字 34 例，文白两读 14 例，仅有文读 7 例，仅有白读 13 例，与《元韵谱》相比，文读层发展迅速，但白读音仍占据优势。

（5）通摄入声韵的演变

通摄入声韵，即中古屋、沃、烛韵字。在《元韵谱》中列于卜佸，韵母为 [u、y]，在今内丘话中的读音情况如下表所示：

中古 入声韵	开合	古声母	例字	内丘话		普通话
				文读	白读	
屋、沃、烛	合一	①	秃	u		u
	合三	见系	菊	y		y
		知系	叔	u	əu	u
		来母	六	iəu	iɤu	iɤu
		其他	牧	u		u

由上表可知，通摄合口三等入声字在今内丘话中存在文白两个层次，文读层与遇摄读音合流叠置，如"叔陆熟"与"夫无模都"韵类相同，读 [u]。白读层与流摄读音合流叠置，如"叔熟"与"否愁"韵类相同，读 [əu]；"六陆"与"丢刘擎"韵类相同，读 [iəu]。其他通摄入声字在今内丘话中没有文白异读，都与遇摄读音合流叠置，如"秃读牧"与"模都"韵类相同，都 [u]；"玉菊浴"与"迂女趋"韵类相同，读 [y]。《元韵谱》通摄合口三等入声字的读音与今内丘话的文读层相一致。张新《〈元韵谱〉入声字文白异读探析》（2010）依据《元韵谱》探佸中收入一些通摄合口三等入声字（服福伏覆畜宿肉），由此得出结论："这部分通摄入声字读音与流摄字读音合流叠置，为白读音，韵基是 [－ou]。那么，《元韵谱》卜佸和博佸一样，都存在文白两读。"实际上这部分通摄合口三等入声

---

① 空白，表示没有声母限制，下同。

字与宕江摄入声字一样，在《五音集韵》中有两个读音，如"福伏覆畜宿"，分别收录于去声"宥韵"和入声"屋韵"；"服"，收录于上声"有韵"和入声"屋韵"；"肉"，收录于去声"宥韵"和入声"屋韵"，这只是一字多音现象，并不是文白异读。刘淑学《中古入声字在河北方言中的读音研究》（2000）收录通摄合口三等入声字共59例，除"缩"读［uo］外，文白两读5例，仅有白读5例，其他48例都只有文读一读。因此，自17世纪内丘话中通摄合口三等入声字文读层已占据绝对优势，由此可推断其文读层形成的时间较早。

（6）臻摄入声韵的演变

臻摄入声韵，即中古的质、术、栉、物、迄、没韵字。在《元韵谱》中"没"韵列于孛佸，韵母为［uɛ］；"质术栉物迄"韵列于北佸，韵母为［i、uei］。在今内丘话中的读音情况如下表所示：

中古入声韵	开合	古声母	例字	今内丘话	普通话
质、迄、栉	开	帮母	笔	ei	i
		帮（除帮母）、精、见系	七	i	
		知、庄、章系	实	ʅ	ʅ
术	合	知、庄、章系	术	u	u
		端、精、见系	橘	y	y
物	合	见系	屈	y	y
		群母	崛	yɛ	yɛ
		其他	物	u	u
没	合	帮系	勃	ɤ	o
		其他	骨	u	u

由上表可知，臻摄入声韵在今内丘话中，与止摄、蟹摄、遇摄、果摄读音合流叠置，如"笔毕"与"贝杯飞"韵类相同，读［ei］；"七疾习"与"披李闭"韵类相同，读［i］；"质失日"与"持士制"韵类相同，读［ʅ］；"骨物忽"与"布书胡"韵类相同，读［u］；"律橘屈"与"去絮句"韵类相同，读［y］；"崛倔"与"靴瘸"韵类相同，读［yɛ］；"勃脖"与"婆磨"韵类相同，读［ɤ］。

与《元韵谱》相比，中古质、迄、栉韵的读音较为接近，臻摄其他韵字差别较大，可见在入声韵的安排上，乔氏为了迎合其编纂思想，并没有完全按照实际语音。

（7）山摄入声韵的演变

山摄入声韵，即中古的月、屑、薛、曷、末、黠、辖韵字。在《元韵谱》中"月、屑、薛"韵列于孛佸，韵母为 [iɛ、yɛ]；"曷、末、黠、辖"韵列于八佸，韵母为 [a、ia、ua]。在今内丘话中的读音情况如下表所示：

中古入声韵	开合	古声母	例字	内丘话	普通话
曷	开	端、精系	擦	a	a
		见系	割	ɤ	ɤ
黠、辖	开	见系	瞎	ia	ia
	合	其他	八	a	a
			刮	ua	ua
屑、薛、月	开	知、庄、章系	彻	ɤ	ɤ
		其他	别	iɛ	iɛ
	合	章系	说	uɤ	uo
		精、见系	决	yɛ	yɛ
		非母	发	a	a
		来母	劣	iɛ	iɛ
末	合	帮系	泼	ɤ	o
		端、精、见系	脱	uɤ	uo

由上表可知，山摄入声韵在今内丘话中，与假摄、果摄的读音合流叠置，如"擦八发"与"拿茶沙"韵类相同，读 [a]；"瞎辖轧"与"家虾霞"韵类相同，读 [ia]；"刷滑刮"与"耍瓜花"韵类相同，读 [ua]；"割彻泼"与"歌戈河"韵类相同，读 [ɤ]；"说脱"与"多拖"韵类相同，读 [uɤ]；"别劣铁"与"写借谢"韵类相同，读 [iɛ]；"决雪月"与"瘸靴"韵类相同，读 [yɛ]。与《元韵谱》相比，大部分入声韵的读音较为接近，只有个别读音略有差异。

（8）深摄入声韵的演变

深摄入声韵，即中古的缉韵字。在《元韵谱》中列于北佸，韵母为 [i]，在今内丘话中的读音情况如下表所示：

中古入声韵	开合	古声母	例字	今内丘及尧山方言		普通话
				文读	白读	
缉	开	知、庄系	涩	ɤ	ɛ	ɤ
		章系	汁		ʅ	ʅ
		其他	急		i	i

由上表可知，深摄入声韵在今内丘话中，个别字有白文两个层次，文读层与果摄读音合流叠置，如"涩"与"歌戈"韵类相同，读 [ɤ]；白读层与蟹摄读音合流叠置，如"涩"与"才埋"韵类相同，读 [ɛ]。其他只有一读，与止摄、蟹摄读音合流叠置，如"汁十"与"持世"韵类相同，读 [ʅ]；"急立"与"利闭"韵类相同，读 [i]，与《元韵谱》读音基本一致。

（9）咸摄入声韵的演变

咸摄入声韵，即中古的合、盍、洽、狎、乏、叶、帖、业韵字。在《元韵谱》中"合、盍、洽、狎、乏"韵列于八佸，韵母为 [a、ia、ua]；"叶、帖、业"韵列于孛佸，韵母为 [iɛ]。在今内丘话中的读音情况如下表所示：

中古入声韵	开合	古声母	例字	内丘话	普通话
合、盍	开	端系	答	a	a
		见系	喝	ɤ	ɤ
洽、狎	开	知、庄系	插	a	a
		见系	甲	ia	ia
叶、帖、业	开	章系	摺	ɤ	ɤ
		其他	妾	iɛ	iɛ
乏	合	非母	法	a	a

由上表可知，咸摄入声韵在今内丘话中，与假摄、果摄、蟹摄读音合流叠置，如"答插"与"拿茶"韵类相同，读［a］；"甲匣"与"家霞"韵类相同，读［ia］；"喝摺"与"歌戈"韵类相同，读［ɤ］；"妾帖"与"皆姐"韵类相同，读［iɛ］。与《元韵谱》咸摄入声字读音相比，除个别字略有差异外，基本上是一致的。

综上所述，《元韵谱》所反映的17世纪内丘话中仍保留入声韵，虽与阴声韵较为接近，但有区别。经过四百年来的语音发展，今内丘话中入声韵已不复存在，并入其他阴声韵中，共有19个，即［ɔ］、［iɔ］、［ei］、［uei］、［ɛ］、［iɛ］、［uɛ］、［yɛ］、［i］、［ʅ］、［u］、［y］、［əu］、［iəu］、［ɤ］、［uɤ］、［a］、［ia］、［ua］。在语音发展过程中，由于受到汉语官话的影响，内丘话入声韵的读音在原方言读音的基础上，吸收了文读音，在共时方言中形成文白叠置。文白两个层次自始至终处于竞争中，在不同的入声韵中文白异读的表现也不相同，有的文读层占优势，有的白读层占优势，这种文白层分布的不平衡性，应该与吸收文读音的时间前后有密切的关系。

三、声调系统的演变

汉语的声调系统自中古确立以来，始终保持着平、上、去、入的四声格局，至元代周德清《中原音韵》首次以韵书的形式记录了汉语声调系统的演变，主要有三项：一是平声分化为阴、阳两类；全浊上声字归入去声；入声派入阳平、上、去三声。中古的平、上、去、入四声格局演变成近代的阴平、阳平、上、去四声。但汉语声调的演变在各地方言并不平衡，根据《元韵谱》所反映的语音现象来看，声调为五个，即阴平、阳平、上声、去声、入声。平声已分化为阴平、阳平两类，全浊上声字大部分演变成去声，这与大部分北方话的演变是一致的。关键在于入声性质的判定，究竟是实际语音的体现，还是传统守旧的保留？前面我们提到仅从《元韵谱》本身无法解答这一问题。

张玉来先生在考察近代汉语官话入声问题时，曾经提出："严格地说，考察入声的分布区域必须同历史的考察结合起来，因为入声在近代汉语空间的分布是同历史的发展紧密联系的，割裂了两者的关系，往往导致错误的认识。"① 这对我们考察《元韵谱》入声的性质，也提供了一个重要的途径，可根据入声在近代汉语的空间分布入手。我们知道《元韵谱》是以 17 世纪内丘话为语音基础的，在入声的发展过程中，其语料仅仅代表了发展过程中的一个点，如能结合今内丘话入声字的读音情况进行综合考察，也许能够得出符合事实的结论。刘淑学先生《中古入声字在河北方言中的读音研究》把今内邱县划归无入声区，其根据是内邱县城西 4 公里的永固村和城西 40 公里的南獐獏村两地人发音的材料，认为今内邱话中入声已经消失，这与孟蓬生先生的调查结果是一致的。但 80 年代出版的《中国语言地图集》把内丘县划归晋语区。晋语是指山西省以及毗连地区有入声的方言，与北方方言最大的区别，即是保留入声。此外，陈淑静先生《古四声在河北方言中的演变》也将内丘归入晋语区，但其范围与临城、邢台、广平一样，仅仅为城关以西。从表面上看，两种观点是矛盾的。实际上，如果从目前河北入声区的地理分布来看，这种矛盾正是体现了语音的发展演变。根据刘淑学先生的考察，河北南部入声区的地理分布，最西至涉县，最东至成安，最南至临漳，最北至邢台（城西）。其中最北端的邢台，与内丘相邻。并且南部入声区还存在着不同程度的入声舒化现象。"中古常用入声字的舒化程度呈现出由西向东，由南向北增强的趋势。如，最西边的涉县方言（青年人发音）舒化比例只有 25%，而靠东的成安县（中年人发音）方言舒化比例已达到 47%；最南边的临漳县舒化比例只有 31%，而中间的成安、肥乡县方言舒化比例分别是 47%、42%；再往北，沙河市方言舒化比例已达 49%，邢台县（城西）方言是南片入声区的北端，舒化比例高达 81%。"② 可见，最北端的邢台也将面临入声的完全消失。如

① 张玉来：《近代汉语官话入声问题新探》，载《韵略汇通音系研究》，山东教育出版社 1994 年版。

② 刘淑学：《中古入声字在河北方言中的读音研究》，河北大学出版社 2000 年版，第 21 页。

果我们假设《元韵谱》时代入声已经消失，那么与四百年后今天的格局完全是一致的，试想四百年来南部入声区的范围没有发生演变，特别是新中国成立后推广普通话的影响，这种情况是不可能出现的。从目前南部入声区最北端的邢台县（城西）方言的舒化程度来看，20 年前的内丘话中可能还存在极少一部分入声字读音，或者仅仅保留在老年人的口语中，也就是说内丘话入声的完全舒化应发生在近 20 年的时间里。那么，《中国语言地图集》、陈淑静先生与刘淑学、孟蓬生的调查结果正是体现了近 20 年来内丘话入声的演变事实，否则无法解释今天河北南部方言的入声现状。此外，内丘县的北部，即赞皇、元氏地区，至今仍保留入声。因此，根据今河北方言入声区的地理分布，我们认为 17 世纪内丘话中入声是实际存在的。《元韵谱》保留入声是实际语音的反映，乔氏之所以把入声与阴声韵相配，是因为入声韵尾已经混同，演变成一个喉塞韵尾，从而打破了入声配阳声韵的格局，但由于其主要元音与阴声韵的元音相同或相近，所以乔氏把入声同阴声列于一图中，并不能说明当时的入声已经等同阴声了。

今内丘话中，声调有四个：阴平、阳平、上声、去声。与 17 世纪的内丘话相比，唯一的演变就是入声消失了。此外，全浊上声字的演变基本上完成，大部分全浊上声字已经变为去声，如"棒"、"混"、"是"、"浩"、"纣"、"项"等字。仅有个别字仍保持上声一读，如"挺"，这与普通话是一致的，并不会影响浊上归去的演变规律。

内丘话声调系统四百年来最大的演变则是入声的消失。实际上，早在 19 世纪初个别入声字已发生演变了，道光十二年（1832）《内邱县志》记载了这一事实。《内邱县志》专设"方言"部分，记载了当时的方言情况。其中还涉及部分入声的读音情况，兹摘录如下：

日呼作异	笔呼作背	麦呼作买	蓆呼作西	一呼作意
色呼作洒	北呼作背	急呼作几	六呼作柳	给呼作纪
锡呼作洗	熟呼作儒	福呼近府	欲呼作愈	玉呼作愈
墨呼作美	乐呼作劳	落呼作劳	伏呼作腐	

前一字均为中古入声字，后一字均为阴声韵字。可见，这部分入声字已经读同阴声韵字。而且这些入声字均为常用字。可见，19 世纪初内丘话中，由于喉塞韵尾的弱化，一部分常用入声字已经失去了喉塞韵尾，读同阴声韵字。随着语音的演变，入声字舒化的范围逐渐扩大，由一部分字扩散到另一部分字，直到今内丘话中，入声字消失，完成了入声舒化的演变。从入声字的演变进程来看，进一步证实了语音演变的扩散性和不平衡性。那么，入声字演变的规律如何呢？刘淑学先生《中古入声字在河北方言中的读音研究》对内邱县城西 40 公里南獐獏村的方言材料进行归纳，摘录如下表所示：

内邱县南獐獏村方言中入声字归调比例表

清入（246）				全浊入（96）				次浊入（87）			
阴	阳	上	去	阴	阳	上	去	阴	阳	上	去
176	20	24	26	13	73	5	5	11	8	1	67
71%	8%	10%	11%		76%						77%

由上表可知，清入声字大多归入阴平，全浊入声字大多归阳平，次浊入声字大多归去声。这与孟蓬生先生的调查结果基本一致，"古入声字按声母的清浊分别派入阴平、阳平、去声。古清音声母的入声字在今内邱方言归阴平，如答塌插甲涉八瞎拨刮质骨着则摘扑粥促等是。古全浊声母入声字今归阳平，如狭匣捷蛰习铡别活夺绝实疾核铎贼石席熟局等是。古次浊声母入声字今归去声，为纳腊页业立辣孽列月袜密日药墨翼麦历等是"①。

因此，四百年来内丘话声调格局中变化最显著的便是中古入声的消失，大多派入阴平、阳平、去声中。其入声的消失也经历了一个漫长的演变过程，首先从常用字开始，然后逐步扩散，最终完成了入声的舒化，其进程大约经历了二百年的时间。

---

① 河北省内邱县方言编纂委员会编：《内邱县志·方言》，中华书局 1996 年版，第 897 页。

第九章

《元韵谱》音节表

一 骈佸

呼	柔律（合口呼）					柔吕（撮口呼）					刚律（开口呼）					刚吕（齐齿呼）				
韵	uəŋ					yŋ					əŋ					iəŋ				
调	阴	阳	上	去	入	阴	阳	上	去	入	阴	阳	上	去	入	阴	阳	上	去	入
p												甹	奉	进		兵		丙	并	
pʰ											烹	蓬	揗	碰		砰	平	頩	娉	
m												蒙	猛	孟			明	茗	命	
f											风	逢	捧	凤						
v																				
t	东		董	洞							登		等	邓		丁		顶	定	
tʰ	通	同	桶	痛							鞥	滕	鞥	霯		汀	庭	挺	听	
n		农	脓	齈									能	疃			宁	泞	宁	
l		笼	㡃	弄								楞	冷	稜			绫	领	令	
ts	毿		总	糉							增		噌	赠		精		井	净	
tsʰ	聪	丛	摐	謥							䭣	层		蹭		清	情	请	情	
s	嵩		瀗	送							僧			1		星	伤	省	性	
tʂ	中		冢	众							争		静	净		蒸		拯	证	
tʂʰ	充	崇	宠	铳							铛	枨	溏	瞠		称	呈	逞	秤	
ʂ											生		眚	胜		声	绳	洗	圣	
ʐ		戎	冗	碱								仍					仍	扔	扔	
ø	翁	宏	瀜	瓮		雍	容	勇	用		罂		洞	瀴		英	盈	影	映	
x	烘	洪	嗊	閧		胸	雄	泂	敻		亨	恒	悻	行		兴	邢	悻	脛	
k	公		矿	贡		恭		拱	供		庚		梗	更		京		耿	径	
kʰ	空	頃	孔	控		穹	穷	恐	謘		硠		肯	堼		卿	擎	顷	庆	
ŋ			崆	漍				顒	岬			娙		硬			凝	眰	迎	

二　採佸

	柔律（合口呼）					柔吕（撮口呼）					刚律（开口呼）					刚吕（齐齿呼）				
呼																				
韵											əu					iəu				
调	阴	阳	上	去	入	阴	阳	上	去	入	阴	阳	上	去	入	阴	阳	上	去	入
p													探	賠		彪				
pʰ											抔	裒	剖	仆			滮			
m												谋	亩	茂			缪		谬	
f											紑	浮	否	富						
v																				
t											兜		斗	豆		丢				
tʰ											偷	头	斢	透						
n												獳	檽	耨			怓	扭		糅
l												楼	搂	陋			刘	柳	溜	
ts											陬		走	奏		揫		酒	就	
tsʰ											诹	剿	趋	輳		秋	酋		趡	
s											涑		叟	嗽		修	囚	滫	秀	
tʂ											邹		掫	绉		周		帚	咒	
tʂʰ											搊	愁	瞅	篘		犨		丑	臭	
ʂ											搜		溲	瘦		收	雠	守	狩	
ʐ																	柔	揉		肉
ø													讴	呕	沤	忧	尤	有	宥	
x											齁	侯	厚	候		休		朽	齅	
k											钩		苟	姤				久	救	
kʰ											抠		口	寇		丘	求	糗	舅	
ŋ													腢	偶			牛	糅	齅	

三　奔佸

	柔律（合口呼）					柔吕（撮口呼）					刚律（开口呼）					刚吕（齐齿呼）				
呼																				
韵	uən					yən					ən					iən				
调	阴	阳	上	去	入	阴	阳	上	去	入	阴	阳	上	去	入	阴	阳	上	去	入
p												奔	本	奔		宾		禀	髩	
pʰ											濆	盆	翉	喷		缤	贫	品	聘	
m												门	懑	闷			民	泯	愍	

续表

呼	柔律（合口呼） uən					柔吕（撮口呼） yən					刚律（开口呼） ən					刚吕（齐齿呼） iən				
调	阴	阳	上	去	入	阴	阳	上	去	入	阴	阳	上	去	入	阴	阳	上	去	入
f											分	焚	粉	奋						
v												文	吻	问						
t	敦		伅	顿							吞		偪	括						
tʰ	暾	屯	畽	褪																
n		黁	炳	嫩				朒	您											赁
l		仑	碖	论			伦	埨	蜦								林	廪	吝	
ts	尊		撙	鐏		遵		瘨	僔				怎			津		俊	尽	
tsʰ	村	存	忖	寸		皴	鷷		蹲							侵	秦	寝	沁	
s	孙		损	逊		珣	旬	笋	峻				洒	撪		心	寻	伈	信	
tʂ	屯					谆		准	稕		臻		榛	譜		真		轸	震	
tʂʰ	楯	酓	蠢			春	唇		蠢		参	岑	硶	衬		瞋	陈	曒	趁	
ʂ		賰					纯	盾	顺		森		瘆	渗		身	神	审	慎	
ʐ		朊					犉	蜳	闰								人	忍	刃	
ø	温		稳	揾		熅	云	允	愠		恩		穏	鳂		隐	寅	隐	印	
x	昏	魂	混	恖		熏			训		哏	痕	狠	恨		欣	礥	炘	焮	
k	昆		衮	棍		君		窘	郡		根		龈	艮		巾		锦	近	
kʰ	坤		捆	困		困	群	稇	壸		裉		龈	硍		钦	勤	赾	搇	
ŋ			偆	浑				辒	䫤			垠	峎	硍			银	鈊	嶷	

四　般佸

呼	柔律（合口呼） uan					柔吕（撮口呼） yan					刚律（开口呼） an					刚吕（齐齿呼） ian				
调	阴	阳	上	去	入	阴	阳	上	去	入	阴	阳	上	去	入	阴	阳	上	去	入
p												般	板	半		边		贬	徧	
pʰ											潘	盘	坢	判		篇	便	谝	片	
m												瞒	满	幔			眠	免	面	
f											翻	凡	反	梵						
v												樠	晚	万						
t	端		短	段							丹		胆	旦		颠		典	殿	

续表

呼	柔律（合口呼）					柔吕（撮口呼）					刚律（开口呼）					刚吕（齐齿呼）				
韵	uan					yan					an					ian				
调	阴	阳	上	去	入	阴	阳	上	去	入	阴	阳	上	去	入	阴	阳	上	去	入
tʰ	湍	团	疃	彖							贪	坛	坦	炭		天	田	忝	瑱	
n		澳	煖	偄			囕	赧	妠		南		赧	摊			年	撚	念	
l		銮	卵	乱				李	奱	恋	兰		嫡	烂			连	敛	练	
ts	钻		缵	钻		镌		臇	悛		簪		昝	赞		煎		剪	贱	
tsʰ	夋	攒	憿	窜		诠	全		縓		餐	残	惨	粲		千	前	浅	茜	
s	酸		匴	算		宣	旋	选	漩		三		伞	散		先	涎	铣	霰	
tʂ	跧		蟆	啭		专		转	传		詀		斩	蘸		占		展	战	
tʂʰ	獑	狗	憻	篡		穿	船	喘	钏		搀	逞	产	忏		梴	缠	阐	繟	
ʂ	栓			涮				遃	膞	缚	山		潸	讪		煽	禅	闪	扇	
ʐ								瑌	软	瞤				鑃			然	染	轫	
ø	弯	完	绾	腕		鸳	袁	远	怨		安	玷	腤	按		烟	盐	琰	艳	
x	欢	桓	缓	换		暄	玄	铉	衔		憨	寒	罕	翰		掀	咸	嗛	陷	
k	官		管	贯		涓		卷	倦		干		敢	干		坚		简	谏	
kʰ	宽		款	襻		圈	权	犬	劝		堪		坎	勘		牵	乾	遣	欠	
ŋ		岏	輐	玩			元	阮	愿			豻	𠚏	岸		严		俨	酽	

五　襃佸

呼	柔律（合口呼）					柔吕（撮口呼）					刚律（开口呼）					刚吕（齐齿呼）				
韵											au					iau				
调	阴	阳	上	去	入	阴	阳	上	去	入	阴	阳	上	去	入	阴	阳	上	去	入
p											襃		宝	报		标		表	鳔	
pʰ											抛	袍	柿	泡		漂	瓢	瞟	票	
m												毛	卯	帽			蜱	眇	妙	
f																				
v																				
t											刀		倒	到		貂		鸟	吊	
tʰ											淘	桃	讨	套		挑	条	朓	跳	
n												猱	恼	闹		娆		袅	尿	
l												劳	老	潦			聊	了	料	

续表

呼	柔律（合口呼）					柔吕（撮口呼）					刚律（开口呼）					刚吕（齐齿呼）				
韵											au					iau				
调	阴	阳	上	去	入	阴	阳	上	去	入	阴	阳	上	去	入	阴	阳	上	去	入
ts											糟		早	灶		椒		勦	醮	
tsʰ											操	曹	草	慥		鍫	湫	悄	俏	
s											骚		扫	燥		宵		小	笑	
tʂ												鄛	爪	抓		昭		沼	照	
tʂʰ											剿	巢	炒	钞			弨	朝	眧	
ʂ											梢		稍	哨		烧	韶	少	邵	
ʐ																	饶	遶	绕	
ø											熮		袄	奥		要	遥	杳	耀	
x											蒿	豪	好	号		膮		晓	魈	
k											高		杲	诰		骁		皎	叫	
kʰ											尻		考	犒		蹻		硗	窍	
ŋ												敖	颔	傲			尧	翱	颡	

六　帮佸

呼	柔律（合口呼）					柔吕（撮口呼）					刚律（开口呼）					刚吕（齐齿呼）				
韵	uaŋ										aŋ					iaŋ				
调	阴	阳	上	去	入	阴	阳	上	去	入	阴	阳	上	去	入	阴	阳	上	去	入
p											帮		榜	谤						
pʰ											滂	旁	髈	胖						
m												芒	蟒	漭						
f											方	房	纺	放						
v												亡	罔	望						
t											当		党	宕						
tʰ											汤	唐	傥	烫						
n												囊	曩	儾			娘	䁥	酿	
l												郎	朗	浪			良	两	亮	
ts											臧		駔	葬		将		蒋	酱	
tsʰ											仓	藏	苍	賍		鏘	墙	抢	𢹂	
s											桑		嗓	丧		襄	详	想	相	

续表

呼	柔律（合口呼）					柔吕（撮口呼）					刚律（开口呼）					刚吕（齐齿呼）				
韵	uaŋ										aŋ					iaŋ				
调	阴	阳	上	去	入	阴	阳	上	去	入	阴	阳	上	去	入	阴	阳	上	去	入
tʂ				孿							庄		奘	状		章		掌	障	
tʂʰ	窗	淙		幢							疮	床	磢	创		昌	长	敞	唱	
ʂ	双		慡	双							霜		爽	漺		商	常	赏	上	
ʐ																		穰	攘	让	
ø	汪		泩	潢							佒		鞅	盎		央	阳	养	漾	
x	荒	黄	慌	况							欥	杭	沆	行		香		响	向	
k	光		广	桄							冈		犺	焵		姜		襁	强	
kʰ	诓		廣	旷							康		慷	炕		羌	强	强	嗆	
ŋ												昂	馰	枊			卬	仰	卬	

七　博佸

呼	柔律（合口呼）					柔吕（撮口呼）					刚律（开口呼）					刚吕（齐齿呼）				
韵	uo										o					io				
调	阴	阳	上	去	入	阴	阳	上	去	入	阴	阳	上	去	入	阴	阳	上	去	入
p											波		跛	播	博					剥
pʰ											坡	婆	颇	破	尊					朴
m												摩	懡	磨	莫					藐
f															缚					
v																				
t		垛	捶	操							多		哆	跢	铎					
tʰ	詑	埵	妥	唾							佗	驼	袉	拖	托					
n		挼	厬	懦	搦						那	娜	哪	诺						虐
l		骡	裸	蠃	硵							罗	砢	逻	落					略
ts	侳		坐	挫	喥						㘴		左	佐	作					爵
tsʰ	莲	矬	脞	剉							蹉	醝	瑳	错						鹊
s	莎		锁	趖							娑		縒	些	索					削
tʂ				捉											斮					着
tʂʰ			婼											婥						踔
ʂ			朔																	杓

续表

呼	柔律（合口呼）					柔吕（撮口呼）					刚律（开口呼）					刚吕（齐齿呼）				
韵	uo										o					io				
调	阴	阳	上	去	入	阴	阳	上	去	入	阴	阳	上	去	入	阴	阳	上	去	入
ʐ																				若
ø	倭	訬	媒	涴	握						阿		閜	痾	恶					药
x		和	火	货	霍						诃	何	碛	贺	郝					谑
k	戈		果	过	郭						歌		哿	箇	各					脚
kʰ	科		颗	课	廓						珂	翗	可	坷	恪					却
ŋ		讹	姶	卧	瓁						莪		我	饿	咢					虐

八　北佸

呼	柔律（合口呼）					柔吕（撮口呼）					刚律（开口呼）					刚吕（齐齿呼）				
韵	ui										ɣ ei					i				
调	阴	阳	上	去	入	阴	阳	上	去	入	阴	阳	上	去	入	阴	阳	上	去	入
p	栖		俾	背	北											卑		比	臂	必
pʰ	胚		蓓	配	愊											披	皮	否	譬	匹
m		枚	每	妹	墨												迷	米	寐	蜜
f	非	肥	斐	费	弗															
v		微	尾	未	物															
t	堆		頧	队											德	低		底	帝	窒
tʰ	推		頹	腿	退										忒	梯	提	体	替	剔
n		捼	馁	内											蟸		泥	儞	膩	暱
l		雷	累	樏											勒		梨	里	利	力
ts	嗺		摧	晬							赀		子	字	则	赍			霁	即
tsʰ	崔	漼	皠	脆							雌	慈	此	次	墄	妻	齐	泚	砌	七
s	熣		佳	碎							思	词	死	四	塞	西		洗	细	悉
tʂ	锥		嶊	坠	苗						支		纸	至	栉	知		雉	智	质
tʂʰ	推		揣	歠	出						差	鰓	齿	厕	测	痴	迟	耻	侈	勅
ʂ	衰	谁	水	帅	率						师	偍	史	使	色	诗	移	始	世	式
ʐ												而	尔	二	日					
ø	煨	峗	猥	谓	搲											依	移	倚	意	一
x	灰	回	贿	海	或											希	畦	喜	戏	迄

续表

呼	柔律（合口呼）					柔吕（撮口呼）					刚律（开口呼）					刚吕（齐齿呼）				
韵	ui										Ɣ ei					i				
调	阴	阳	上	去	入	阴	阳	上	去	入	阴	阳	上	去	入	阴	阳	上	去	入
k	圭		鬼	贵	国											基		几	寄	吉
kʰ	恢	葵	頍	禈												期	奇	起	器	泣
ŋ		巋	隗	硊													疑	拟	议	巕

九　百佶

呼	柔律（合口呼）					柔吕（撮口呼）					刚律（开口呼）					刚吕（齐齿呼）				
韵	uai										ai					iai				
调	阴	阳	上	去	入	阴	阳	上	去	入	阴	阳	上	去	入	阴	阳	上	去	入
p	頦		摆	拜	百															
pʰ	㟝	排	佰	派	拍															
m		埋	买	卖	陌															
f																				
v																				
t											懘		歹	代						
tʰ											胎	台	跆	泰						
n												嬭	乃	奈						
l												来	唻	赉	睐					
ts											栽		宰	载						
tsʰ											猜	才	彩	蔡						
s											腮		噻	赛						
tʂ											斋			债	责					
tʂʰ											钗	豺	茝	瘥	策					
ʂ											筛			晒	索					
ʐ											侽	疬								
ø	歪		崴	荟	擭						哀	颐	霭	爱	屵	挨	捱	矮	隘	
x	虺	怀	扮	坏	划						哈	孩	海	害	赫	䜈	谐	蟹	械	
k	乖		拐	怪	掴						该		改	盖	格		皆	解	戒	
kʰ	扝		揊	快	㵵						开		恺	慨	客		楷	炫		
ŋ		诡		外							敱	隑		碍	额		崖	娾	睚	

十八　佸

呼	柔律（合口呼）					柔吕（撮口呼）					刚律（开口呼）					刚吕（齐齿呼）				
韵	ua										a					ia				
调	阴	阳	上	去	入	阴	阳	上	去	入	阴	阳	上	去	入	阴	阳	上	去	入
p	巴		把	霸	八															
pʰ	葩	爬	耙	怕	汃															
m		麻	马	祃	礦															
f					乏															
v																				
t													哆	答						
tʰ														榻						
n												拏	那	踏	纳					
l														拉						
ts														咂						
tsʰ														攃						
s														钑						
tʂ	挝		菹								柤		鲊	诈	札	夵		鮺	咤	剳
tʂʰ			碰								差	楂	厏	汊	察	佗	茶	姹	侘	插
ʂ			耍		刷						沙		洒	厦	杀			傻		霎
ʐ																				
ø	窊		搲	窊	斡											鸦		哑	亚	鸭
x	花	华	踝	化	滑											虾	遐	閜	暇	洽
k	瓜		寡	呱	佸											家		假	驾	甲
kʰ	夸		銙	跨	濶											搭		跒	髂	恰
ŋ		哗	瓦	瓦	刖											牙		雅	迓	眏

十一　孛佸

呼	柔律（合口呼）					柔吕（撮口呼）					刚律（开口呼）					刚吕（齐齿呼）				
韵	uɛ					yɛ										iɛ				
调	阴	阳	上	去	入	阴	阳	上	去	入	阴	阳	上	去	入	阴	阳	上	去	入
p				孛																鳖
pʰ				哱																撆
m				没												哶		乜		蔑

续表

呼	柔律（合口呼） uɛ					柔吕（撮口呼） yɛ					刚律（开口呼）					刚吕（齐齿呼） iɛ				
调	阴	阳	上	去	入	阴	阳	上	去	入	阴	阳	上	去	入	阴	阳	上	去	入
f					发															
v					轙															
t					咄											爹		哆		跌
tʰ					突															铁
n					讷			呐									呆			涅
l					硉			臕		劣								儡	趷	列
ts					卒	镢				绝						嗟		姐	借	节
tsʰ					猝					脺						磋	查	且	趄	切
s					窣					雪						些	邪	写	谢	屑
tʂ										拙						遮		者	柘	哲
tʂʰ										歠						车	蛇	撦	跩	彻
ʂ										说						奢	阇	舍	舍	设
ʐ									捼	蓺							若	惹	偌	蓺
ø				腽		脂				越							耶	野	夜	叶
x				忽	靴					血						咴				歇
k					骨					诀						迦				结
kʰ					窟	𪐴		瘸		缺						佉	茄		歌	怯
ŋ					兀					月										业

十二　卜佸

呼	柔律（合口呼） u					柔吕（撮口呼） y					刚律（开口呼）					刚吕（齐齿呼）				
调	阴	阳	上	去	入	阴	阳	上	去	入	阴	阳	上	去	入	阴	阳	上	去	入
p	晡		补	布	卜															
pʰ	痡	蒲	普	铺	扑															
m		模	姥	暮	木															
f	夫	扶	府	赴	福															
v		无	武	务																
t	都		堵	妒	渎															

呼	柔律（合口呼）					柔吕（撮口呼）					刚律（开口呼）					刚吕（齐齿呼）				
韵	u					y														
调	阴	阳	上	去	入	阴	阳	上	去	入	阴	阳	上	去	入	阴	阳	上	去	入
tʰ	琛	徒	土	兔	秃															
n		奴	努	怒	朒			擩		衄										
l		卢	鲁	路	禄		娄	缕	屡	六										
ts	租		祖	胙	镞	姳		聚	取	蹙										
tsʰ	蠡	徂	蔖	醋	簇	趋		取	娶	蹴										
s	苏		卤	诉	速	须		醑	尿	肃										
tʂ	侸		拄	嫭	祝	朱		主	注	逐										
tʂʰ	刍	雏	蛆	菆	俶	枢	厨	貙	致	畜										
ʂ	毹		数	数	叔	输	殊	竖	树	孰										
ʐ			恧				儒	乳	孺	肉										
ø	乌	俣	坞	污	屋	迂	喻	羽	妪	郁										
x	呼	胡	虎	互	縠	盱	诩	煦	畜											
k	孤		古	顾	谷	拘		矩	句	菊										
kʰ	枯		苦	库	哭	驱		龋	驱	曲										
ŋ		吾	五	悟			虞	麌	遇	砡										

参考文献

一、古籍文献

（宋）陈彭年等：《宋本广韵》，中国书店 1982 年版。

（宋）陈彭年等：《宋本广韵·永禄本韵镜》，江苏教育出版社 2005 年版。

（宋）丁度等：《集韵》，上海古籍出版社 1985 年版。

（宋）蔡元定：《律吕新书》，清雍正刻本。

（元）周德清：《中原音韵》，《中国古典戏曲论著集成》，中国戏剧出版社 1959 年版。

（元）黄公绍、熊忠：《古今韵会举要》，甯忌浮整理，中华书局 2000 年版。

（元）朱宗文：《蒙古字韵》，《续四库全书》影印本。

（明）陈第：《毛诗古音考》，中华书局 1988 年版。

（明）宋濂：《洪武正韵》，崇祯四年刻本。

（明）章黼：《韵学集成》，万历六年刻本。

（明）吕维祺：《音韵日月灯》，崇祯六年志清堂刻本。

（明）兰廷秀：《韵略易通》，万历三十七年吴允中刻本。

（明）吕坤：《交泰韵》，万历刻本。

（明）李登：《书文音义便考私编》，万历刻本。

（明）赵撝谦：《皇极声音文字通》，《续四库全书》影印本。

（明）吴继仕：《音声纪元》，万历刻本。

（明）桑绍良：《青郊杂著》，万历桑学夔刻本。

（明）袁子让：《五先堂字学元元》，万历三十一年刻本。

（明）叶秉敬：《韵表》，万历刻本。

（明）乔中和：《说易》，《续四库全书》影印本。

（明）茅溱：《韵谱本义》，万历三十二年刻本。

（明）徐孝：《合并字学集篇便览》，万历三十四年刻本。

（明）毛曾、陶承学：《并音连声字学集要》，万历二年刻本。

［法］金尼阁：《西儒耳目资》，文字改革出版社 1957 年版。

（清）樊腾凤：《五方元音》，《续四库全书》影印本。

（清）李汝珍：《李氏音鉴》，《续四库全书》影印本。

（清）赵绍箕：《拙庵韵悟》，《续四库全书》影印本。

（清）马自援：《马氏等音》，康熙四十七年刻本。

（清）潘耒：《类音》，雍正遂初堂刻本。

（清）贾存仁：《等韵精要》，《续四库全书》影印本。

（清）徐鉴：《音泭》，《续四库全书》影印本。

（清）裕恩：《音韵逢源》，《续四库全书》影印本。

（清）莎彝尊：《正音切韵指掌》，《续四库全书》影印本。

（清）华长忠：《韵籁》，《续四库全书》影印本。

（清）无名氏：《圆音正考》，《续四库全书》影印本。

（清）都四德：《黄钟通韵》，乾隆刻本。

（清）樊腾凤：《五方元音》年希尧增补本，康熙刻本。

（清）李鸿章等：《畿辅通志》，光绪十年刻本。

（清）唐执玉、李卫修等：《畿辅通志》，雍正十三年刻本。

（清）汪匡鼎原本，施彦士续纂：《内邱县志》，道光十二年增刻重
　　　印本。

（清）徐景曾等：《顺德府志》，乾隆十五年刻本。

（清）顾炎武：《音学五书》，中华书局 1982 年版。

《等韵五种》，台湾艺文印书馆 1998 年版。

莫友芝著，罗常培校点：《韵学源流》，民国间排本。

王树玶等纂：《河北通志稿》，民国二十四年（1935）铅印本。

河北省通志馆编：《河北通志县沿革表》，民国二十一年（1932）铅
　　印本。

二、论著文献

安徽省地方志编纂委员会编：《安徽省志·方言志》，方志出版社
　　1997 年版。

北京大学中国语言文学系语言学教研室编：《汉语方音字汇》（第二
　　版重排本），语文出版社 2003 年版。

曹述敬：《音韵学辞典》，湖南出版社 1991 年版。

陈保亚：《20 世纪中国语言学方法论》，山东教育出版社 1999 年版。

陈宁：《明清曲韵书研究》，华中师范大学出版社 2013 年版。

陈恩林：《河图、洛书时代考辨》，《逸斋先秦史论文集》，吉林文史
　　出版社 2010 年版。

陈淑静：《古四声在河北方言中的演变》，《河北大学学报》（哲学社
　　会科学版）1994 年第 3 期。

丁锋：《琉汉对音与明代官话音研究》，中国社会科学出版社 1995
　　年版。

丁声树、李荣：《古今字音对照手册》，中华书局 1981 年版。

丁邦新：《丁邦新语言学论文集》，商务印书馆 1998 年版。

冯蒸：《赵荫棠音韵学藏书台北目睹记——兼论现存的等韵学古籍》，
　　《汉字文化》1996 年第 4 期。

耿振生：《明清等韵学通论》，语文出版社 1992 年版。

耿振生：《近代书面音系研究方法琐谈》，《古汉语研究》1993 年第
　　4 期。

耿振生：《音韵通讲》，河北教育出版社 2001 年版。

耿振生：《20 世纪汉语音韵学方法论》，北京大学出版社 2004 年版。

郭锡良：《汉字古音手册》，北京大学出版社 1986 年版。

郭力：《古汉语研究论稿》，北京语言大学出版社 2003 年版。

高永安：《明清皖南方音研究》，商务印书馆 2007 年版。

高晓虹：《北京话入声字文白异读的历史层次》，《语文研究》2001 年第 2 期。

高晓虹、刘淑学：《北京话韵母 o uo e ie ye 溯源》，《语言教学与研究》2008 年第 1 期。

高晓虹：《北京话入声字的历史层次》，北京语言大学出版社 2009 年版。

葛志毅：《〈周易〉阴阳与〈洪范〉五行》，《金景芳教授百年诞辰纪念文集》，吉林大学出版社 2002 年版。

河北北京师范学院、中国科学院河北省分院语文研究所编：《河北方言概况》，河北人民出版社 1961 年版。

河北省内邱县方言编纂委员会编：《内邱县志》，中华书局 1996 年版。

河南省地方史志办公室编：《河南省志·方言志》，河南人民出版社 1995 年版。

侯精一：《现代晋语的研究》，商务印书馆 1999 年版。

侯精一：《现代汉语方言概论》，上海教育出版社 2002 年版。

胡安顺：《音韵学通论》，中华书局 2001 年版。

金基石：《朝鲜对音文献中的微母字》，《语言研究》2000 年第 2 期。

金基石：《朝鲜韵书与明清音系》，黑龙江朝鲜民族出版社 2003 年版。

金薰镐：《西洋传教士的汉语拼音所反映的明代官话音系》，《古汉语研究》2001 年第 1 期。

忌浮：《十四世纪大都方言的文白异读》，《中原音韵新论》，北京大学出版社 1991 年版。

隆尧县地方志编纂委员会编：《隆尧县志》，生活·读书·新知三联书店 1998 年版。

鲁国尧：《鲁国尧语言学论文集》，江苏教育出版社 2003 年版。

罗常培、蔡美彪：《八思巴字与元代汉语》，中国社会科学出版社 2004 年版。

罗常培：《唐五代西北方音》，科学出版社 1961 年版。

李新魁：《汉语等韵学》，中华书局 1983 年版。

李新魁：《中原音韵音系研究》，中州书画社 1983 年版。

李新魁：《汉语音韵学》，北京出版社 1986 年版。

李新魁、麦耘：《韵学古籍述要》，陕西人民出版社 1993 年版。

李新魁：《李新魁自选集》，大象出版社 1993 年版。

李新魁：《李新魁音韵学论集》，汕头大学出版社 1997 年版。

李无未：《音韵文献与音韵学史》，吉林文史出版社 2005 年版。

李无未：《汉语音韵学通论》，高等教育出版社 2006 年版。

李无未、秦曰龙：《〈五音通韵〉的音系拟订问题》，《陕西师范大学
　　学报》（哲学社科版）2009 年第 3 期。

李清桓：《亦论〈五方元音〉的入声》，《北方论丛》2003 年第 6 期。

李清桓：《〈五方元音〉六韵三母下两套小韵对立新论》，《语言研究》
　　2004 年第 6 期。

李清桓：《〈五方元音〉韵图研究》，《北方论丛》2005 年第 6 期。

李清桓：《〈五方元音〉音系研究》，武汉大学出版社 2008 年版。

李立成：《元代汉语音系的比较研究》，外文出版社 2002 年版。

李子君：《论〈音韵集韵〉对中古入声韵的分并》，《古汉语研究》
　　2003 年第 3 期。

李子君：《科举与音韵——明代音韵学繁荣的原因》，《长春大学学
　　报》2008 年第 6 期。

刘淑学：《中古入声字在河北方言中的读音研究》，河北大学出版社
　　2000 年版。

刘文锦：《洪武正韵声类考》，中央研究院《历史语言研究集刊》三
　　本二分，1931 年。

刘晓南：《音韵学读本》，上海交通大学出版社 2011 年版。

刘镇发：《从音系的角度看官话方言在元明以后增生的浊声母和次浊
　　声母》，《语言研究》2009 年第 1 期。

陆志韦：《陆志韦近代汉语音韵论集》，商务印书馆 1988 年版。

林亦：《百年来的东南方音史研究》，南京大学出版社 2004 年版。

林焘、王理嘉：《语音学教程》，北京大学出版社 1992 年版。

林平和：《明代等韵学之研究》，博士学位论文，台湾政治大学，
　　　　1975 年。

龙庄伟：《略说〈五方元音〉》，《河北师院学报》1988 年第 2 期。

龙庄伟：《〈五方元音〉音系研究》，《语言研究》1989 年第 2 期。

龙庄伟：《论〈五方元音〉的入声》，《河北师院学报》1990 年第
　　　　3 期。

龙庄伟：《〈五方元音〉与〈元韵谱〉》，《河北师院学报》1996 年第
　　　　3 期。

吕绍纲：《周易阐微》，上海古籍出版社 2005 年版。

黎新第：《见精组声母合流应已见于明清以前的方言口语》，中国音
　　　　韵学研究会第十四届学术讨论会暨汉语音韵学第九届国际学术
　　　　研讨会论文，南京大学，2006 年。

孟蓬生：《内丘县志·方言》，中华书局 1996 年版。

甯继福：《中原音韵表稿》，吉林文史出版社 1985 年版。

甯忌浮：《〈切韵指南〉入声韵兼配阴阳试析》，《语言研究》1991 年
　　　　增刊。

甯忌浮：《校订五音集韵》，中华书局 1992 年版。

甯忌浮：《古今韵书举要及相关韵书》，中华书局 1997 年版。

甯忌浮：《洪武正韵研究》，上海辞书出版社 2003 年版。

甯忌浮：《汉语韵书史》（明代卷），上海人民出版社 2009 年版。

甯忌浮：《甯忌浮文集》，吉林人民出版社 2010 年版。

钱曾怡：《汉语方言研究的方法与实践》，商务印书馆 2002 年版。

钱曾怡主编：《山东方言研究》，齐鲁书社 2001 年版。

钱曾怡主编：《汉语官话方言研究》，齐鲁书社 2010 年版。

［日］桥本万太郎：《语言地理类型学》，余志鸿译，北京大学出版社
　　　　1985 年版。

秦曰龙、李晔：《清抄本〈五音通韵〉的调类系统》，《华中师范大学

学报》（人文社会科学版）2014 年第 1 期。

秦曰龙、李晔：《清抄本〈五音通韵〉的语音意识》，《复旦学报》
　　（社会科学版）2012 年第 2 期。

山东省地方史志编纂委员会编：《山东省志·方言志》，山东人民出
　　版社 1993 年版。

沈炯：《北京话合口呼零声母的语音分歧》，《中国语文》1987 年第
　　5 期。

孙建元：《中古影、喻、疑、微诸纽在北京音系里全面合流的年代》，
　　《广西师范大学学报》1990 年第 3 期。

孙宜志：《从知庄章的分合看〈西儒耳目资〉音系的性质》，《中国语
　　文》2010 年第 5 期。

孙宜志：《也谈〈西儒耳目资〉"甚""次""中"的含义》，《语言研
　　究》2014 年第 2 期。

孙宜志：《〈西儒耳目资〉音系研究的几个主要问题》，《古籍整理研
　　究学刊》2011 年第 4 期。

唐作藩：《音韵学教程》（第四版），北京大学出版社 2013 年版。

唐作藩：《普通话语音史话》，语文出版社 2000 年版。

唐作藩：《汉语史学习与研究》，商务印书馆 2001 年版。

王力：《汉语史稿》，中华书局 1980 年版。

王力：《汉语语音史》，中国社会科学出版社 1985 年版。

王力：《汉语音韵》，中华书局 1991 年版。

王洪君：《层次与断阶——叠置式音变与扩散式音变的交叉与区别》，
　　《中国语文》2010 年第 4 期。

吴继章等：《河北省志·方言志》，方志出版社 2005 年版。

王平：《从〈五方元音〉与〈中原音韵〉的差异看近代汉语语音的发
　　展》，《语文研究》1989 年第 3 期。

王平：《〈五方元音〉音系研究》，《山东师范大学学报》1989 年第
　　1 期。

王平：《〈五方元音〉韵部研究》，《郑州大学学报》1996 年第 5 期。

王平：《试论〈五方元音〉声调的两个问题》，《山东师范大学学报》
　　1996 年增刊。

王平：《小学系韵书之后殿——〈五方元音〉》，《辞书研究》1996 年
　　第 5 期。

王松木：《〈皇极经世·声音唱和图〉的设计理念与音韵系统——兼
　　论象数易学对韩国谚文创制的影响》，未刊稿。

王松木：《知源尽变——论方以智〈切韵声原〉及其音学思想》，未
　　刊稿。

王松木：《明清韵图研究之思想史转向》，中国音韵学研究会第十届
　　学术研讨会暨汉语音韵学第十届国际学术研讨会，南昌大学，
　　2008 年。

汪银峰：《明末以来内丘、尧山语音的演变研究》，辽海出版社 2010
　　年版。

汪银峰：《〈元韵谱〉音学思想与明末易学哲学思潮》，《周易研究》
　　2012 年第 3 期。

汪银峰：《试论〈元韵谱〉的声调系统》，《汉字文化》2010 年第
　　5 期。

汪银峰：《〈元韵谱〉与〈五音集韵〉》，《华夏文化论坛》2013 年第
　　2 辑。

汪银峰：《〈元韵谱〉入声字的文白层次》，《东方语言学》2014 年第
　　14 辑。

徐通锵：《历史语言学》，商务印书馆 2001 年版。

徐通锵：《汉语研究方法论初探》，商务印书馆 2004 年版。

云南省地方志编纂委员会、云南省语言学会编：《云南省志·汉语方
　　言志》，云南人民出版社 1989 年版。

余迺永：《新校互注宋本广韵》，上海辞书出版社 2000 年版。

叶宝奎：《明清官话音系》，厦门大学出版社 2001 年版。

杨耐思：《中原音韵音系》，中国社会科学出版社 1981 年版。

杨耐思：《近代汉语音论》，商务印书馆 1997 年版。

杨剑桥：《汉语现代音韵学》，复旦大学出版社 1996 年版。

袁家骅：《汉语方言概要》（第二版），文字改革出版社 2001 年版。

阳海清等编：《文字音韵训诂知见书目》，湖北人民出版社 2002
　　年版。

应裕康：《清代韵图之研究》，台北弘道文化事业有限公司 1972
　　年版。

[日] 永岛荣一郎：《近世支那語特に北方語系統に於ける音韻史研
　　究資料に就いて》（续），《言语研究》1941 年第九号。

余明家：《〈五方元音〉作者樊腾凤是河北隆尧人》，《天津师院学报》
　　1981 年第 4 期。

赵荫棠：《等韵源流》，商务印书馆 1957 年版。

赵荫棠：《中原音韵研究》，商务印书馆 1936 年版。

赵诚：《中国古代韵书》，中华书局 1979 年版。

张世禄：《中国音韵学史》，商务印书馆 1998 年版。

张玉来：《元明以来韵书中的入声问题》，《中国语文》1991 年第 5 期。

张玉来：《近代汉语官话入声的消亡过程及相关的语音性质》，《山东师
　　范大学学报》1991 年第 1 期。

张玉来：《韵略汇通音系研究》，山东教育出版社 1994 年版。

张玉来：《论近代汉语官话韵书音系的复杂性》，《山东师范大学学报》
　　1998 年第 1 期。

张玉来：《韵略易通研究》，天津古籍出版社 1999 年版。

张鸿魁：《明清山东韵书研究》，齐鲁书社 2005 年版。

张树铮：《清代山东方言语音研究》，山东大学出版社 2005 年版。

张新：《〈元韵谱〉入声字文白异读探析》，《湖南医科大学学报》（社
　　会科学版）2010 年第 2 期。

张新：《论古知庄章三组声母在〈元韵谱〉里的读音分合》，《重庆交通
　　大学学报》（社会科学版）2008 年第 6 期。

张新：《论〈元韵谱〉声调系统的两个问题——平分阴阳和保留入声
　　调》，《连云港师范高等专科学校学报》2007 年第 4 期。

张新：《〈元韵谱〉韵部研究》，《贵州工业大学学报》（社会科学版）
　　　2008 年第 1 期。

周赛华：《徐孝〈等韵图经〉中卷舌元音之再探》，《语言研究》2003
　　　年第 2 期。

周赛华：《合并字学篇韵便览研究》，湖北人民出版社 2005 年版。

照那斯图、杨耐思：《蒙古字韵校本》，民族出版社 1987 年版。

朱晓农：《音韵研究》，商务印书馆 2006 年版。

朱伯崑：《易学哲学史》（共四卷），昆仑出版社 2009 年版。

竺家宁：《近代音论集》，台湾学生书局 1994 年版。

《中原音韵新论》，北京大学出版社 1991 年版。

中国音韵学研究会编：《音韵学研究》（第一辑），中华书局 1984 年版。

中国音韵学研究会编：《音韵学研究》（第二辑），中华书局 1986 年版。

张琨：《汉语方言中鼻音韵尾的消失》，《历史语言学所集刊》，1983
　　　年第五十四本第一分。

邹德文、汪银峰：《论〈黄钟通韵〉的潜在音系特征》，《广东技术师
　　　范学院学报》2006 年第 2 期。

曾晓渝：《试论〈西儒耳目资〉的语音基础及明代官话的标准音》，
　　　《西南师范大学学报》（哲学社会科学版）1991 年第 1 期。

曾运乾：《音韵学讲义》，中华书局 1996 年版。

附录 1

《元韵谱》书影

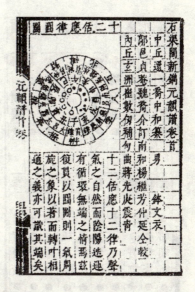

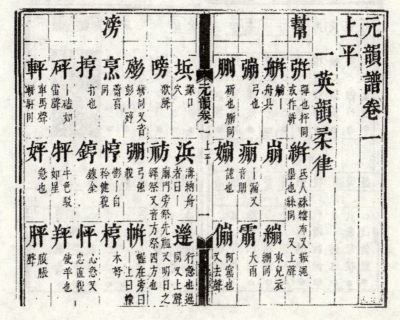

附录 2

奔　佸

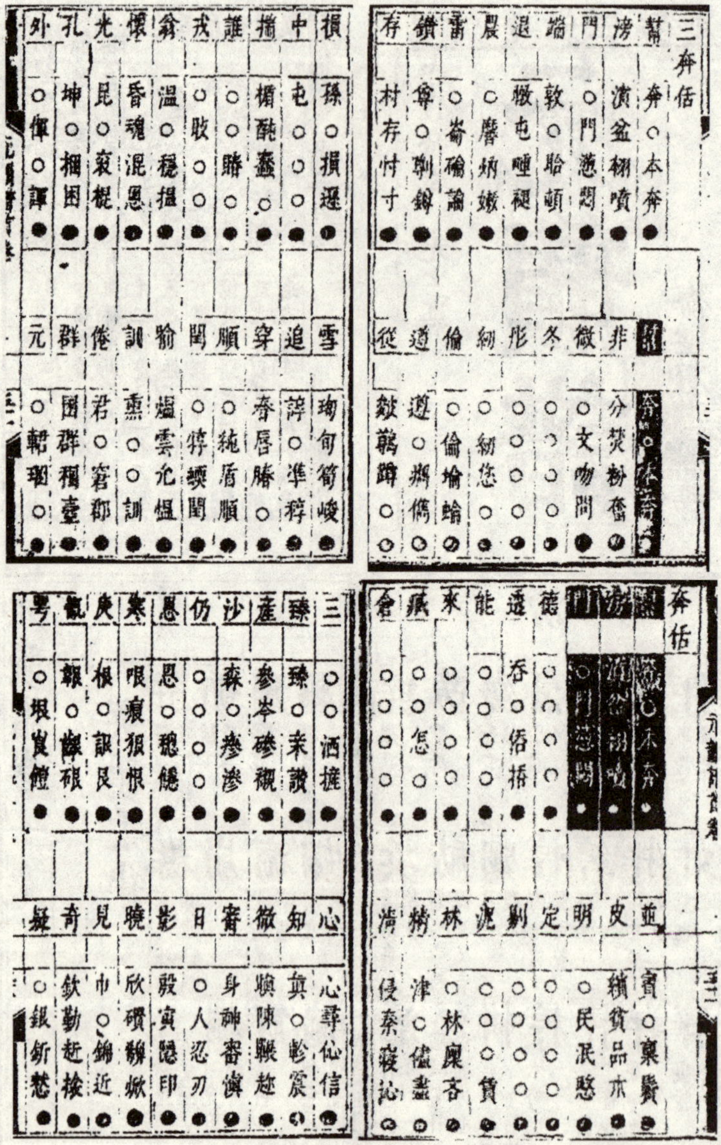

附录 3

乔中和自序

声韵之道准诸诗，诗有分韵无分声，天籁自鸣，天响自合，解愠击壤之遗也，今不可考而知耶，尼父之心精在是矣。自四声立而诗之不协十焉五，《韵补》成而不协犹十之三，抑未考其音之元乎？人具唇舌齿喉牙，自当以呼吸缓急会天地之元音，岂泥故辙哉？夫元，万象咸罗，其森然列者不得以发爽，亦万化靡穷；其纷然变者不得以数计，抉其奥不第协三百也。由三百以遡之前，历历以衡之，今凡名公硕彦之操觚，匹妇匹夫之率口，未见其有龃龉也。奚以明其然也？观天矣，房东昂西星南虚北，位也，乃四星之当其位者宁几耶？运于无方，禅于无尽，天地之所以成岁，人生于五方，得其气之偏以成声，而东西相舛，北南相乖，势也。迭出正，迭出变，何怪诸恢以大观，合以大元，则异正以尽同之变。今夫蝉自鸣也，马自嘶也，收焉亦天声之不相碍，况人也，而戛戛然异彼同此、是此非彼，夫亦未之思乎？试思声从性窍出，万物一性，则万舌同声同，故一一故万数之所不容已也。昔邵子以十声十二音分日月星辰水火土石相唱和，用力精苦矣，而未免牵合，温公《指掌图》取自神珙三十六母，昔人谓夺造化之巧矣，亦不无复且略，兰廷秀氏删之为早梅二十字，似乎是然，而缺略者如故，且注入声之有无正相误。余自垂髫读诸家韵，觉未备天地之完音，而蓄疑久矣。岁戊申邑友人玄洲崔氏论声当为五，与鄙意欣欣契焉。夫敝邑十室邑也，而业有玄洲氏相然，胡乃敢外海内而私千万，遂稿创于是岁之春三月，迄六月而粗定，越辛亥之暮冬，而乃克成誊本。凡十二易上下千余日，其梦醒也于斯，其哀喜也于斯，始而苦，既而甘，终而忘，不知其然而然，果是耶非耶？韵魔之相依耶？尝邀而忆之，或时而畏讥，或时而虑竭，玄洲诱焉策焉，弥搜弥远，转透而转安，其功多，其识力洪也。谱既成，集五声字各一卷而名韵，则五声同籁不紊也。每韵标七十二母，虽无字，声弗隐，转叶焉或不忒也，殆所谓虚无用以待用用，非耶？是谱也，极知僭妄，聊以吾二人之心暴诸世，然自有知音者且旦暮遇也。

万历三十九年辛亥冬十二月内丘乔中和序

附录 4

崔数仞序

　　有生人则有言语，声音以名事物，虑无以识之也，由是文字生焉。盖其始也，因声音以命文字，而其既也缘文字以传声音，一创一因，舛误之倪肇矣。况加以五方气异，今古时移，传写递更，音响殊授，形象名称纷然丛杂，夫何可会而一之耶？爰自战国，上溯皇王，其区别声韵之教，虽或未闻，而咏歌赋颂之遗，典籍备具，溯流穷源，道亦未尽泯也。乃两汉之际，扬雄、许慎辈继出，虽或类体述训，阐发六书，而声音之法尚微而弗著，迄于梁之沈约，始因胡僧神珙之四声，以为《类谱》，实开声韵之先基矣。若陆词、孙恤辈韵编跌盛要，皆浸昌于末路者也。唯宋司马氏按休文之遗训，独为科别七音，分判清浊为图二十，以三十六母列于其上，推四声相生之法，立《指掌图》，盖即所谓四声等韵也，几不愧江左之忠臣乎！元安西刘士明因其成书，更加编纂次为十六通摄，共称二十四图，名《切韵指南》，其间分门立类，既无条贯而造例作歌，丑态种种，读之令人口污，真司马氏之辜人矣。余少慕声韵之学，而未睹所谓《指掌图》这，既于缁流处见《指南》二十四摄，或谓即司马氏之遗。余遂力为诵习，辙觉其支离复乱而不能竟其业，云是诚刘氏之谬妄乎？亦始法之不善乎？既读《经世书》因论天声地音之旨，别悟字有五声，如天之有五行，地之有五方，人之有五常也。吾邑友人乔氏还一夙习《指南》声韵，戊申之岁与余小饮，因以余说质之，则心信而口许之不置也，且曰《指南》图中有呼上女去、读入如平者，余方心知其误，得子之说而其故可推，其失可证矣。遂锐意纂正五声韵谱，余亦感其论议，潜心思维者数越月，计欲于五声之字各分为十二，而名例未定，且苦诸响繁杂，难以区划已。而还一以所纂五声韵稿一册示余，则十二之数颇合，且定体立规，兼分之以刚柔律吕，余捧读之而后喜可知也，盖其聪明别具夙慧殊哉。余既携其稿以归，复加绅绎，且数数面相讨论，互为诠定，凡几易寒暑，始克成编，而约其大旨，则增四声为五声也，合众韵为十二夜，分十二为刚柔律吕也，列刚柔律吕以七音也，析七音清浊之响而各立以字母也，且正入声于本声之下而咸归于十二韵也，其间整纲辨目，若类繁严而假彼叶此，道则无滞。盖其体方用圆，理固诚如是耳。尝稽之赓歌而下，若雅颂十五国之咏，以及诸经韵语骚赋杂家，或恪守尺寸，或借字转声，要皆不昧其本音兼之融通于类例者也。考古证今，区别同异，或可定千载声韵之是于万一云，若夫执意见以分强立限，从宽假而驰法漫，合将使后人而复误后人，亦何益于文字声音之元耶？

万历三十八年岁次庚戌孟夏之吉同邑崔数仞玄洲氏撰

后　记

　　终于将书稿交给出版社了，本想可以放下心来，但心里总是惴惴不安。任何一种音韵文献都凝结着作者多年的心血，反映了作者对语言的认知与感悟，后人通过对音韵文献的整理和研究，其目的之一就是将作者的这种认知和感悟呈现出来，进而充分挖掘和评估其在语言史上的价值和影响，那么呈现在读者面前的这份研究成果能否达到这一要求呢？我不敢肯定，就算是我们对这一课题研究的总结吧。

　　提到对《元韵谱》的关注，思绪将我拉回了 2002 年，为了确定硕士论文的选题方向，李无未老师通过详细考察，为我们提供了若干个可供选择的文献资料。当时我年轻，但并不"气盛"，希望选择一个自己能够胜任的选题，于是我把乔中和的《元韵谱》作为我的研究选题方向，因为当时所见到的版本是香港长城文化出版公司《罕见韵书丛编》影印本，只有韵图，结构整齐，且篇幅相对适中。但随着资料的收集和整理，我发现《元韵谱》不仅有韵图，而且还有韵书，篇幅较大，其韵字已远远超过《广韵》，算是明代的大型韵书了。既然选择了就不能回头，只能硬着头皮啃了，硕士论文主要以《元韵谱》音系作为研究对象，并获得了吉林大学优秀硕士论文。2004 年考入吉林大学文学院，追随李无未教授继续攻读博士学位，在博士论文中主要考察《元韵谱》与《五方元音》之间的密切关系，并充分关注其方言价值，梳理其在方音史研究的重要价值。2010 年有幸获得教育部人文社科青年项目资助，从而有条件对《元韵谱》进行更为全面系统的梳理和研究，现在呈现在大家面前的《〈元韵谱〉与明清语音研究》便是该项目的研究成果。

本书得以出版首先要感谢我的授业恩师李无未教授，先生对我的诸多教诲和宽容，我既心存感激又隐忧不安，感恩先生为我开启学术研究的大门，感念先生在我成长中的每一个有求必应，感激先生病体未愈，却仍然忍着疼痛坚持为本书赐序；不安的是，鞭策与鼓励之声言犹在耳，虽不敢懈怠，但却怕自己能力不足，唯恐辜负先生的期望。故深知自己虽非治学之良才，也要有坚忍不拔之志，勤勉笃行，明辨慎思以报先生之恩德。同时，非常感谢马重奇教授，2013年我有幸进入福建师范大学中国语言文学博士后流动站，跟随马老师从事博士后研究，马老师有学术大家的气度与风范，其深厚的学术功底和严谨的治学精神令我钦佩倍至。在马老师的鼓励和支持下，我申报并获得了国家社科基金项目，同时还获得了中国博士后科学基金面上资助和特别资助，该书也是中国博士后科学基金项目的阶段性成果。这些成果的取得是与马老师给予我的教导与帮助分不开的。马老师还亲自为本书赐序，这是对我莫大的支持。另外还要特别感谢吉林省社科院甯忌浮先生，一直以来非常关心、关注我的学习与成长。先生已年逾古稀，但仍然笔耕不辍，甚至是在生病期间，还伏案工作，这种勤谨的治学精神深深地激励并鼓舞着我，唯愿先生身体康健，幸福的安度晚年，永远做学术上的常青树、不老松。

感谢辽宁大学文学院韩春虎院长、庞艳华书记及学院其他领导，为青年学者的发展提供了平台，并为本书的出版予以资助，倘若没有院领导们的关怀，拙著恐怕没有这样一个公开出版，接受读者批评的机会。感谢辽宁大学社科处胡胜教授，在学术发展上对我的鼓励和帮助。感谢语言教研室的同仁一直以来对我的关心和支持。

昔日司马公引《诗》以赞孔子有云："高山仰止，景行行之，虽不能至，然心向往焉。"对人如此，对学术研究亦如此，治学之路艰辛而漫长，有荆棘丛生，亦有柳暗花明，这其中的意趣则非下一分苦功夫而不可得。如此我将铭记各位老师及同仁的教导和鼓励，在未来的发展道路上，不断前行，勇于探索。

汪银峰

2015 年 9 月 24 日于沈阳